U0663767

国家社会科学基金特别委托项目"中国社会法系列研究"（18@ZH023）成果之一

中国社会法系列研究之一

郑功成 等 ◎ 著

社会法总论

人民出版社

总　序

华建敏

　　很高兴看到在郑功成同志主持下，由中国社会保障学会 20 多位专家学者组成的课题组完成的"中国社会法研究系列"之《社会法总论》《社会保险法及实践研究》《社会救助立法研究》即将由人民出版社公开出版。据了解，后续还会有多本有关社会法专题研究的著作陆续问世，而此前课题组曾向全国人大常委会及社会建设委员会与有关主管部门提供了一系列有关社会法体系建设、社会救助立法、社会保险法修订等专题的研究报告，并公开发表了数十篇相关立法与修法研究的学术论文。这是我国首次有组织地针对社会领域法制建设开展大规模研究的一项重大理论建设工程，不仅能够加快弥补我国理论学术界长期以来对社会领域法制建设关注不足、研究不够的短板，而且可以为我国社会法体系建设以及多部法律的制定与完善提供重要的参考，具有重大的理论价值与实践意义。

　　社会法作为中国特色社会主义法律体系七大部门之一，是促进社会公平正义的重要法律部门。社会法的本义就是人民的社会权利法、国家的民生保障法和社会的公平共享法。健全社会领域的法律制度，既是保障包括基本人权在内的各项人民权利的现实需要，也是完善中国特色社会主义法律体系的内在要求，是将党和国家民生保障政策和社会治理体系予以制度化并确保其沿着法治化轨道健康持续发展的必要举措。

我国社会领域的法制建设，从新中国成立之初制定工会法、劳动保险条例等开篇，经过 20 世纪 90 年代以来特别是进入本世纪后历届全国人大常委会的努力，已取得了很大成就，形成了由劳动就业立法、社会保障立法、特殊群体权益维护立法和社会治理立法等四大板块组成的基本框架，包括劳动法、劳动合同法、就业促进法、社会保险法、军人保险法、慈善法、老年人权益保障法、妇女权益保障法、未成年人保护法、残疾人保障法等一系列立法，为保障人民的社会权利和实施社会治理提供了基本的法律依据。但总体而言，我国社会领域法制建设滞后于民生诉求全面升级和社会建设与发展需要的局面并未根本改变，社会福利、医疗保障、社会组织等重要领域迄今仍处于立法空白或主要依据行政法规与政策性文件实施的阶段，已经制定的部分法律或法规亦存在不完全适应时代发展要求、可操作性不强的现象。在民生保障制度改革全面推进、社会治理现代化成为新时代的内在要求的背景下，社会领域法制建设滞后的现状必然直接影响到改革举措的成熟和制度定型，甚至构成深化改革的法律障碍。因此，加快社会法建设步伐以补齐中国特色社会主义法律体系的短板势在必行。

从发达国家的发展实践来看，民生保障制度与社会治理体系的建设大都呈现出立法先行、以法定制、依法实施的惯例。社会法部门作为民生保障与社会治理的法律依据，根本在于赋权明责、立规守序，关键在于顺应时代发展进步要求和人民呼声，为全面落实人民的社会权利、促进社会公正和维护整个社会的有序运行提供有效的、完备的法律保障。按照这一要求，我国的社会法体系建设还任重道远。

众所周知，欧洲是社会法的发源地。德国俾斯麦政权时期所制定的医疗、工伤、养老等社会保险立法，是现代社会法的开端。1975 年，德国制定出世界上第一部《社会法典》，从而完成了社会法体系建设法典化的进程，之后多次修订完善，其内容包括社会保险法、社会照顾法、社会救助法、社会促进法、社会补偿法等实体性内容，以及设置专门的社会法院和纠纷解决的法律制度。法国也编纂了自己的《社会保障法典》。二战后日本出台一系列劳动就业、社会保险、社会福利相关法律，形成了完整的社会法体系。这些国家的做法经验值得我们充分关注、总结并参考。

中国特色社会主义已经进入新时代，我国社会主要矛盾已经转化为人民日益增长的美好生活需要和不平衡不充分的发展之间的矛盾，我们即将全面建成小康社会，并开启全面建设社会主义现代化国家的新征程。在这样一个历史阶段，必须以习近平新时代中国特色社会主义思想为指导，在社会法的基本原则、基本理念、调整方式、发展方向等重大理论问题上进一步取得共识，对中国特色社会法体系蓝图进行科学的理论描绘，对社会法关键领域的制度设计和实施提出兼具科学性和可行性的思考建议，充分挖掘和发挥中国特色社会主义的理论资源和制度优势，形成中国特色、中国气派的社会法理论体系和制度体系，更好地服务于国家长治久安和人民安居乐业。

基于现实，我国社会法体系建设的核心任务是社会领域的骨干性、支架性法律的制定与修改。要加快制定社会救助法、社会福利法、社会补偿法、医疗保障法、退役军人保障法、社会组织法等基本法与各种专门法律，及时修订社会保险法及与老年人、儿童、妇女、残疾人等特定群体相关的权益维护法律。在社会法体系建设的过程中，还要把握好以下几个问题：一是深刻认识中国特有国情。我国国情最大的特点就是要解决好 14 亿人口的生计，解决好近 9 亿劳动力人口的就业，还要解决好 2 亿多流动人口的管理和服务。这样的社会背景，是世界上其他任何一个国家在搞社会法立法时都从未遇到过的。二是注重提高立法质量。坚持科学立法、民主立法、依法立法。遵循经济社会发展客观规律，用好立法后评估等工作机制，及时反思和总结立法中的不足，确保立法与时俱进，立改废释并举。三是确保法律实施效果和可操作性。社会法与人民切身利益息息相关，立法要站在道德的高地上，每一部法律首先必须是"良法""善法"；要体现平等公正和以人为本，充分尊重社会公民的权利；要保持宽严适度，方便人民群众运用法律维护自身权益。四是在强调全国统一性的同时，也要把握照顾不同区域的差异性，避免"一刀切"带来的负面效果。五是处理好社会法立法与社会政策的关系。多年来，党和政府通过制订和实施社会政策，在社会领域做了大量卓有成效的工作。对于那些实践证明行之有效的社会政策，要抓住时机，将其上升为法律，以在更大范围内更加有效地发挥其积极的引领作用。

"中国社会法研究系列"正是在新时代的背景下所展开的重大战略课题，是数十位来自社会领域的专家学者经过长期的追踪研究、广泛的国际交流以及多次深入研讨形成的集体智慧结晶。系列图书内容几乎涵盖我国社会法体系建设的主体内容和未来发展的各个方面。我相信，这一成果必将为我国社会法体系建设及相关法律的制定、修改与实施、司法审判等提供重要的理论储备，并对与之相关的经济社会转型和长远发展产生深远影响。

目前，退役军人保障法、社会救助法等重要立法已列为第十三届全国人大常委会的优先立法项目，相关主管部门亦在积极推动相关立法的进程。可以预期，我国社会法体系建设的步伐必将全面提速。我期待，中国社会保障学会和相关领域的专家学者们在既有成果的基础上，再接再厉，为我国的社会法建设做出更大贡献！

是为序。

2020 年 7 月 2 日

目　录

前 言

郑功成

社会法是中国特色社会主义法律体系的重要组成部分，它与宪法及相关法律、民商法、行政法、经济法、刑法、诉讼与非诉讼法等并称七大法律部门，是关乎人民基本权益和国家保障人权的法律依据，并集中表现为劳动就业、社会保障、特殊群体权益维护及社会治理等方面的立法上。在中国特色社会主义法律体系中，社会法是相对落后的法律部门，这不仅直接影响到人民权利的全面实现，而且影响到全面推进依法治国的进程。因此，党的十八大、十九大及多届党中央全会均强调要重视社会领域的法制建设。

在张春贤副委员长的高度重视和支持下，中国社会保障学会于2018年组建课题组，开展对社会领域的法制建设进行系列研究，并得到了全国哲学社会科学工作领导小组的支持，国家社会科学基金为此设立特别委托项目"中国社会法系列研究"（18@ZH023），本书即是该项目研究产生的系列成果之一。

本书由郑功成提出框架与基本思路，在各章作者完成初稿后由郑功成统稿并定稿，杨思斌教授协助主持人做了不少组织与协调工作。各章作者如下：

第一章 郑功成（中国社会保障学会会长、中国人民大学教授）

第二章 杨思斌（中国社会保障学会理事、中国劳动关系学院教授）

第三章 范围（中国社会保障学会会员、首都经贸大学教授）

第四章 栗燕杰（中国社会保障学会会员、中国社会科学院副研究员）

第五章　汪敏（中国社会保障学会会员、华中科技大学副教授）

第六章　叶静漪（中国社会保障学会常务理事、北京大学教授）

第七章　娄宇（中国社会保障学会会员、中国政法大学副教授）

第八章　谢琼（中国社会保障学会理事、北京师范大学教授）

作为中国社会法系列研究成果之一，本书旨在从宏观视角探讨社会法的意义与中国社会法的基本架构，同时放眼世界以吸收有益营养。后续研究将重点关注社会保障领域的立法并兼及相关领域。

在本书付梓之际，衷心感谢第十届全国人大常委会副委员长、原国务委员兼国务院秘书长、中国社会保障学会名誉会长华建敏同志对中国社会法系列研究的高度重视与支持，并为系列图书撰写总序。他在担任国务院、全国人大常委会领导时曾直接推动我国的社会法制建设，那一时期我国制定了一批重要的劳动就业、社会保障法律法规，近几年间又多次召开小型的社会法制建设专家会议，其深刻的见解对本系列研究具有很强的指导意义。

我期望，通过本书及后续系列著作的出版，能够为我国社会领域的立法做出应有的贡献。中国社会法部门的健全，将为全体人民的幸福生活提供有效的法律保障，同时为中国特色社会主义法律体系的成熟补上短板，进而为国家现代化与长治久安提供有力的法制支撑！

2020 年 7 月 3 日于北京

第一章　社会法导论[*]

社会法作为中国特色社会主义法律体系七大部门之一的定位，是 2001 年 3 月时任全国人大常委会委员长的李鹏在第九届全国人大第四次会议上所做的全国人大常委会工作报告中首次明确的。他指出："关于法律部门，法学界有不同的划分方法，常委会根据立法工作的实际需要，初步将有中国特色社会主义法律体系划分为七个法律部门，即宪法及宪法相关法、民法商法、行政法、经济法、社会法、刑法、诉讼与非诉讼程序法。"① 自此，社会法开始以一个独立的法律部门进入公众视野。回顾历史，社会法诞生于一百多年前的欧洲。更久远的记载则是古罗马法学家乌尔比安② 最早将法分为公法与私法，前者是指规制政治国家的法，关注国家公权力的配置与国家机器的运转；后者是指规制市民社会的法，规制公民权利保护和公民民事活动。伴随资本主义社会的发展，工业革命与自由竞争致使社会关系日趋复杂，传统的公法与私法均无法达到有效调整整个社会秩序的目的，于是产生了公法与私法相互交融的第三法域，以解

---

* 本章曾刊登于《内蒙古社会科学》2020 年第 3 期，纳入本书时做了适当修订。本章曾以"中国社会领域立法回顾与建设方略"为题报送全国人大常委会，栗战书委员长和王晨、张春贤副委员长做出重要批示。

① 李鹏：《全国人民代表大会常务委员会工作报告——2001 年 3 月 9 日在第九届全国人民代表大会第四次会议上》，《人民日报》2001 年 3 月 20 日。

② 乌尔比安（Domitius Ulpianus，约 170—228）古罗马著名法学家。主要著作有《论萨宾派》51 篇和《法令集》81 篇，其主要贡献是在法学上首创"公法"和"私法"的体系，对后世法学的发展具有重大影响。

决市场发展造成的负面后果，并赋予和维护公民的社会权益，这是社会法在西方国家得以产生和发展的时代背景，社会法也被视为工业化的产物和现代社会文明进步的成果。在我国踏上全面建成社会主义现代化强国新征途和推进全面依法治国的时代背景下，客观检视我国的社会法建设，尽快弥补社会法滞后的短板，不仅是保障人民权利的现实需要，也是完善中国特色社会主义法律体系的内在要求。本章旨在简要回顾中外社会法发展进程的基础上，对我国社会法建设中存在的问题加以分析，并提出全面建成中国特色社会法体系的基本方略。

第一节　社会法的简要回顾

（一）社会法的本义及其在发达国家的兴起

在传统的法律部门中，宪法及相关法主要规范国家的政治生活与国家机器的结构及相互关系，保护公民的政治权利；刑法调整的是国家刑罚权与公民的生命、自由等基本权利的关系，规范的是国家在什么情形下可以限制或者剥夺公民包括生命权在内的最基本权利的问题；民商法和经济法主要调整一国的经济生活与民事关系，侧重于保护行为主体与公民的平等民事权利；行政法主要调整行政主体与行政相对人、行政法制监督主体之间的关系；社会法的主旨则在于保护公民的社会权利，尤其是保护弱势群体的利益，以维护和促进社会公平为己任。在古往今来的社会关系中，由于个人禀赋、家庭条件乃至性别、体魄、地域等各种复杂原因的影响，有天生的强势群体和弱势群体之分，而市场经济会自发的导致强者愈强、弱者愈弱格局，如果没有基于社会公正的相关社会制度安排和公权力的介入，社会关系的失衡状态将不断加剧并最终导致严重的社会问题与社会危机，这使得通过制定和完善社会法来矫正失衡局面成为必然选择。因此，社会法的本义就是人民的社会权利法、国家的民生保障法和社会公正法。

欧洲是社会法的发源地，而英国、德国是最重要的代表。早在19世纪初，欧洲就出现了工厂劳动者保护法或工厂法，这是社会法最早的尝试，其中1802年英国颁布的学徒健康和道德法被认为是现代劳动立法的开端；1883年德国制定的医疗保险法则是现代社会保障立法的开端。正是在欧洲大陆出现了劳工立法和社会保障立法，才使资本主义世界从阶级压迫与阶级剥削的野蛮时代逐步进化到追求社会平等与共享成果的文明时代。

英国是老牌资本主义强国，也是社会法的先驱国之一。其在1802年制定的学徒健康与道德法开创了世界劳动立法的先河。1867年英国颁布工会法，1906年颁布产业争议法，1908年颁布老年退休金法，1911年颁布失业保险与健康保险法、国民保险法，1918年颁布妇女儿童福利法，1925年颁布寡妇孤儿及老年年金法，这些法律构成了英国最早的社会法框架。第二次世界大战末，英国在《贝弗里奇报告》的理念引导下，以建成从"摇篮到坟墓"的福利国家为目标，在1944—1948年制定了国民保险法、家庭津贴法、国民健康服务法、国民救助法等一系列社会保障法律，[①] 其社会法体系建设得到了极大发展。20世纪60年代以后，英国进一步加强了劳动与社会保障领域的立法，如1963年颁布雇佣合同法，1970年后又先后制定平等工资法、劳资关系法、工作健康与安全法、雇佣保护法、雇佣权利法、国家最低工资法等一系列劳动法律和社会保障法律。到20世纪80年代时，英国即成为当时西方国家拥有社会保障立法数量最多、制度最为完备的国家。

德国是世界上首个将社会法体系法典化的国家。早在1883—1889年，德国就先后制定了医疗保险法、工伤保险法与养老保险法等法律，开创了全球现代社会保障立法的先河，依据这些社会立法确立起来的社会保障制度因有效地解决了尖锐对立的劳资矛盾、增进了工人阶级的福利而使德国迅速取得了国家

---

① 参见约翰·哈德森、华颖：《从福利国家到竞争国家？英国社会保障与经济关系的演变》，《社会保障评论》2018年第1期；杨思斌：《社会救助立法：国际比较视野与本土构建思路》，《社会保障评论》2019年第3期。

发展的巨大成效，并自此走向强盛。①1919年，德国在推行社会改良主义即在有限放弃对私权过分保护和更多强调国家与社会利益的理念下制定了魏玛宪法，目的就是维护并提高公共福利，实行国家资本对经济的主导，同时规定公民广泛享有受教育权、工作权、休息权等社会权利，借此保护劳动者合法权益；此后，社会法在德国不断走向完备。1975年，德国制定了世界上第一部完备的《社会法典》，成就了德国人引以为自豪的社会市场经济模式。

日本于1922年制定了健康保险法，1938年制定了国民健康保险法，1942年制定了工人养老保险法，但其社会法体系的全面建成则是在第二次世界大战以后。1945年日本战败后，在美国的扶持下全面推进经济社会的发展，迅速制定并实施了公共救助法、工会法、劳动关系调整法、劳动基准法、生活保护法、儿童福利法、身体残障者福利法、社会福利事业法、老人福利法、母子福利法、劳动者灾害补偿保险法、国民健康保险法、厚生年金保险法、国民年金保险法等一系列法律，很快形成了自己完整的社会法体系。②

美国是实行判例法为主的国家，但在社会法领域也在不少成文法，并按照宪法赋予的职责由联邦与州分别制定相关法律。20世纪30年代是美国社会法建设的关键时期，以1929—1933年"大萧条"为背景，美国国会颁布了联邦紧急救济法、社会保障法、国家劳动关系法、公平劳动标准法、职业安全与健康法、职工调整和培训通知法等一系列劳动与社会保障法律，构建起了联邦层面的社会法体系。其中，作为罗斯福新政之重点措施之一的社会保障法于1935年由美国国会通过是一个标志性事件，罗斯福说："早先，安全保障依赖家庭和邻里互助，现在大规模的生产使这种简单的安全保障方法不再适用，我们被迫通过政府运用整个民族的积极关心来增进每个人的安全保障。""实行普

---

① 参见郑功成：《社会保障与国家治理的历史逻辑及未来选择》，《社会保障评论》2017年第1期。

② [日]小野太一：《日本社会保障的历史发展与当前问题》，《社会保障评论》2019年第3期。[日]白濑由美香：《日本社会福利的变迁：向以"自立"为主的生活支援转型》，《社会保障评论》2018年第2期。[日]广井良典、张君：《日本社会保障的经验——以不发达国家的社会保障制度整备过程为视角》，《社会保障研究》（北京）2005年第1期。

遍福利政策，可以清除人们对旦夕祸福和兴衰变迁的恐惧感。"①这些表述揭示了美国建立社会保障制度的初衷和认识的升华。美国的社会保障法以老年社会保险和失业保险为最重要的内容，在它的影响下，各州从没有失业保险法到纷纷制定失业保险法律。

一百多年来，发达国家的社会法体系在经历一个历史的发展进程后均早已走向成熟，20世纪后期以来的主要任务就是根据时代发展变化对已有法律不断进行修订。如德国1883年颁布的医疗保险法作为世界上第一部社会保障法律，迄今已进行了100多次修订，但130多年来德国医疗保险制度始终坚持了非常理性且合理的劳资缴费各半、权利义务相结合、互助共济、劳资自治管理等传统，显示了建制之初的理性与科学性，但对有关保险范围、费率等参数则会随时代发展与影响因素变化作出合理的调适，这是这一制度得以持续发展至今并不断增进德国人民医疗与健康保障福祉的奥秘所在。当然，从全球范围来看，发达国家的社会法体系早已健全，但广大发展中国家的社会立法并不多见，特别是在非洲、亚洲和阿拉伯的一些国家，缺乏社会保护造成人们在整个生命周期中容易陷入贫困、遭受不平等和社会排斥，进而构成了经济和社会发展的主要障碍。②

（二）社会法在我国的发展

我国的社会法建设始于新中国成立初期制定的工会法、劳动保险条例等，2001年3月全国人大常委会正式将社会法明确为中国特色社会主义法律体系七大部门之一，与宪法及相关法、民法商法、行政法、经济法、刑法、诉讼与非诉讼程序法等共同组成了中国法律体系的有机统一整体，所承担的是调整有关劳动关系、社会保障关系、特殊群体权益关系及社会治理等的重大职责，目

---

① ［美］富兰克林·D.罗斯福著，关在汉编译：《罗斯福选集》，商务印书馆1982年版，第58、60页。

② 参见华颖：《全球社会保障的最新动态与未来展望》，《社会保障评论》2018年第2期。

的是从社会整体利益出发，遵循公平和谐和国家适度干预原则，通过国家和社会提供日益丰富的公共产品，对各种人群的社会权益实行必需的、切实的保障，以此维护社会公平，促进社会和谐。简言之，社会法就是赋予公民各种各样的社会权利并由国家保障公民的这些社会权利的法律制度的总称。

新中国成立后，1950年6月中央人民政府颁布《中华人民共和国工会法》，1951年2月颁布《中华人民共和国劳动保险条例》，这是新中国最早的社会立法。① 其中，工会法为工会的发展提供了法律保障，劳动保险条例则为我国计划经济时期最重要的社会保障——面向城镇企业职工并惠及其家属的综合型社会保障制度提供了法律依据。② 不过，在计划经济时期，法制建设总体上并未受到重视，社会领域的立法也陷入停滞，没有新的进展。

改革开放以来，我国开始重视法制建设，但前一时期主要重视经济领域的立法，以为市场经济改革提供法律保障。20世纪90年代掀起了社会法领域的第一个立法高潮，制定了劳动法、残疾人保障法、妇女权益保障法、老年人权益保障法等多部社会领域的法律。进入21世纪后，伴随社会关系日益多元化和各种社会问题在改革发展进程中日益显性化，基于更好地保障人民权利和促进社会公平正义，构建和谐社会，社会领域的立法受到空前重视，2010年前后掀起了社会领域立法第二个高潮，制定了劳动合同法、就业促进法、社会保险法、军人保险法等多部劳动与社会保障等法律，构建起了我国的社会法初步框架。因此，从20世纪90年代以来，我国通过劳动法及相关立法，将劳动关系及其劳动合同、劳动保护、劳动安全卫生、就业促进、职业培训、劳动争议、劳动监察等关系纳入调整范围，确立了与市场经济相适应的基本劳动制度；通过矿山安全法、职业病防治法、安全生产法等法律，对安全生产、职业病预防等事项做了规定，加强了对劳动者权益的保护；通过社会保险法、军人保险法及失业保险条例、工伤保险条例、城市居民最低生活保障条例、自然灾

---

① 当时由中央人民政府行使立法权。1954年9月第一届全国人民代表大会第一次会议在北京举行并通过了《中华人民共和国宪法》，制定法律成为全国人民代表大会的职责。

② 参见江宇：《论中华人民共和国前30年的社会保障》，《社会保障评论》2018年第4期。

害救助条例、社会救助暂行办法等一系列法律法规为社会保障制度的发展实践提供了基本的法律依据；通过老年人权益保障法、妇女权益保障法、残疾人保障法、未成年人保护法、收养法等一系列法律与法规，为保障特殊群体的合法权益提供了基本依据；通过红十字会法、公益事业捐赠法、慈善法以及基金会管理条例等法律与法规，为促进社会事业发展与社会治理提供了基本依据。2018年第十三届全国人大常委会将社会救助法、退役军人保障法等列入优先立法项目，预示着我国社会法制建设步伐将进一步加快，并将进入第三个社会法立法高潮期。

综上可见，社会法在西方国家是工业革命与自由竞争导致社会关系日益复杂和社会矛盾日益加剧下的产物，也是伴随社会文明进步与人权扩张而不断发展起来的法律部门。在我国，社会法则是伴随改革开放以来市场经济发展和社会关系日益复杂化而不断发展的，特别是进入21世纪后基于社会公正与和谐社会的需要得到了较快发展，由社会保障法律、劳动法律、特定群体权益维护法律及社会治理法律等构成的社会法部门作为中国特色社会主义法律体系七大部门之一，反映了社会建设与社会发展进步的内在要求，同时也因其最贴近百姓生活和关乎人民群众最基本的民生权益，成为需要不断加强并日益健全化的法律部门。

第二节　我国社会领域法制建设中存在的问题

尽管改革开放以来特别是近10多年来，我国社会法制建设取得了不少成就，一批社会领域的法律得以制定和实施，但与其他六大法律部门相比，社会法仍然是最为落后的法律部门。这主要表现在以下几个方面。

1.社会法制建设缺乏应有的理论支撑。社会法建设关系到基本民生、基本人权，也关系到社会治理、社会发展与社会进步，而社会领域因市场经济改革与时代发展带来的利益主体多元化、社会关系复杂化、社会治理开放化，以及社会成员主张权利和参与社会的诉求持续高涨，迫切需要通过一系列的立法来明确规则、明确赋权、明确责任。然而，从国内法学界现实出发，社会法却是最为薄弱的法学学科，全国专门研究社会法的队伍偏小，力量单薄。例如，即使是在法律学科齐全的中国政法大学，社会法也只是在民商经济法学院下设有一个社会法研究所，且只有个别专门研究人员；社会法专业人才培养更是落后，中国人民大学法学院属于全国实力超强的法学院，但到 2018 年才设立社会法二级学科并开始招收博士生。法学界对社会法的长期忽视以及社会法学科的极端落后地位，折射的是整个社会对社会领域的制度化建设重视不够，结果必然是对社会领域的立法理念、法律框架及具体的立法研究落后，从而也不可能为亟待全面推进的社会领域的立法提供应有的理论支撑。因此，在既往的社会领域立法实践中，往往存在着一些重大分歧且很难得到合理的法理解释，这是我国社会法制建设的先天不足，也是以往一些社会立法质量不高或难以有效实施的重要原因。

2. 社会领域的法律空白尚多，离一个成熟的法律部门还相距甚远。① 以发达国家为参照，应当在社会法部门中起支架性作用的劳动基准法、社会救助法、医疗保障法、社会福利法、社会补偿法、社会组织法等迄今仍然是法律空白，甚至连成熟的行政法规也没有。如社会救助领域现行的依据是《社会救助暂行办法》，这部行政法规的名称即见其是临时性的，且只是一个"办法"；社会组织是社会治理的基本载体，只有明显滞后于时代发展需要的《社会团体登记管理条例》规制；更不要说发达国家普遍制定的住宅法、儿童福利法等一系列专门法律了。总体而言，我国的社会领域主要还是依靠政策性文件(俗称"红头文件")治理，在一些情形下甚至是主管部门发布的"通知"或有关司处提出的工作要求成为公众与社会组织的行为依据，法治并未真正取代传统的人治格局。这种状况使社会领域相关的制度安排无法通过立法走向定型，从而无法

---

① 参见郑功成：《社会法建设的滞后与发展》，《中国机构改革与管理》2015 年第 11 期。

给人民群众带来稳定的安全预期，也使社会组织的发展得不到应有的清晰指引与激励，进而对整个社会的健康持续发展带来不利影响。

3. 现有社会法律普遍存在着质量不高的问题。① 一方面，既有法律因渐进改革中的局限性往往先天不足，又不能与时俱进地修订完善，法律规制落后于实践发展的现象不乏罕见。例如，1994 年制定的劳动法早已落后于劳动就业领域的实践发展，却一直未能够修订完善，到了 2007 年后才陆续制定劳动合同法、就业促进法、劳动争议调解仲裁法等法律，实际上是用这些专门立法替代过时的劳动法中的主体内容，但劳动法又未明确废止。再如 2010 年制定的社会保险法，法律中城乡分割的养老保险、医疗保险与新型合作医疗等法律概念早已在实践中变化了，制度整合带来的新概念却在法律中找不到依据；机关事业单位工作人员原有的非缴费型退休金制度已经被缴费型社会养老保险制度替代了，但现行法律中仍然是授权国务院另行规定；社会保险管理体制在 2018 年国务院机构改革中已发生重大变化，其中社会保险费征缴体制也已明确由税务部门统一征收了，现行法律亦仍然是授权国务院另行规定；国家医疗保障局成立后，医疗保险、生育保险及试点中的护理保险均划归其管理，但法律中却缺乏依据，医保行政部门事实上处于无法可依的尴尬境地；还有一些当时载入法律的有缺陷的条款因得不到及时修正而走向僵化。社会保险法如此严重地滞后于社会保险制度改革与发展实践，个别不当规制甚至带来严重后遗症并引发了社会矛盾，迄今却无法启动修法程序；随着 2018 年国务院机构改革带来的社会保险管理体制重大变化，修订社会保险法因行政管理部门分工变化而缺乏集中有力的部门主导，这种局面正在直接影响着整个社会保险制度改革的深化与制度定型。另一方面，现有法律还普遍存在着规范性不足、可操作性弱等问题。社会法规制的是公民的各种社会权利和社会治理的正常运转，只有清晰赋权、明确定责，才能保障相关制度正常有序运行，但基于我国行政主导的传统和立法机关力量薄弱的事实，现有社会领域的立法大多是原则性、宣示性规

① 参见郑功成：《社会法建设的滞后与发展》，《中国机构改革与管理》2015 年第 11 期。

定，缺乏可操作性，法律中授权行政部门制定法规或规章的条文不乏罕见。这种现象带来的后果是制度运行的法律依据不足，而各级行政部门几乎均肩负着制定各种具体政策的重大责任，从而事实上扮演着定制主体与执法主体的双重角色。在实践中，行政机关发布的政策性文件的效果甚至明显高于法律，制度实施与公民社会权益的实现主要以政策性文件为依据，公众相信红头文件甚于相信法律。此外，执法不严的现象也很普遍，如基本养老保险实行全国统筹是2010年制定的社会保险法中明确规定的，但迄今连省级统筹的目标亦未全面实现；① 再如医疗保险领域中违法现象十分普遍却难以治理，就与缺乏法律的有效规制有关，也与各级行政部门可以出台五花八门的医保政策有关。这显然不利于各种民生保障制度的正常运行与健康持续发展，亦难以真正树立行政机关与公民的法治意识。因此，我国社会领域的现行法律都存在着需要通过修订才能走向完善的需要。

4.特定群体权益保障法因其局限性直接影响到社会法体系的建设与发展。现有的老年人权益保障法、妇女权益保障法、残疾人保障法、未成年人保护法等是以特定群体为对象的社会法，将社会成员分割成一个一个群体并试图通过一部综合性的立法来保障其各种社会权利，虽然可以视为我国以往社会法制建设与社会发展进步的一个标志，但又确实难以适应时代发展和社会进步的要求，其既不能独自维护特定群体完整的社会权益，也无法作为特定群体实现自身某一项具体社会权利的直接法律依据，这些法律事实上一直处于异常尴尬的境地。因为这些群体的一般权益维护应当基于与全体社会成员平等的原则，主要通过一般立法并采取非歧视性原则加以解决，只有不能通过一般性立法解决的特定社会权益才适用于专门立法。因此，发达国家鲜见这种将一个一个群体分割出来进行综合立法的现象，而是分别制定老年人福利法、儿童福利法、残疾人福利法等多种专门法律用以解决相对的特定群体无法通过一般立法解决的

---

① 参见郑功成：《中国养老金：制度变革、问题清单与高质量发展》，《社会保障评论》2020年第1期。

特定问题。我国这些法律的存在，事实上直接影响到了相关福利制度的立法。以老年人权益为例，养老保险是最重要的老年人权利之一，但它不可能按照老年人权益保障法实施，只能遵从社会保险法或未来制定专门的养老保险法；护理保险是一项新的制度安排，它同样属于社会保险范畴，不可能以老年人权益保障法为依据；无障碍设施是老年人需要的，也是残疾人需要的，还是儿童需要的，同样不应当由老年人权益保障法来规制，需要通过无障碍环境专门立法加以规制；养老服务关乎老年人的生活质量，当然也应当是老年人的一项社会权益，但老年人权益保障法不可能等同于养老服务法。可见，老年人权益保障法似乎涉及老年人的各种社会权益，但又无法使老年人的任何一项社会权益变成现实，或者说，现有老年人的社会权益都不是源自老年人权益保障法赋予并得到落实，而是源自社会保险法及相关行政法规、规章或政策性文件等。然而，老年人权益保障法的存在，却影响到了对老年人权益维护的相关专门法律的制定，最终并不利于全面维护老年人的权益。妇女权益保障法、残疾人保障法、未成年人保护法等均存在类似现象。

5. 新时代出现的新情况新问题新挑战亟待通过社会立法加以解决。我国已经进入了新时代，新时代不仅面临着人民群众维权意识与福利诉求的高涨，而且面临着社会关系加剧变化和技术进步带来的新业态等挑战，这是现有法律几乎没有考虑或很少考虑的问题。例如，在发达国家，社会补偿法就很受重视，德国的社会补偿法在其社会法中占有重要地位，确立并维护的是因战争、药物、刑事案件等导致的受害者的社会权益，我国虽有一些针对特定对象的补偿政策，却未形成完整的制度，事实上我国需要重视并加快构建社会补偿制度。2003 年非典期间因打激素药物导致身体障碍者就应当通过社会补偿制度得到相应的补偿，2020 年 1 月新冠肺炎疫情暴发后由于治疗产生后遗症的患者亦可能成为社会问题，还有因执行国家独生子女政策的失独父母是否需要给予社会补偿，均需要从法律层面上加以考量。再如信息化、互联网带来的数字经济很多是有别于传统就业形态的新业态，在新业态下，不再是"一主一仆"的劳动关系，可能是"一仆多主"或者没有明确的"主仆"关系；还有短期租赁员工、共享员工等新式用工形式，这些人的劳动时间无法按照传统方式计量，劳动者的权益特别是社会保障权益如何维护就不是现有法律制度能够解决的；等等。这些新问题、新情况、新挑战均要求我国加快通过相应的社会立法来应对，在这方面，还缺乏成熟的外国经验可资借鉴。

综上可见，在国家快速发展进步和走向全面现代化进程中，人民群众的社会权益日益广泛，民生诉求全面升级，建设公正社会成为最广大人民的共识，而社会领域的法制建设却明显滞后，这不仅直接影响到人民群众社会权益的全面实现，而且直接制约着社会建设与社会发展，进而不利于社会治理与国家治理体系建设的现代化。

第三节　加快社会法建设的基本方略

社会法建设关系到基本民生、基本人权，也关系到社会治理，更关系到社会文明、社会进步与社会公正。社会法是真正营造社会氛围的，是提供制度依据的，社会法的欠缺不利于社会建设与社会发展。[①] 因此，加快我国的社会法体系建设势在必行。在 2011 年 10 月中国政府发布的《中国特色社会主义法律体系》白皮书中，就特别强调要"突出加强社会领域立法。坚持以人为本，围绕保障和改善民生，在促进社会事业、健全社会保障、创新社会管理等方面，逐步完善劳动就业、劳动保护、社会保险、社会救助、社会福利、收入分配、教育、医疗、住房以及社会组织等法律制度，不断创新社会管理体制机制，深入推进社会事业建设。"[②] 党的十八届四中全会通过的《中共中央关于全面推进依法治国若干重大问题的决定》中明确提出，"加快保障和改善民生、推进社

---

① 参见郑功成：《对社会法建设的思考》，《中国机构改革与管理》2016 年第 6 期。

② 《〈中国特色社会主义法律体系〉白皮书发布（全文）》，中央政府门户网站，2011 年 10 月 27 日。

会治理体制创新法律制度建设。依法加强和规范公共服务，完善教育、就业、收入分配、社会保障、医疗卫生、食品安全、扶贫、慈善、社会救助和妇女儿童、老年人、残疾人合法权益保护等方面的法律法规。加强社会组织立法，规范和引导各类社会组织健康发展。制定社区矫正法。"①党的十九届四中全会通过的《决定》突出强调，建设中国特色社会主义法治体系、法治国家是坚持和发展中国特色社会主义的内在要求，并首次提出"民生保障制度"的概念，亦对社会治理体系进行了深刻阐述，要求用制度保障人民权益，② 实质上提出了加快社会领域法制建设的明确要求。在全面推进依法治国和建设法治国家、法治政府、法治社会的大背景下，在社会领域急需强化制度建设的条件下，加快补齐社会法建设滞后的短板具有必要性和紧迫性。

可供采取的社会法建设基本方略包括以下六个方面。

（一）确定科学的社会法立法理念与法制建设基本原则

中国的社会法应当以引领中国的社会建设与社会发展、切实保障与改善民生、维护特定群体的社会权益并推动新时代的社会治理走向现代化为基本出发点，主要包括劳动就业立法、社会保障立法、特定群体权益维护立法、社会治理立法等板块。

在社会法制建设中，应当坚持中国特色、确立中国框架并为中国所用，同时广泛借鉴国外有益经验；要彰显中国特色社会主义制度的目标追求与优越性，坚持民生为本、公平正义、开放治理、共同富裕的立法取向，坚守共商共建共享共治的基本原则；坚定中国特色社会主义共同理想、弘扬社会主义核心价值观、传承中华优秀的传统文化与伦理，为促进社会公平与社会和谐、加快社会建设与社会发展、完善社会治理工具与手段、不断满足人民对美好生活的

① 《中共中央关于全面推进依法治国若干重大问题的决定》，《人民日报》2014 年 10 月 29 日。

② 参见《中共中央关于坚持和完善中国特色社会主义制度　推进国家治理体系和治理能力现代化若干重大问题的决定》，《人民日报》2019 年 11 月 6 日。

需要提供强有力的法律保障。同时，还要与我国的经济社会发展水平相适应，在具体法律规制上做到清晰赋权、明确责任，尽力而为、量力而行，理性步入法制化的轨道。

（二）重视顶层设计与统筹规划

社会法是中国特色社会主义法律体系中的一个独立法律部门，是一个由多部法律组成的庞大法律体系，其体系结构必须具有完整性、系统性，并需要确保相互之间的有机衔接与有效协同，杜绝重复立法、避免立法资源浪费现象应当是建立健全我国社会法体系的内在要求。因此，有必要组织开展中国特色社会法体系的研究，强化全国人大社会建设委员会对社会法体系建设的统筹规划与顶层设计。在既有立法的基础上，只要顶层设计科学，即使在第十三届全国人大常委会任期内无法完成全面建成中国特色社会法体系的任务，也可以在明确的目标、方向与规划的指引下，再经过十四、十五届的努力，在2035年前完成这一任务。因此，第十三届全国人大常委会及社会建设委员会事实上承担着承上启下的重大历史责任。

在顶层设计与统筹规划中，关键是要有清晰的社会法体系框架设定，以便为积极、有序地推进整个社会法建设提供行动指南。而这需要符合社会法基本原理、规律并与中国国情发展变化相适应的社会法学理论提供学理支撑。中国特色的民生保障制度和社会治理制度，决定了中国的社会法也必然具有自己的特色，但这种特色同样不能违背社会法的基本规律。基于社会发展与社会建设和实现人民权利的需要，中国的社会法体系需要涵盖劳动就业、社会保障、特殊群体权益维护及社会治理等四个领域：

1.劳动就业法律。其核心在于规制平等、和谐的劳动关系并理性维护劳动者的合法权益，除目前已经制定的劳动合同法、就业促进法、劳动争议调解仲裁法等多部法律需要修订完善外，还需要制定劳动基准法、劳动保护法、职业培训法等多部法律。

2. 社会保障法律。其核心在于解除人民的生活后顾之忧并不断增进人民福祉，除目前已经制定的社会保险法、军人保险法等需要修订完善外，还需要制定社会救助法、社会福利法、社会补偿法、医疗保障法、住房保障法等多部法律，是迫切需要重点且全面推进的领域。

3. 特殊群体权益维护法律。其核心在于明确规制老年人、儿童、妇女、残疾人、归侨侨眷、退役军人等特定社会群体无法通过一般性或普遍性社会法律解决的特定权益问题，其应当具有鲜明的价值取向与政策激励，除目前的老年人权益保障法、妇女权益保障法、残疾人保障法、未成年人保护法、预防未成年人犯罪法、归侨侨眷权益保护法等需要修订完善外，还需要制定退役军人保障法和多部具有清晰的群体指向性、目标针对性并能够具体规制某一特定群体的特定权益及实现方式的法律。

4. 社会治理法律。其核心在于建立永续和谐的社会关系并确保社会成员能够有序参与社会，除目前已经制定的工会法、红十字会法、公益事业捐赠法、慈善法、境外非政府组织境内活动管理法等需要修订完善外，还需要制定社会组织法，这是公民参与社会治理的基本途径，也是宪法赋予的中华人民共和国公民有结社自由权利的具体体现，此外还需要制定社会工作法、志愿服务法、殡葬法、临终关怀法等多部法律。

总之，我国的社会法体系从现状走向完备还有相当一段距离，必须通过顶层设计并在目标明确、路径清晰的条件下根据社会发展需要和轻重缓急分类加快立法进程，应当力争在 2035 年前真正形成中国特色的完备社会法律体系。

（三）开门立法、民主立法

社会领域的立法直接关乎人民群众的切身利益，必须与人民群众的诉求形成有效的呼应，从而特别需要开门立法、民主立法。如慈善法的立法就是一个很好的案例，参与范围之广前所未有，除在审议期间依照法定程序向社会公布征求意见外，法律草案起草过程中就在学界、业界中开展了广泛的研究和讨论，通过广开言路、广听民意、广集民智，将许多纷争解决在法律的起草、制定过程中，极大地提升了法律的质量，也广泛地宣传了法律的内容。① 在我国未来的社会法制建设中，不能只限于法律草案经过初审后进行公示这一环节，而是需要在法律起草过程中就广泛听取各界意见特别是学界、业界专业人士的意见，因为开门立法、民主立法的过程就是公众参与、了解并对社会法学以致用的过程。

特别需要指出的是，为避免以往立法因过于粗放而影响质量的现象，社会法律的制定还特别需要优化立法机关内部的立法程序并强化实质性审议。包括：

1. 增加法律草案审议的时间并建立意见反馈机制。强调增加全国人大常委会审议社会法律的时间，并建立对常委会组成人员的意见逐件反馈的机制，是为了更加充分地听取常委会组成人员的意见。目前的法律审议时间均过于短暂，有时一个半天要审议二部以上的法律，常委会组成人员提出的意见鲜见反馈，导致的效应就是难以做到畅所欲言，也无法激励每个常委会组成人员认真负责地为提升法律的质量做出积极有益的贡献。

2. 提升相关专门委员会在社会法立法中的话语权，确保其全程参与社会法律的起草与制定。以往形成的惯例是全国人大法制工作委员会、法律委员会在立法方面的权力过于集中，相关专门委员会只能在法律草案起草过程中发挥一定作用，如果法律草案是由行政部门或其他机关负责起草，相关专门委员会对草案起草的作用也非常有限，这种现状不利于提升法律的质量，因为全国人大法制工作委员会、法律委员会不可能明了所有社会领域的事务，更不具备紧密跟踪社会领域各种制度安排与政策实践的发展变化及其效果，而相关专门委员会因具体联系社会领域各主管部门，平时工作也是紧密跟踪监督这些部门的工作，恰恰能够弥补法制工作委员会与法律委员会的不足。因此，应当明确相关专门委员会全过程参与社会法律的起草与制定，这不是新增其权力，而是促使其更加全面地履行自己的职责，并对社会法律的制定发挥实质性作用。

---

① 参见郑功成：《慈善事业立法研究》，人民出版社 2015 年版，"出版前言"。

3.增加征求全国人大代表意见的环节。这是由于社会领域的立法直接关乎人民群体的切身利益，当然也直接关乎人民代表的切身利益，这决定了这方面的立法需要更加充分地了解民意、尊重民意，进而决定了全国人大代表应当具有更多的发言权并有畅通的途径来反映其代表的人民群众的诉求。这样做的目的也是强化各位人大代表的责任感，激发其作为国家立法机关组成人员在立法中发挥作用，而不是只能通过每年一次的全国人民代表大会参与一部法律的程序性审议。

4.增加征求地方立法机关意见的环节。我国地域辽阔、人口众多、多民族聚居且区域发展不平衡，通过法律全面规制整个国家的社会领域的事务及其运行客观上存在着难度，但我国宪法又明确规定我国是法制统一的国家，社会领域立法更须追求和促进社会地公平，从而必须确保社会法律制度的统一。要在地区差异化与法制统一性找到平衡点，就需要在切实维护国家法制统一的同时充分听取地方的意见，这将有助于提高法律的质量，进而保障其能够在全国范围内顺利地得到实施。

如果在国家立法机关能够做如上的改进，则我国的社会法制建设必定有一个质的升华。

（四）重视各专门领域专家意见

由于我国法学界对社会法的研究一直十分薄弱，加之法学研究者通常较难紧密跟踪我国社会领域的改革与发展实践，对这一领域的发展进程及其中国性了解有限，这影响了法学研究人员的视野及其成果的科学性。而劳动就业、社会保障、残疾人事业、慈善、社会治理、人口等领域的专业研究者则长期跟踪这些领域的改革与发展实践并对国外情况多有了解，从而能够弥补法学研究者的不足。例如，在第十二届全国人大内务司法委员会牵头起草慈善法的过程中，就主要依靠国内慈善领域的专业研究者而非法学专家协助起草了较高质量的法律草案，2016年在全国人大代表会议上通过的法律得到了社会各界的好评。因此，社会领域的立法工作因需要更加注重国情和中国制度安排与政策实践的具体情况及人民群众的现实诉求，听取各专门领域专家学者的意见显然是提高社会领域立法质量的必由之路。

为此，可以委托相关研究机构与学术组织起草法律草案、参与立法研讨和论证，这是提高立法质量的重要条件。在这方面，适宜的取向应当包括：

1. 每部社会法律的制定与修订，均可以增加委托专业机构提供专家意见稿的程序或环节。如国家立法机关建立社会领域立法的专业机构清单，明确委托全国性学术团队、大学专门研究机构、相关政策研究机构与民间专业团体等起草相关法律草案和提供专业意见的机制，这不仅可以弥补全国人大及其专门委员会立法力量的不足，也可以集中反映专业界的专业意见，避免行政部门立足于自身主管工作或者因多部门相互牵制而影响法律草案起草质量的局限性。

2. 重要的社会法律可以增加委托专业机构进行论证或评估的机制。新中国成立初期，我国制定婚姻法就有许多专家参与其中并发挥了很好的作用；改革开放后国家加快法律建设进程，也建立了开门立法的制度，如法律草案经初审后原则上都要进行公开征求意见，公布草案成为惯例，不公开成为例外，这是我国法制建设的进步。但仅这样做还不够，因为这种公开征求意见好比撒大网捕鱼，随机性大，专业性不高，相关专业机构亦因职责不明而难有积极响应。因此，应当明确社会领域中的重要法律必须经过专业机构论证或评估的机制，这样才能促使相关专业机构视为自己的职责所系并在被尊重的情形下充分发挥其积极性、专业性，为提升法律质量做出有益贡献。

3. 执法检查时可以委托专业机构同步开展评估并形成机制。执法检查是国家立法机关监督法律实施的主要手段，全国人大常委会每年都会组织几部法律的执法检查，并形成执法检查报告，在向全国人大常委会报告并听取常委会组成人员意见后形成审议意见，督促国务院等执法主体落实，从而是推动法律落实的有效举措，也是修订法律的重要依据，但常委会组成人员对社会领域的专业知识及法律实施中的具体情况了解往往存在着局限性，如果有专业机构提供专业评估意见，必然会促使执法检查报告质量得到提升。在这方面，2020 年全国人大社会建设委员会拟开展社会保险法专题调研前委托中国社会保障学会组织专家学者对该法实施情况进行专门调研评估并形成系列评估报告以供参考，就是一个有益的尝试，这种尝试应当成为一种机制性安排。

（五）加快填补社会领域的立法空白

在这方面，至少包括需要尽快制定社会救助法、退役军人保障法、医疗保障（险）法、社会福利法、社会补偿法、住房保障法、社会组织法等基本法，同时适时推进劳动基准法、集体合同法、儿童福利法、残疾人福利法、老年人福利法、家庭津贴法、社会保险基金法、殡葬法等一系列专门法律。可见，社会领域的立法任务还十分繁重，特别需要立法机关、行政部门和学界共同努力推进。

在加快填补立法空白方面，建议第十三届全国人大常委会制定社会领域立法的中长期规划，明确全面建成完备的中国特色社会法体系的时间表与路线图。

1.明确社会法体系框架并在 2035 年前完成全面建成中国特色社会法律体系建设任务，使之尽快摆脱滞后的局面而成为支撑中国特色社会主义法律体系大厦的重要支柱，以为全体人民提供清晰、稳定的民生保障、社会参与等预期。

2.设定综合法或基本法与专门法两个类别，以综合法或基本法统驭专门法，以专门法作为相关制度安排的具体实施依据。如劳动法可以作为劳动领域的基本法与综合法，需要大幅度修订，突出其基本规制，弱化其具体规制，再通过专门的劳动合同法、就业促进法、劳动基准法、工资法等法律为劳动就业领域提供具体的法律依据。再如社会保障领域，在社会保险方面就可以社会保险法作为基本法与综合法，通过修订强化基本规制，弱化具体规制，将养老保险、医疗保险、失业保险、工伤保险、护理保险等具体制度安排上升到专门法律规制的层面，以为这些重要的社会保险制度安排提供具体的操作依据；社会福利等方面也是如此。

3.切实把握重点，明确支撑社会领域的法律制度的四梁八柱。发达国家的经验表明，要让公民权利与社会建设全面步入法制化轨道需要的法律达数十部之多，我国已经明确全面建设法治国家、法治政府、法治社会的目标，社会领域也必然要步入全面法治化时代，但在推进过程中不可能一蹴而就地实现目标，而是需要有步骤地积极、稳妥地推进法制建设，因此，有必要明确重点立法任务并重点推进。例如，在社会组织方面，制定综合性的社会组织法作为社会治理和公民参与社会的基本法就十分必要且具有紧迫性，它可以对社会组织的性质与地位、公民结社自由的宪定权利及实现途径，以及社会组织的基本规则进行规制，以此为依据制定若干部行政法规，促使社会治理步入初级法制化轨道；再在此基础上，寻求制定若干专门法律并促使整个社会治理全面步入法治化轨道。再如，高质量的社会保险法、社会救助法、社会福利法等构成了社会保障领域的法律支柱，在此基础上制定若干部行政法规并在条件成熟上全部上升到法律规制的层面，亦是可行的途径，等等。

（六）加快修改现有社会立法的步伐

我国的社会法体系建设不是在一张白纸上写字，而是具有了一定的基础，但现有社会领域立法均存在着不能适应时代变化与社会发展需要的缺陷与不足，社会领域的很多改革与发展实践已经走在法律的前面，这使得现行法律中很多概念和制度事实上已经不存在或发生变异了，还有很多法律没有真正得到贯彻执行。如果不加快修法步伐，党中央确定的于法有据、立法引领的依法治国方略就很难在社会领域实现。以社会保险法为例，社会保险征缴机制已经有了统一的归属，即从过去的社会保险经办机构和税务机构两家并行的征缴体制改由税务机构集中统一征收，但这部法律并不能提供依据；社会保险基金预算制是国家立法机关依法监督社会保险制度运行的具体体现，但事实上还只是停留在全国数字汇总报告上，并没有实质性地得到落实；医疗保险制度近几年来发生了重大变化，却无法从社会保险法中得到法律保障；社会保险领域存在的各种违法行为也得不到有效制裁，法不责众的局面已经使这部法律在一定程度上沦为形式重于内容，有的法条规定甚至与改革发展取向相悖。因此，社会保险法亟待修订。劳动领域的法律也是如此，对平等就业及反就业歧视、劳资协商机制等规制不足，也不能适应数字经济与各种新业态的发展要求。可见，如果不能加紧修订社会领域的现有法律，影响的是法律的尊严与信誉，也易滋生社会风险，甚至引发社会危机。因此，在我国社会法体系建设进程中，必须明确立法与修法并重且并行的理念与原则。因为任何法律在制定之初都不可能是完美的，这不仅是法律制定之初很难超越所处时代的局限，而且是法律必须适应社会发展进步的要求。社会领域的立法需要努力追求初次立法的理性并避免原则性、方向性失误，同时能够与时俱进地加以修订。在我国社会领域的立法实践中，初次立法的局限性明显，而修订法律的程序启动不易。

一般而言，国家立法机关每届任期对同一部法律至多修订一次的潜规则，制约了现行社会领域法律的修订与完善，结果造成多部法律滞后于社会发展实践的需要，有的法律甚至长达 20 年都得不到修订，这种现象使法律的权威性大打折扣，既不利于相关制度的健康发展，也造成了社会实践与法律规制的冲突，有的甚至成为社会领域改革的法律障碍，进而影响到人民社会权益的实现，或者导致非理性的预期，给全面依法治国带来不利影响。所有这些，决定了高度重视对既有法律的修订完善，确保其不滞后于时代发展进步的要求，再在此基础上实现立法引领社会发展实践，是全面推进我国社会法体系建设的必由之路。

总之，我国已经进入了全面建设社会主义现代化强国的新时代，新时代的重要特征就是社会建设与社会发展不仅仅是关乎民生和人民权利的事情，事实上还直接关系到国民经济持续发展与社会安全及政治稳定，因此，加快社会法建设步伐势在必行。只有确立科学的立法理念与基本原则、做好顶层设计与统筹规划、坚持立法与修法并重、积极有序地全面推进社会法建设，才能从根本上改变当前社会法立法滞后的局面。应当将 2035 年前全面建成有中国特色的完备的社会法体系作为既定目标，以便在国家基本实现现代化时，能够为全体人民社会权益的全面实现和社会建设与社会发展提供强有力的法律保障。

第二章　社会法的概念辨析与体系框架[*]

社会法承载着保障民生、维护社会公平正义的价值，发挥着维护社会安全、促进社会和谐稳定的职能，是中国特色社会主义法律体系的七大法律部门之一。中国古代的法律中，不乏"养老""荒政"等社会保障方面的规定。这些规定通常是皇帝诏令，其内容是通过设立救济措施来实现对于灾民救济和弱者的保护，如汉宣帝时设立的常平仓制度，唐太宗时设置的义仓制度等。① 传统中华法系典型的"诸法合体、以刑为主"的特征，决定了中国古代法律中不可能产生类似于现代法律体系中的社会法的概念。直到20世纪初经中国留日学者介绍引入，我国才首次出现社会法概念。② 随着社会法理论研究的发展，20世纪30—40年代，中国法学界出现了一批社会法理论的相关著述，但受制于当时的社会发展现实，在实践层面的社会立法并没有作为。新中国成立后不久，我国颁布了《工会法》和《劳动保险条例》等具有社会法色彩的法律法规，但在官方立法中并没有使用"社会法"概念。改革开放以后，随着我国经济建设和社会发展的不断推进，我国社会法的法制建设取得了很大成就，以劳动法和社会保障法为主干的社会法成为中国特色社会主义法律体系的重要组成部

---

* 本章属于国家社科基金一般项目"中国社会法立法问题研究"（19BFX178）。

① 参见胡玉鸿：《弱者权益保护研究综述》（上册），中国政法大学出版社2012年版，第243—245页。

② 参见李景禧：《社会法的基础观念》，《法学杂志》1936年第6期。

分。但是，我国现有的社会法的发展存在与"五位一体"的国家战略布局不相适应的状况，社会法存在空白点多、法律规范滞后、立法质量不高和可操作性差、发展不充分不平衡等问题，直接影响民生建设和社会治理现代化的实现。加强社会法的法制建设，是完善中国特色社会主义法律体系的必然要求，是全面推进依法治国、深化依法治国实践的必然选择，更是满足民生建设和社会治理的法治保障需求的客观需要。搞好社会法法制建设，首先要厘清社会法的概念，明确其内涵与外延。这需要在适当借鉴国外经验的基础上，立足于中国国情特别是中国社会建设实践和未来发展对社会法体系的需求对社会法的概念进行梳理、反思、提炼与创新。

第一节　社会法形成和发展的域外经验

一、西方主要国家社会法的概念与实践

（一）英美法系国家的社会法

1. 英国的社会法

普通法的影响在英国根深蒂固，英国并没有像大陆法系这种严格的公私法界分与部门法细分。具体到"社会法"（social law）这一术语而言，英国法立法例与法学理论上极少使用这样的概念。但是，英国存在"社会保障法"（social security law）、"社会福利法"（social welfare law）、"社会政策"（social policy）"社会立法"（social legislation）等与社会法类似或相关的表述。1601 年，英国颁布的《济贫法》（*Poor Law Act*）是具有较强的社会立法色彩并对世界各国的社会保障法产生了深远影响的法律。然而，现代意义上的社会法一般被认为是工业社会的产物，工业社会形成之后所积累的社会问题是社会立法产生的直接动因。

在劳动立法方面，1802 年，英国颁布了《学徒健康与道德法》，该法旨在保护棉纺厂备受压迫的学徒工。这部法律被国际劳动法学界公认为是近代劳动法的重要起源，在社会法的历史发展中具有重要意义。1867 年，英国颁布《工会法》，承认了工会的合法性。1906 年，英国出台《产业争议法》，为工会在产业行动中造成的财产损失提供豁免保护。1963 年，英国颁布《雇佣合同法》，规定了劳工的基本权利，加强了对劳工在工资与解雇方面的保护。1970 年英国颁布《平等工资法》，1971 年颁布《劳资关系法》，1974 年颁布了《工作健康与安全法》，1975 年颁布《雇佣保护法》，1996 年颁布《雇佣权利法》，1998年颁布《国家最低工资法》《工作时间条例》。英国的劳动法经过多年的修改和补充，逐步形成了一套完整的体系，为劳工的权利提供保护。

在社会保障立法方面，1908 年，英国颁布《老年年金保险法》，1911 年颁布《失业保险与健康保险法》《国民保险法》，1918 年颁布《妇女儿童福利法》，1925 年颁布《寡妇孤儿及老年年金法》，1934 年颁布《失业法》。1942 年，在《贝弗里奇报告》的引导下，英国颁布了一系列社会保障领域的法律，例如《国民保险部法》《家庭津贴法》《国民保险法》《国民工伤保险法》《国民健康服务法》《国民救助法》和《儿童法》等，成为当时西方国家拥有社会保障立法数量最多、制度最为完备的国家，建立起了"从摇篮到坟墓"的福利国家体制，对其他国家的社会立法产生了重大影响。

英国的社会法具有以下特征：第一，成文法在社会法中具有优先地位。英国属于典型的判例法国家，但是在社会法领域，多采取直接立法的形式来予以规制。因为成文法可以结合社会需求与政治动态，有针对性地保护"底线性权利"，满足大众的社会保障与社会福利的需求。第二，社会法内容非常宽泛，涉及劳动关系、社会救助、社会保险、社会服务等多个领域，成为福利国家的重要法律保障。

2. 美国的社会法

美国是典型的英美法系国家，判例法是其主要法律渊源。美国并没有大陆法系的公法、私法划分的传统，也没有逻辑严谨的社会法的概念与体系。但是，从社会法调整的对象和社会法的实质内容方面看，美国的劳动法和社会保障法构成了一个庞大的社会法体系，其中既有大量的判例法，也有很多成文法；既有联邦立法，也有各州的立法。总体来看，美国社会法的发展经历了一个从排斥到全面发展的历程。早期美国奉行"私人自治"的理念，国家不干预属于私人自治的领域。但是，为应对1929年的世界性经济危机，美国对私人自治为主导的法律制度进行修正和补充，开始在社会法领域有所作为。

在劳动法方面，除了由法官在长期司法实践中形成的大量的判例构成的规则外，美国也颁布了一些制定法。1935年，美国国会制定了《国家劳动关系法》（即瓦格纳法），规定了绝大部分私营部门的劳动者有组织工会和集体谈判的权利。同时，该法确立了国家劳动关系委员会解决劳资纠纷的法定职责。该法制定后，各种劳工组织中的会员开始大量增加，在立法和政治等领域的影响力显著提高。[1]1938年，国会制定《公平劳动标准法》，对最高劳动时限、最低薪水、禁止雇佣16岁以下的儿童等劳动基准作出规定，从制度上确定劳动正义的底线。该法令通过后，大量的工人薪水得以提升，并且更多工人的工作时间得以降低。[2]1947年，颁布《塔夫脱—哈特来法》，1959年颁布《兰德鲁姆—格里芬法》，1963年，颁布《平等支付法》，规定同等技能的男女雇员实行同工同酬。1970年，颁布《职业安全与健康法》，1988年颁布《职工调整和培训通知法》。

在社会保障法方面，1933年美国颁布了《联邦紧急救济法》，1935年美国颁布《社会保障法》，确立了一个永久性的普遍社会退休金制度、失业保险制度以及对残障人士和孤儿的社会保障制度。[3]该法令的颁布在社会法发展的历史中具有里程碑的意义，它首次在法律文件中提出"社会保障"的概念，正式

---

① See David M. Kennedy, *Freedom From Fear, The American People in Depression and War 1929–1945,* Oxford: Oxford University Press, 1999, p. 291; Colin Gordon, *New Deals: Business, Labor, and Politics in America, 1920-1935,* Auflage: Cambridge University Press, 1994, p. 225.

② See Peter Clemens, *Prosperity, Depression and the New Deal: The USA 1890–1954*, Auflage: Hodder Education, 2008, p. 109.

③ See *Fifty Years Later: The New Deal Evaluated*, Harvard Sitkoff ed., New York: McGraw-Hill, 1985.

赋予"社会保障"完整的法律含义，涵盖了社会保障的诸多项目，确立了社会保障的普遍性原则和社会性原则，标志着社会保障制度已经逐步走向现代化、法治化。"'社会保障法'所播下的种子亦以其特有的方式发芽，产生了巨大的'溢出效应'。它不仅使后来的立法扩展了社会保障的涵盖范围，增加了福利项目的种类与福利水平，而且从执行该法律的机构来看，也获得了重要的发展，由原来的社会保障董事会演变为一系列新的与内阁各部等级相同的政府部门，如 1935 年成立的卫生保健部、教育部、福利部，等等。"①1964 年，美国国会通过了《经济机会法》并创设了经济机会办公室，负责监督实施反贫困项目。1965 年，美国通过《社会保障法修正案》，规定联邦政府有义务为所有年龄在 65 岁以上的老年人提供资金支持，同时，所有人都可以通过医疗救助项目来获取一定程度的医疗保障。在美国，有关社会保障方面的争议主要通过行政争议解决机制予以解决，社会保障委员会处理部分社会保障项目的争议。

美国的社会法具有以下特征：第一，判例法与成文法交融，联邦立法与各州立法并存。第二，社会法虽然以大量的成文法形式出现，但是内部缺乏法理和逻辑，这一点在社会保障法中表现更为明显。第三，社会法的保护水平与欧洲国家相比较低。例如，美国的社会保障虽然项目繁多，但是并没有社会保险、社会救助、社会补偿等项目的划分，其财政支撑多为政府拨款，其社会保障法制建构零碎，保障水平相对较低。再如，医疗保障尚未实现社会保险化，主要体现为商业医疗保险与国家补贴的结合。还有，其社会养老金的替代率相对较低等。

（二）大陆法系国家的社会法

1.德国的社会法

德国是法典化国家典范，是社会法编纂的先导，也是社会法的重要发源地。德国社会法的产生源于解决社会性问题的需要。据考证，19 世纪后半叶，

---

① 杨冠琼主编：《当代美国社会保障制度》，法律出版社 2001 年版，第 47 页。

基尔克等人将社会法概念引入德国法中，不过他的社会法是与个人法相对应的概念，解决的是团体的法律地位和法律结构问题①，与产生于工业社会的现代意义上的社会法不属于同一范畴。德国社会法的理论渊源可以追溯到 1875 年成立的社会政策学会。这时社会法被理解为社会政策立法，"社会法是在国家法律规范或自治性法律规范中得到体现的社会政策结果。而社会政策被理解为以解决广义社会问题为指向的所有努力。"②作为社会政策法律化意义上的社会法涵盖劳动法、社会给付法、租赁法、消费者权益保护法法、其他社会扶助和社会促进法等。德国规范意义上的社会法可以追溯到俾斯麦时期的社会保险立法。1883 年，德国颁布《劳工疾病保险法》，1884 年颁布《劳工伤害保险法》，1889 年颁布《老年及残疾保险法》。1911 年，德国将三部法律与另增的《孤儿寡妇保险法》合并成为著名的《社会保险法典》。1949 年，德国《基本法》规定德国的法院体系由普通法院、行政法院、财政法院、劳动法院和社会法院构成，劳动法院和社会法院的建制有了宪法依据。1960 年，德意志法学家大会在劳动法工作共同体已经存在的情况下，成立了社会法工作共同体。在社会法工作共同体中，社会法的概念在一种全新的意义上被使用，劳动法被从社会法的概念中分离出去。③1969 年 10 月 28 日，联邦德国总理宣布开始制定《社会法典》。1975 年，德国的《社会法典》(世界上第一部社会法典) 开始实施。《社会法典》的核心内容包括社会保险法、社会补偿法、社会促进法和社会救助法。值得注意的是，在德国，如果没有特别说明，社会法是在严格意义上使用的，也即狭义的社会法。社会法被认为是社会保障法的同义语，劳动法并不在其范围内，尽管其从制度上联结着社会法。"根据《德国社会法典》第 3 条至第 10 条的规定，社会法包括了培训和劳动援助、社会保险（疾病保险、事故保险、

---

① 参见沈建峰：《社会法、第三法域与现代社会法 ——从基尔克、辛茨海默、拉德布鲁赫到〈社会法典〉》，《华东政法大学学报》2019 年第 4 期。

② 沈建峰：《社会法、第三法域与现代社会法 ——从基尔克、辛茨海默、拉德布鲁赫到〈社会法典〉》，《华东政法大学学报》2019 年第 4 期。

③ 参见沈建峰：《社会法、第三法域与现代社会法 ——从基尔克、辛茨海默、拉德布鲁赫到〈社会法典〉》，《华东政法大学学报》2019 年第 4 期。

退休保险、护理保险）、健康损害的社会赔偿、家庭支出的补贴（儿童费、教育费和生活费预支），对适当住房的补贴（住房费）、青少年援助、社会救济和残疾人适应社会等方面的法律。"① 德国社会法在功能上是服务于社会公正和社会安全的法律，其体系主要依照风险与需求而架构，安全、团结、自我责任、保护有效性成为德国社会法的基本原则。德国的社会法已经形成相当完备的体系，担负着实现社会法治原则的职能。"社会法便是社会国最重要的法律工具。社会法再分配、保障生存与发展并通过促进以及提供机会使参与成为可能。"②

德国社会法具有以下特点：第一，社会法被定位为公法领域的特别行政法，属于社会给付法范畴。"社会法的核心是社会给付法。社会给付是国家负责的金钱或实物给付，其服务于社会性目的。"③ 第二，社会法不包括劳动法，德国也不存在统一的劳动法典，其劳动法规范经常出现在单行法中。第三，德国社会法由独立程序法支撑。德国设立了与行政法院相分离的专门的社会法院，负责处理社会法方面的争议。"社会法院体制将上述争议的处理纳入了专业、科学和具有社会政策实施理念和社会公正理念的轨道。"④

2. 法国的社会法

在法国，"社会法"概念在历史上曾有过两种完全不同的含义：一是法社会学家乔治·古尔维奇曾使用过的与国家法并存的"社会法"概念。这种意义上的社会法早已过时，当代社会已不再使用。二是与特定时期"社会问题"相关的调整劳动和社会保障关系的法律规范总称。这种意义上的社会法概念，首先是在学科意义上使用的。1938年弗朗索瓦兹·德芒东、亨利·泰让和保罗·迪朗创办了一份取名为《社会法》的法学杂志。这是第一本关于劳动和社

---

① 竺效：《"社会法"概念考析——兼议我国学术界关于社会法词语之使用》，《法律适用》2004年第3期。
② ［德］乌尔里希·贝克尔：《社会法：体系化、定位与制度化》，王艺非译，《华东政法大学学报》2019年第4期。
③ ［德］乌尔里希·贝克尔：《社会法：体系化、定位与制度化》，王艺非译，《华东政法大学学报》2019年第4期。
④ 郑尚元主编：《社会保障法》，高等教育出版社2019年版，第4页。

会保障方面问题的学术刊物，至今仍然是法国劳动法和社会保障法领域的权威杂志之一。① 一般认为，法国规范意义上的社会法概念是指国家为解决社会冲突而积极干预社会生活，应对工业社会进程中工业化、城市化带来的社会问题而制定的某类法律或法规的统称。法国的劳动法典和社会保障法典是并行的，并没有统一的《社会法典》。1910 年，法国完成了第一部《劳动法典》的编纂，1927 年完成了第二部《劳动法典》的编纂②。1936 年，法国的劳动立法和社会保障立法得到空前加强，产生了与传统民法迥然有别的、体系化的"社会法"。1956 年，法国颁布了《社会保障法典》，这是一部国家建立的为预防或解决生、老、病、死、伤、残、失业、职业灾害等社会风险所造成的危害社会保护体系的法律，该法于 1985 年大幅修订。

法国的社会法具有以下两大特点：第一，"社会法"的概念除了在特定的语境下指称法律部门的学术类别——社会法学科外，一般而言，社会法的内涵就是指特定的法律规范类型，也就是调整劳动关系和社会保障关系的法律规范的总称，其背后的法律理念是"社会互助"或"社会连带"。第二，自罗马法以来形成的法律的二元结构即法律分为公法与私法的传统在法国源远流长、根深蒂固，劳动法被认为私法，社会保障法主要被看做是公法，不存在作为第三法域的"社会法"。

3. 日本的社会法

"社会法"一词在第一次世界大战前后从德国传入日本。③1911—1938 年，日本陆续制定了《工厂法》《健康保险法》《救护法》《劳动者灾害扶助法》《国民健康保险法》等劳动和社会保障方面的法律。日本战败以后，为应对战后危机，在美国占领军的影响下，陆续制定了体系化的劳动法和社会福利法：1945—1947 年，日本相继制定"劳动三法"即《劳动组合法》《劳动关系调整法》《劳动基准法》；1946—1949 年，日本则制定了"社会福利三法"即《生活保护

---

① 参见郑爱青：《法国"社会法"概念的历史缘起和含义》，《华东政法大学学报》2019 年第 4 期。
② 法国现行的劳动法为 2008 年 5 月 1 日开始实施的《劳动法典》。
③ 参见田思路：《日本"社会法"：概念·范畴·演进》，《华东政法大学学报》2019 年第 4 期。

法》《儿童福利法》《身体残疾人福利法》。由此，日本的社会法获得了立法实践的支持，成为其法律体系的重要内容。

日本早期曾出现关于社会法概念及属性等的争议，但并没有形成统一的社会法理论。例如，其社会法理论研究的代表人物菊池永夫对社会法的概念的理解变动不居，先后经历了社会法等同于劳动法、社会法包括劳动法和社会事业法以及社会法包括经济法三个不同时期。① 第二次世界大战后，日本社会法理论曾一度出现繁荣景象，沼田稻次郎、渡边洋三等学者对社会法的概念、本质、价值、功能等都做过深刻的阐述。但是，20 世纪 70 年代后，日本社会法研究的路径发生了转换，主流法学界放弃了构建统一社会法理论的努力，专注于社会法各领域理论及具体问题的研究。"随着社会法各个领域之日渐发展成熟，学者的研究方向乃转向诸如劳动法、社会保障法等社会法各论领域的理论精致化与体系之严整化，对于社会法之基础理论与总论之研究，似已稍有措意。"②

日本社会法具有以下特点：第一，日本社会法立法主要采用单行立法、诸法并存的模式，并没有一部统一的社会法典。日本通过"劳动三法""社会福利六法"③ 以及《健康保险法》《年金保险法》《照护保险法》等单独立法来规制劳动和社会保障领域的社会关系，实现国民社会权利保障的功能。第二，社会法的概念和理论存在多种学说，没有形成统一的社会法基础理论。比如，有"法的社会化论""生存权的社会法论""阶级法的社会法论"、"自由权的社会法论"等诸多理论观点 ④。其中，有的理论如"阶级法的社会法论已经消失。有的理论从不同方面对社会法领域的具体制度构建产生影响，例如，"法的社

---

① 参见蔡茂寅：《社会法之概念、体系与范畴——以日本法为例之比较观察》，《政大法学评论》1997 年第 58 期。

② 蔡茂寅：《社会法之概念、体系与范畴——以日本法为例之比较观察》，《政大法学评论》1997 年第 58 期。

③ 指在社会福利三法外，加上后来制定的《母子及寡妇福利法》《精神薄弱者福利法》《老人福利法》。

④ 参见田思路：《日本"社会法"：概念·范畴·演进》，《华东政法大学学报》2019 年第 4 期。

会化论""生存权的社会法论""自由权的社会法论"对于劳动法和社会保障法律制度的构建产生了重要影响。

二、对西方主要国家社会法发展经验的分析

总之，现代意义的社会法起源于 19 世纪的英国和德国，并逐步盛行于西方发达国家。各国关于社会法的概念和体系框架虽然各不相同，但其形成和发展都体现了如下可资借鉴的经验：

第一，社会法是社会发展到一定阶段的产物，是国家治理中重要的法律工具和法律手段。从英、美、德、法、日等西方国家社会法建立的历程可以看出，社会法的产生与工业社会以来出现的"社会问题"密切关联，社会法的实质是国家通过制定特定的法律以回应工业社会的发展带来的"社会问题"，解决社会矛盾，实施国家治理。随着经济发展和社会进步，国家治理的内容和边界也会随着有所扩展，从传统的化解劳资矛盾、劳动关系治理发展到民生建设和社会治理。社会救助、社会保险、社会福利乃至社会组织管理等随着经济社会发展而必然出现的社会关系，需要有超越传统法律框架的特定的法律予以调整和规范。社会法的产生和不断完善，正是对这一需求的回应。

第二，社会法的完善是一个循序渐进、不断完善的过程，其涉及内容广泛，并随着时代的发展而发展。英、美、德、法、日等西方国家社会法的发展进程表明，社会法的出现与各国的法律传统、社会经济状况、政治体制以及文化的发展有着密切的联系。任何国家的社会法在创建初期都不可能尽善尽美，必然地要根据社会的发展需要进行不断的修正和调整，才能逐步走向成熟、趋于完善。例如，德国在第一次世界大战前，就完成了社会保险项目的整合，已经具备了法典编纂的雏形，但是到 20 世纪 70 年代，社会法典的编纂才完成，至今仍处于不断完善之中。

第三，社会法具有区别于其他法律部门的独到的功能和价值。从英、美、德、法、日等西方国家社会法的实践可以看出，社会法是问题导向的法律概

念，源于其对社会安全、社会稳定、社会秩序、社会和谐的追求，其主要功能是化解贫困，解决民众基本生存问题；化解社会风险，保障民众安定有序生活；保障社会公平，实现财富再次优化配置；弥补成本，强化民众特殊生活保障。同时，社会法是为回应解决市场经济和工业化所伴随的社会问题而由国家制定的、具有普遍意义的且以社会利益为本位的新型法律体系。社会法在化解社会矛盾和社会风险，保护社会弱势群体的生存及增进社会整体的福利的过程中形成了自身独特的法理念、宗旨、技术和体系，同时为国家设定越来越多的积极义务，这些都为传统的法律门类如民法、行政法所无法容纳，必须在传统法律部门之外构建一个新的独立的法律部门来实现对社会领域社会关系的调整，加强对私人间的社会关系的干预，以保护国民的社会权益，追求社会公平，实现社会和谐。

第四，社会法的内容和体系，虽然存在基本类似的大体框架，但并不存在绝对统一的具体标准。从英、美、德、法、日等西方国家社会法的立法例看，关于社会法的具体内容与范围，甚至关于社会法的名称各国都不尽相同。例如，法国的社会法包括劳动法，德国的社会法就是指社会保障法，不包括劳动法。各国关于社会法的名称也有所差异，有些国家并没有直接使用"社会法"的概念，常使用"社会保障法""社会安全法""社会福利法"等语词来指称社会法所调整的具体内容和规范对象。但是无论各国社会法的名称、内涵和范围如何不同，"社会法概念背后其实也存在着规律性的东西。"[1] 这种规律体现为：社会法总是调整社会领域的社会事务的法律，社会法与社会问题、社会保障、社会安全、社会建设等有着不可分割的联系；无论是广义的社会法还是狭义的社会法，社会保障法都是其不可或缺的核心内容；反思形式主义法律传统与自由主义法律秩序，回应社会问题贯彻于社会法发展的全过程；社会连带、社会团结、互助共济、社会公平、倾斜保护、社会政策甚至社会利益等往往成为诠

---

① 沈建峰：《社会法、第三法域与现代社会法 ——从基尔克、辛茨海默、拉德布鲁赫到〈社会法典〉》，《华东政法大学学报》2019 年第 4 期。

释社会法概念的关键词。

第五，社会法的范围从化解劳资冲突发展到劳动关系的治理，从济贫为主拓展到全民福利。多数国家早期的社会法所规制的对象主要限于化解劳资冲突以及国家提供扶贫济困等公共产品。但是，随着工业化、现代化甚至后工业化、后现代化的发展与各种社会问题的涌现，现在各国的社会法不仅承担化解劳资矛盾、规范扶贫济困等任务，而且拓展到了劳动关系的治理，涉及养老、失业、工伤、医疗甚至社会建设等各领域的公共产品的供给，成为一项覆盖全体民众的公共事业和社会治理的重要法律保障。社会法对于改善基本民生、缓解贫富差距、化解社会矛盾，协调利益关系、促进社会和谐稳定发展有着积极的意义。

第二节　我国社会法的概念辨析

一、关于社会法概念的主要观点

我国现有的"社会法"概念始于 20 世纪 80 年代早期对西方法学知识的引入。自 1982 年，我国著名法学家潘念之对日本学界"社会法"概念与理论进行了介绍以后，社会法逐步引起学术界的关注。20 世纪 90 年代初，学者们从法律社会化、团体社会规则及维护整体社会利益等不同方面阐释了社会法产生的根源。21 世纪以来，法学界关于社会法理论有过三次大的争鸣，主要围绕社会法的独立性、社会法作为法律部门的展开逻辑以及社会法的定位等。[①]

目前我国关于社会法的概念，见仁见智，尚未形成统一的看法。法学界关于社会法的概念表述主要有几类观点：一是作为第三法域的社会法

---

① 参见吴文芳：《我国社会法理论演进与研究路径之反思》，《华东政法大学学报》2019 年第 4 期。

概念①；二是作为法律部门意义上的社会法②；三是认为社会法是为了解决社会问题而制定的法律规范的总称或社会法就是社会领域的法律③；四是作为法理学流派或分支学科的社会法④；五是认为社会法是保障社会权利之法⑤。此外，还有社会法是团体社会之规则，社会法时维护社会公共利益之法，社会法一个法律群等非主流的观点。

上述关于社会法的第三类观点其实是把社会法的概念给泛化了，认为凡是解决社会问题的法律都是社会法，这种观点属于"泛义的社会法"。"泛义的社会法"缺少法学的理论根基，也无助于社会法的实践。社会问题是社会学的重要范畴。解决社会问题的法律很多，例如，作为规定犯罪和对犯罪进行处罚的刑法，显然承担着预防和解决社会问题的重要任务，但是刑法不属于社会法。婚姻家庭法也有解决因离婚产生社会问题的功能，但婚姻家庭法属于民法而不属于社会法。社会法确实是因解决工业社会后的社会问题而产生，但是不能说凡是解决社会问题的法都是社会法。此外，社会法属于社会领域的立法，但是社会领域的立法不全是社会法。社会领域是一个相对于经济领域、政治领域、文化领域、生态领域的概念。社会领域的立法范围非常广，如治安管理处罚法、人民调解法、社区矫正法等都属于社会领域的立法，但它们不属于社会法。

关于社会法的第四类观点是把社会法作为法理学流派或分支学科的社会法，其实是混淆了社会法和法社会学的概念。法社会学是理论法学中的一个法学流派或分支学科，其代表人物有涂尔干、埃利希、韦伯、霍姆斯、庞德等。法社会学是研究法律与社会的关系的学科。该学科在西方许多国家被称为"法律与社会"或"法学与社会科学"。法社会学与法律思想史中的自然法学、分

---

① 参见董保华等：《社会法原论》，中国政法大学出版社 2001 年版，第 20 页。

② 参见唐政秋、李健：《和谐社会背景下我国社会法范畴和体系探究——兼论社会法的立法》，见林嘉主编：《社会法评论》（第三卷），中国人民大学出版社 2008 年版，第 164 页。

③ 参见陈国钧：《社会政策与社会立法》，（台北）三民书局 1984 年版，第 112 页。

④ 参见陈训敬主编：《社会法学》，厦门大学出版社 2009 年版，第 8 页。

⑤ 参见李炳安：《社会法范畴论》，《福建政法管理干部学院学报》2007 年第 3 期。

析法学、历史法学等法学流派一样，是一种法律观或法学思潮，不是现实法，与现实法体系中的社会法属于两个完全不同的学科。作为法学流派的社会法的观点在理论法学研究中可以使用，但是其无法指导法律创制方面和法律体系的构建，因此，不是本书讨论的范围。

社会法是社会权利保障之法的观点只是从一个方面说明的社会法的功能。法学是权利之学，任何一个法律部门都可以说是保障某种权利的法律。社会权利确实是社会法学的基本范畴，但是，以社会权利给社会法下定义也是不恰当的。权利有应有权利、法定权利与现实权利的分类，有了社会法的调整和规范才能够把应有的社会权利转化为法定的社会权利，没有社会法规范，某种社会权利只能停留在应有的层面，不能成为法定权利。用社会权利界定社会法有本末倒置之嫌。关于社会法是团体社会之法（或规则）的观点，要么把社会法与国家法、家庭法和自治法相并列，要么把社会法与根本法、市民法、公民法相并列。这种观点的本质是从国家和社会关系的角度看法的分类，是对国家法进行学术反思的概念。从学术渊源看，来源于德国法学家基尔克提出的与个人法相对立的团体法的概念，其要旨在于将社会看成一种介于国家与个人之间的团体，强调市民社会对政治国家的制约。因此，社会法是团体社会之法或团体社会之规则仍是理论法学的一种观点。

综上所述，社会法的概念辨析主要是其前两种观点即作为第三法域的社会法（第三法域说）和作为部门法的社会法（法律部门说）的概念辨析。

二、对社会法概念的辨析

（一）以第三法域给社会法下定义缺乏合理性

"第三法域说"认为社会法是在传统的公法、私法划分基础上产生的一个新的法域。依据这种观点，传统的法律在结构方面是二元的，即法律分为公法和私法，现代法律是由私法、公法和社会法组成的"三大法域"。私法以平等主体之间的关系为调整对象，以意思自治为基本原则，侧重于私人利益的维护。公法是以具有隶属性质的社会关系为调整对象，以限制权力滥用和保障权力有效行使为基本原则，侧重于社会秩序的维护。社会法即公法与私法的融合，是"私法公法化"或"公法私法化"的结果，它以倾斜保护为原则，以社会公益为本位，通过政府对私人自治领域的干预和对社会财富的二次分配，保护社会弱势群体的利益，维护社会实质公平。① 从法律调整方法看，私法是用"放"的方法来调整社会关系，公法是用"管"的方法调整社会关系，社会法则是"管放"结合的调整方法。依据"三大法域"的理论，一般认为，我国现行的法律体系中的民商法属于私法法域；宪法、行政法、刑法属于公法法域；经济法、劳动法、社会保障法、环境法等属于社会法法域。

"第三法域"的理论对于理解社会法的形成、特征、价值等有较大的意义。但是，第三法域是基于公法与私法划分而形成一个与公法、私法同位阶的概念，它是一个集经济法、劳动法、社会保障法、环境法等为一体的集合概念，主要强调的是"管放结合"的法律调整方法，而不是具有某种属性的法律，更不是一个调整同类社会关系的部门法概念。用第三法域理论解释社会法不合时宜：第一，"第三法域"是一个跨部门法的概念，无法把社会法和经济法、环境法等重要法律部门或法律门类区分开来，例如，经济法属于第三法域，但在中国特色社会主义法律体系中，它是一个独立的法律部门，与社会法相并列。第二，中国的法律创制首要着眼点不是公法和私法，"第三法域"是一个先验的概念并非实证法的概念，"不能满足任何一个实证的法律规则"②。因此，"第三法域说"无助于在具体的法律实践中得心应手地构建社会法的规范体系，对于社会法的创制并没有实际的指导意义。以此为理论基础界定我国法律实践中的社会法概念并不合适。第三，"第三法域说"中的一个重要理论支撑——社会利益本位存在逻辑上的重大缺陷。"第三法域说"

---

① 参见信春鹰：《中国特色社会主义法律体系及其重大意义》，《法学研究》2014 年第 6 期。
② ［德］拉德布鲁赫：《法哲学》，王朴译，法律出版社 2005 年版，第 127 页。

认为,公法以国家利益为本位,私法以个人利益为本位,社会法以社会利益为本位。但是,国家利益、个人利益和社会利益并非泾渭分明的并列关系,而是交叉重叠,互相包容的关系,不存在只是保护个人利益而不保护社会利益的法律,也不存在只保护社会利益而漠视个人权利的法律。对中国社会法的发展和法律体系的构建而言,为避免困境,应摒弃用第三法域来界定社会法的观点。

(二)应该采用"法律部门说"界定我国的社会法

法律部门是按照一定的标准对一国现行的法律规范进行分类所产生的概念。"法律部门说"是从法律部门的划分标准即主要从法律所调整的社会关系的种类来界定社会法的,把社会法定义为由调整特定类型社会关系的法律规范构成的一个独立的法律部门,并与民商法、刑法、经济法、行政法、诉讼与非诉讼程序法等法律部门相并列。社会法所调整的社会关系是社会发展到了一定阶段即工业社会以后而产生和发展起来的事关国民社会权益和社会安全的社会关系(如劳动关系、社会保障关系以及特殊群体权益保障关系等)。用"法律部门说"界定我国的社会法,既坚持了传统的法律部门的划分标准,也符合历史和逻辑相统一的原则,有助于为中国的社会建设提供更充分的法律依据,有助于解决中国问题并在此基础上逐步建构具有中国特色、更加本土化的社会法体系,从而实现中国社会法学的自主创新。

1.社会法概念衍生与发展的内在逻辑

20世纪30—40年代,中国法学界涌现出了一批社会法理论的相关著述,但在实践层面社会立法并没有作为。中华人民共和国成立后,我国颁布了《工会法》和《劳动保险条例》等具有社会法属性的法律,但并没有使用"社会法"这个概念。改革开放后特别是20世纪90年代以后,社会法理论研究得到恢复和发展。社会法的概念形成于1993年8月中国社会科学院法学研究所完成《建立社会主义市场经济法律体系的理论思考和对策建议》的研究报告中,该报告提出我国社会主义市场经济法律体系框架主要由民商法、经济法和社会法三大部分构成①。也就是说，社会主义市场经济的法律体系并不局限民商法、经济法，还有"社会法"这一重要的法律部门，否则，社会主义市场经济法律体系是不完整的。社会法担负着保障市场经济的健康发展和社会稳定的"社会安全网"的重任。报告中使用的社会法的调整对象是"因维护劳动权利、救助待业者而产生的各种社会关系"，不难看出，上述关于社会法的表述其实具备了社会法的调整对象即劳动和社会保障关系的雏形。

在完善社会主义市场经济体制，构建和谐社会的历史进程中，我国社会领域的立法不断增加。20 世纪 90 年代以来，针对劳动者、失业者、丧失劳动能力的人以及其他需要国家提供保障的特殊人群的权益提供必要的保障的法律、法规陆续颁布。1990 年《残疾人保障法》《归侨侨眷保护法》颁布，1991 年《未成年人保护法》颁布，1992 年《妇女权益保护法》颁布，1994 年《劳动法》颁布，1996 年《老年权益保护法》颁布。此外，还颁布了一些行政法规如《失业保险条例》(1999)、《城市居民最低生活保障条例》(1999)、《军人抚恤优待条例》(1988) 等。

随着社会领域立法的增多和重要性的凸显，社会法开始得到国家立法机关的认可和重视，被作为独立法律部门纳入法律体系中。2001 年 3 月 9 日，李鹏同志在向第九届全国人大四次会议所做的《全国人大常委会工作报告》中指出："根据立法工作的实际需要，初步将有中国特色社会主义法律体系划分为七个法律部门，即宪法及宪法相关法、民法商法、行政法、经济法、社会法、刑法、诉讼与非诉讼程序法。"②至此，中国特色社会主义法律体系的划分及其构成基本确立，社会法的内涵有了国家立法机关的官方阐释。社会法为中国特色的社会主义法律体系构成要素的七个法律部门之一，被定义为"调整劳动关系、社会保障和社会福利关系的法律"。2003 年 4 月 26 日，吴邦国同志在十届全国人大常委会第二次会议中指出："根据法律规范的调整对象和调整方法

---

① 参见北京大学法学百科全书编委会：《北京大学法学百科全书（社会法学、环境法学、知识产权法学、科技法学）》，北京大学出版社 2016 年版，第 523 页。

② 《李鹏细说有中国特色社会主义法律体系建设》，http://news.sina.com.cn/c/203656.html。

划分，中国特色社会主义法律体系主要由宪法和宪法相关法、民法商法、行政法、经济法、社会法、刑法、诉讼与非诉讼程序法等七个法律部门组成。"①十届全国人大法律委员会主任杨景宇将社会法解释为"规范劳动关系、社会保障、社会福利和特殊群体权益保障方面"的一个法律门类。社会法主要是劳动法与社会保障法，其框架体系包括劳动法、社会保障法、社会福利法和特殊群体权益保障法等②。至此，我国国家立法机关将社会法作为独立的法律部门，与其他六大法律部门共同构成中国特色社会主义法律体系，其调整范围有所扩张但仍以劳动法和社会保障法为主体。2008 年 5 月，时任全国人大常委会法制工作委员会副主任信春鹰关于《立法法与全国人大常委会的立法工作》的专题讲座中指出，社会法是规范劳动关系、社会保障、社会福利和特殊群体权益保障方面的法律关系的总和，调整的是政府与社会之间、社会不同部分之间的法律关系，是国家实现社会管理职能的重要手段。社会法以国家理念调整社会关系，维护社会公共利益和社会公平。③ 我国社会法概念从产生之日起就不是一个纯学理的概念，更不是一个先验的概念，而是一个以立法实践为基础并且对立法实践具有重要指导意义的现实法的概念。社会法作为中国特色社会主义法律体系的重要组成部分，从立法实践层面回应了民生和公民的社会权益保障问题。"七个法律部门之一""中国特色社会主义法律体系"是我国社会法界定的出发点和落脚点，这是中国社会法概念衍生的内在逻辑。

2. 我国社会法体系建设的社会主义的本质要求

在我国，包含社会法在内的法律体系建设不仅是一项法律任务，也是中国特色社会主义制度建设的一项重要的政治任务。中国共产党在中国特色社会主义法律体系的建构和完善的过程，一直起着举足轻重的领导作用。党的十五大

---

① 《吴邦国委员长在十届全国人大常委会第二次会议上的讲话》，http://www.npc.gov.cn/wxzl/gongbao/2003-06/12/content_5327541.htm。

② 参见杨景宇：《我国的立法体制、法律体系和立法原则》，http://www.chinalaw.gov.cn/article/ztzl/fzjz/200402/20040200048734.shtml。

③ 参见信春鹰：《十一届全国人大常委会专题讲座第二讲：立法法和全国人大常委会的立法工作》，http://www.npc.gov.cn/npc/xinwen/2008-05/30/content_1466382.html。

报告明确提出"到 2010 年形成中国特色社会主义法律体系",十六大报告再次强调到 2010 年形成中国特色社会主义法律体系,十七大报告宣告"中国特色社会主义法律体系基本形成"。在这个过程中,社会法一直承担着重要的任务和使命。2007 年《就业促进法》《劳动合同法》《劳动争议调解仲裁法》的相继出台标志着我国劳动法律体系的初步完善。但是社会保障方面的法律严重滞后,特别是着力保障和改善民生的、在中国特色社会主义法律体系中起支架作用的重要法律《社会保险法》尚未出台。劳动法和社会保障法是社会法的两个支架。没有社会保险法,社会保障法因缺少主干而立不起来。社会保障法立不起来,社会法就会因缺少一个支架而立不起来。中国特色社会主义法律体系就会因社会法方面出现"短板"无法达到"基本形成"。因此,《社会保险法》的出台对于形成中国特色社会主义法律体系具有关键性作用。及时出台《社会保险法》,这不仅是立法任务,也是政治任务。2010 年 10 月 28 日,《社会保险法》颁布。之后,中国特色社会主义法律体系基本形成。2011 年,我国发布的《中国特色社会主义法律体系》白皮书确立了一个包括社会法在内的七大法律部门构成的完整体系,以保障民生为本质功能的社会法在中国特色社会主义法律体系中举足轻重。自此,社会法在中国特色社会主义制度的土壤下已经具备了自主性和独立性,并不依赖于西方任何一国的社会法理论与制度。社会法作为重要的法律部门是社会主义法律体系的重要组成部分,是我国制度自信、理论自信与制度优势的重要体现。当然,中国特色社会主义法律体系基本形成后,法律体系仍需要不断完善,其中发展不充分不平衡的社会法更是面临着立、改、废、释的繁重任务。

3. 我国社会法对社会建设的自觉回应和保障

我国改革开放之前及改革开放前期的二十多年的社会建设是依附于经济建设和服从于经济建设的。"社会建设"作为一个独立的概念,源于 2004 年 9 月党的十六届四中全会报告提出的"要加强社会建设和管理"。2004 年 10 月,党的十六届五中全会通过的《中共中央关于制定国民经济和社会发展第十一个五年规划的建议》中,把社会建设作为我国社会主义建设的任务与经济建设、政治建设、文化建设相提并论。2006 年 10 月，党的十六届六中全会通过的《中共中央关于构建社会主义和谐社会若干重大问题的决定》，进一步明确了包括社会建设在内的中国特色社会主义事业的总体布局，社会建设逐渐摆脱依附于经济建设的地位。2007 年，党的十七大报告首次提出的中国特色社会主义事业总体战略布局为经济建设、政治建设、文化建设、社会建设"四位一体"，要加快推进以改善民生为重点的社会建设。2012 年党的十八大在"四位一体"中增加生态文明，中国特色社会主义事业总体布局从"四位一体"发展为"五位一体"。党的十九大后，中国特色社会主义进入新时代，社会建设理论与实践在保障和改善民生以及社会治理方面得到进一步发展。

作为"五位一体"总体布局的社会建设概念，是狭义的、具体社会领域的社会建设。一般认为，"社会建设"是相对于经济、政治与文化建设而言的，它主要致力于维护社会和谐稳定，解决社会问题，保障和改善民生，推进社会服务，促进社会公平正义等①。尽管社会建设的概念 2004 年开始提出，但是，在 2004 年之前，并非没有社会建设，只是其内容与举措融合于经济、政治和文化建设的各个领域。以追求公平正义为价值取向、以改善民生重点内容、以实现社会和谐为根本目标的实质意义的社会建设，国家一直在推动，在这个过程中社会立法的立法一直起着引领和保障作用。

改革开放之初的中国社会建设主要围绕着经济建设进行。1992 年我国确立社会主义市场经济体制后，迫切需要实现劳动就业体制从计划体制到市场体制的转变。1994 年颁布的《劳动法》适应了这种需要，构建了与市场经济相适用的劳动就业体制。随着市场经济的发展，计划经济体制下的"国家—单位制"社会保障被打破，与市场经济体制相适应的社会保障方面的政策陆续制定。1986 年《国营企业职工待业保险暂行规定》出台，1991 年国务院颁布《关于企业职工养老保险制度改革的决定》，1998 年国务院颁布《失业保险条例》，

---

① 参见李迎生：《社会政策与社会建设——兼谈国际社会政策的新近趋势对我国的启示》，《社会学评论》2013 年第 3 期。

2003 年国务院颁布《工伤保险条例》，这些都为社会保障立法提供了政策依据和实践基础。为保护特定群体的权利，1990—1996 年，《残疾人保障法》《归侨侨眷权益保护法》《未成年人保护法》《妇女权益保障法》《老年人权益保障法》等具有社会法属性的法律相继出台。这是国家借助公权力制衡社会利益分配关系，对弱势群体进行特别保护。2004 年社会建设概念提出之后，社会建设成为一个相对独立的领域得到空前的重视，国家立法机关在认识和把握社会建设的基本规律的基础上，更加重视社会立法。"社会建设与经济建设、政治建设、文化建设协调发展"等社会政策目标，通过社会领域的大量立法不断落实。2007 年以后，国家出台了《劳动合同法》《劳动争议调解仲裁法》《就业促进法》，构建和谐劳动关系有了法律的保障。改善民生是社会建设的重要内容，社会建设对改善民生提出的主要要求之一是加强社会保障。这方面的立法不断加强。2010 年社会保障领域的基础性、主干性法律《社会保险法》颁布，2016 年我国社会领域的另一部重要基本法律《慈善法》颁布。

回顾社会建设和社会法的关系，可以看出，我国社会法的产生和发展，其实是社会立法对社会建设的自觉回应。社会法为社会建设提供指引和保障，社会建设为社会法的发展提供了广阔的空间。社会法在保障和改善民生，促进社会建设中发挥着非常重要的作用，并在此进程中实现社会法自身的完善和发展。

综上所述，我国的社会法是在中国特色社会主义法律制度的建设和完善的进程中，在国家推进社会建设、加大民生保障的过程中逐步形成和发展起来的一个法律部门，反映了我国法律体系建设的社会主义的本质要求。"社会法概念与社会法的独立法律地位，为社会问题的解决提供了自上而下的管道，也为社会法理念从立法者到司法者的普及产生了一定影响，以矫正形式主义的方式实现实质公平。"① 社会法不是第三法域的代名词，而是实实在在的法律制度。中国社会法的生成是法制发展的自觉反应的过程。社会法从产生之初，就以部门法的划分标准即法律的调整对象和方法作为基本标准，并逐步形成一个以劳

---

① 吴文芳：《我国社会法理论演进与研究路径之反思》，《华东政法大学学报》2019 年第 4 期。

动法和社会保障法为核心的相对稳定的体系，且调整的范围随着国家"五位一体"战略布局的不断推进而不断扩大。

我国社会法的概念界定必须以中国特色社会主义法律体系和法律部门的划分为理论前提和根本遵循，脱离法律体系和法律部门划分的社会法的概念如作为法学流派的社会法、作为第三法域的社会法和作为社会权利保障的社会法等主要具有学理上的意义和研究价值，无法指导中国的法律实践。中国社会法的体系建设，应立足于中国的国情和实践，尊重既有的法律体系和立法成果，符合法律自身的特点和发展规律，适应为社会建设提供法律保障的需要，适应中国特色社会主义法律体系建设的需要，适应全面推进依法治国、深化依法治国实践的需要。社会法是一个新兴的独立的法律部门，与其他六大法律部门一起共同构成中国特色社会主义法律体系。

第三节 我国社会法的体系框架

一、三种不同的社会法体系划分观点

社会法的体系框架实际上是社会法的外延即社会法包括哪些法律规范。这又与社会法的概念界定是紧密联结在一起的，有什么样的社会法概念就有什么样的社会法体系框架。在坚持社会法的概念界定以法律部门为标准，以中国特色社会主义法律体系为其理论前提和基本遵循的学者中，关于社会法的范围也有小、中、大三种观点，分别对应着狭义、中义和广义的社会法概念。

（一）狭义的社会法体系

狭义的社会法学说认为社会法就是社会保障法。该观点源于德国的社会法理论，把社会法锁定在一个较小的范围，即社会法主要是调整社会保障关系的

法律规范的总称，不包括劳动法。由于关于社会保障的范围也有争议，所以狭义社会法的外延也并非完全确定。但是，劳动法中的劳动合同、集体合同法是被排除在狭义社会法的体系之外的。狭义社会法学说的优点是有利于使社会法在概念、范畴、法律原则、调整方法、法律责任等方面构建一个相对完整、逻辑自洽的体系，有利于提取社会法的"公因式"，便于社会法典的编纂，有利于社会法学术共同体的建构。但该学说存在以下主要问题：第一，与中国特色社会主义法律体系的规范构成不相吻合。中国特色社会主义法律体系是在我国改革开放实践的基础上形成的制度体系。当代中国语境下的法律体系，已经不是学理概念的法律体系，而是被看做是制度和社会政治价值观的载体，被赋予了丰富的社会政治意义。① 作为中国特色社会主义法律体系的重要的法律部门的社会法在制度层面一直与规范劳动关系、社会保障、社会福利和特殊群体权益保障方面关系的法律紧密关联，不可分割。我国改革开放以后，劳动法规范先于社会保障法规范存在，在社会法被我国官方确立为独立的部门法之初，我们就一直把劳动法作为社会法的首要、基础的内容加以规定。如果把劳动法从社会法体系中剥离出去，会给我国社会主义法律体系造成重大冲击，也会对劳动法在我国法律体系中的定位带来很大影响。第二，狭义的社会法体系不利于社会法的学术研究和学科建设。中国从事劳动法研究和教学的学者基本上都把劳动法定位为社会法。成立于 2006 年 9 月的中国法学会社会法学研究会是中国社会法学研究的最高学术团体，其会员主要由劳动法和社会保障法学者构成且劳动法学者为多数。如果把劳动法从社会法体系中剥离出去，无疑会受到劳动法学者的质疑和反对。从社会法学科发展方面看，2007 年教育部高校法学学科教学指导委员会把劳动法与社会保障法增列为法学学科 14 门核心课程之一。近年来，主流法学院系开始把社会法作为法学二级学科独立招收硕士生甚至博士生。无论是法学核心课程还是法学二级学科中使用的社会法都是较为广泛的社会法体系。如果把社会法局限于狭义的社会法，显然会给社会法学术研

---

① 参见信春鹰：《中国特色社会主义法律体系及其重大意义》，《法学研究》2014 年第 6 期。

究和学科建设带来困惑。第三，狭义的社会法只能解决部分社会问题，无法适应民生保障和社会建设发展的需要。狭义的社会法调整对象仅限于社会保障关系，无法适应通过法律方法保障日益升级的民生需求，无法通过社会立法为社会建设提供法律指引和保障。劳动关系是基本的社会关系，就业是最大的民生问题。如果把劳动法从社会法体系中剥离出去，社会法固有的保障民生，对社会公众最关心、最直接、最现实的利益问题进行依法维护和有效回应的功能和价值将会因调整范围的局限而有所减损。最后，狭义的社会法与我国社会保障的制度模式不相适应。社会保障作为社会化的经济福利性的国民社会保障系统，由社会救助、社会保险和社会福利等制度构成。2010年颁布的《社会保险法》标志着我国社会保障采取以权利义务相结合的缴费型的社会保险为基础的发展道路。社会保险法是社会保障法体系的核心、主干。社会保险法产生与劳动关系密切相关的劳动保险法。虽然社会保障的发展突破了与就业相关的劳动保险的界限，而成为面向全体国民的制度，但是，职工养老保险和医疗保险仍是社会保险制度的主体，而工伤、失业、生育保险等更是以劳动关系为前提，离开了劳动法，很多社会保险关系无法认定。社会保障法与劳动法有着天然的关联，在法律部门划分时不宜分割。总之，我们不能采用狭义的社会法体系观点。

（二）广义的社会法体系

广义的社会法把社会法定义为调整国家在干预社会经济生活中发展起来的社会关系的法律规范的总和。这种意义上的社会法的范围除了劳动法、社会保障法以外，有关社会事业、社会治理、消费者权益保护、义务教育、环境保护等方面的法律，甚至经济法领域的反垄断法、反不正当竞争法、宏观调控法等也被认为是社会法的体系。广义的社会法不失为一种学术观点，对于社会法的研究具有一定的意义，但是其回避了界分法律门类和认识法律体系的标准。我国社会法体系框架不宜采用广义的社会法概念。第一，广义的社会法的概念在社会法的体系框架方面与"第三法域"的主张异曲同工，而"第三法域"是一个学理性、不确定的概念，较难转化为法律形式，并不适合中国社会法的体系建设。第二，广义社会法概念的外延过于宽泛，虽然其对于解释社会法与民商法、行政法的区别虽有一定的价值，但因其范围过大，跨越了不同的法律部门，很难用"提取公因式"的方法确定其共同的理念、原则与调整方法，无法用其指导法律的创制。第三，广义的社会法概念把社会法与国家干预经济社会领域的立法画等号，特别是把本属于经济法调整范围的一些法律(如反垄断法、反不正当竞争法和宏观调控法等）列入其中，混淆了经济法和社会法的界限。这既不利于经济法制建设与经济法的学科发展，对社会法建设也会产生消极影响。因为经济领域的国家干预和社会领域的国家干预有着不同的理念和原则，不能简单地把经济法的理念和原则用于社会法领域，也不应该用社会法的理念和原则去规制经济法领域的问题，虽然两者可能在某些方面发生交叉。

（三）中义的社会法体系

我国社会法的概念界定和体系框架必须立足于中国特色社会主义法律体系基本形成的背景和部门法划分的理论，尊重已经形成的法律规范的归类；同时，也需要考虑到社会法本身是一个动态、开放的范畴，可以根据社会发展的需要特别是我国社会建设和社会治理的需求增加新的法律规范。因此，我们认为，狭义的社会法只能解决部分社会问题，无法适应民生保障和社会建设的需要，且其有重大的理论与逻辑方面的缺陷，故我们不宜采用狭义社会法的概念。广义社会法的外延过于宽泛，脱离了我国法制发展的现实，无法为我国立法和法律适用提供指导。现阶段我国的社会法应该以采用中义的社会法概念，以兼顾现代法律体系逻辑性和法学体系协调性。中义的社会法是介于广义和狭义的概念之间，把劳动法纳入社会法中，也把特殊群体权益保护等纳入其中并可以向广义的社会法做适当的扩展。即把广义的社会法中不属于经济法，也不属于行政法的社会组织和公益慈善方面的内容纳入社会法体系中来。一方面，公益慈善与社会保障体系存在紧密的关系，慈善活动是运用民间的资源从事社会保障，可以看做是社会保障体系的补充或延伸。公益慈善法与社会保障法有着法律上的亲缘关系，纳入社会法体系具有正当性。社会组织是从事公益慈善事业的主体，是社会建设的重要力量，是社会服务的重要供给方，把规范社会组织关系的法律纳入社会法体系，符合社会法发展的规律，有利于从法律方面推动社会建设。另一方面，社会组织和公益慈善方面的法律不涉及行政权，不具有行政法概念的基本内涵，因而不应该纳入行政法；社会组织和公益慈善方面的法律不具备独立成为当下七大法律部门之外的其他法律部门的条件，必须纳入当下的七大法律部门，而将其纳入社会法最合适。这样中义的社会法就是由调整劳动关系、社会保障关系、特殊群体权益保障、社会组织和公益慈善等方面关系的法律规范构成的一个法律部门。社会法的体系框架为"劳动法和社会保障法＋特殊群体权益保障法＋社会组织和公益慈善法"。

二、当下我国社会法的立法现状

依据中义的社会法概念，当下我国已制定社会法方面的法律达 21 部，占我国现行有效法律 265 部的 7.9%，具体如下（见表 2.1）：

表 2.1　我国社会立法一览表

法律名称	制定修改时间
工会法	1950 年，1992 重新发布，2001、2009 年修订
国务院关于工人退休、退职的暂行办法	1978 年
国务院关于职工探亲待遇的规定	1981 年
残疾人保障法	1990 年，2008、2018 年修订
未成年人保护法	1991 年，2006、2012 年修订
归侨侨眷权益保护法	1991 年，2000 年修订
妇女权益保障法	1992 年，2005、2018 年修正
矿山安全法	1992 年，2009 年修订
红十字会法	1993 年，2009、2017 年修正
劳动法	1994 年，2009 年、2018 年修订
老年人权益保障法	1996 年，2009、2012、2015、2018 年修正

续表

法律名称	制定修改时间
预防未成年人犯罪法	1999 年
公益事业捐赠法	1999 年
职业病防治法	2001 年，2011、2016、2017、2018 年修正
安全生产法	2002 年，2009、2014 年修正
劳动合同法	2007 年，2012 年修正
就业促进法	2007 年，2015 年修订
劳动争议调解仲裁法	2007 年
社会保险法	2010 年，2018 年修正
境外非政府组织境内活动管理法	2016 年，2017 年修订
慈善法	2016 年

此外，我国还颁布了一大批规范劳动关系和社会保障的行政法规。如《失业保险条例》(1999)、《工伤保险条例》(2003，2011 年修订)，《劳动保护监察条例》(2004)、《职工带薪年休假条例》(2007)、《劳动合同法实施条例》(2008)、《女职工劳动保护特别规定》(2012)、《社会救助暂行办法》(2014) 等。社会法体系的雏形基本形成。

三、我国社会法体系框架的制度设计

世界各国关于社会法体系的范围并不一致，这与各国的法律传统、国情、立法理念和实践需要密切相关。中国社会法的体系构建，应坚持问题导向，立足中国国情和实践，尊重既有的法律体系和立法成果，对既有的社会法体系进行评估，找出其问题和短板，加快社会法的立法和体系构建，建立面向实践的社会法体系。结合前文关于社会法的界定和我国的社会立法，我国社会法体系框架应该包括三个模块：第一模块为劳动法和社会保障法；第二模块为特殊群体权益保障法；第三模块是社会组织和公益事业法。第一模块中的劳动法和社会保障法分为劳动法和社会保障法两个部分。劳动法分为劳动就业法、劳动关系法、劳动基准法、劳动监察法、劳动争议处理法五部分。社会保障法分为社

会保险法、社会救助法、社会福利法、社会补偿法四部分。第二模块中的特殊群体权益保障法分为残疾人保障法、老年人权益保障法、未成年人保护法、妇女权益保障法、退役军人保障法五部分。第三模块中的社会组织和公益慈善法分为社会组织法、境外非政府组织境内活动管理法、慈善法、公益事业捐赠法、红十字会法、志愿服务法等。

我国社会法的体系的结构图如下（见图2.1）：

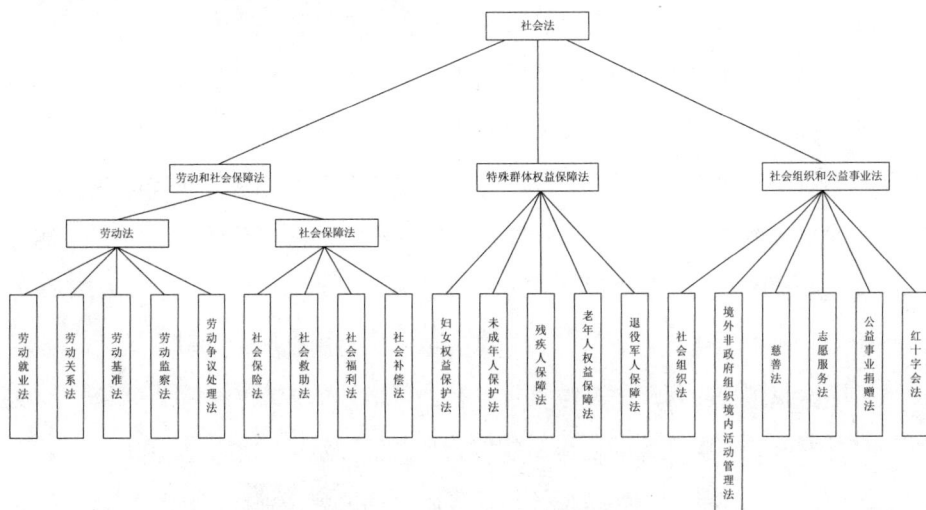

图2.1 社会法体系的结构图

图中社会法的第一模块是最核心、最基础的层次，其内容为劳动法和社会保障法，这在劳动法与社会保障法学界共识度较高，是社会法体系中非常稳定、确定的部分。第二模块是在劳动法和社会保障法之外的特殊群体权益保障法，这部分规范纳入社会法体系体现了社会法保护弱势群体的核心理念，通过特殊群体权益保护法律，可以将社会的矫正思想置于自由主义的平等思想的位置上，通过国家的干预和积极主动的作为实现超越形式平等的更高层次的社会公平。第三模块是社会组织和公益事业方面的法律如慈善法和社会组织法，这是随着社会建设和民生保障发展的需要产生的社会法的新规范。

社会法体系中第一模块中的劳动法调整劳动关系以及与劳动关系密切相关的其他社会关系，包括劳动就业法（就业促进法、就业服务法、职业培训法等）、劳动关系法（劳动合同法、集体合同法、工会法、职工民主管理制度、劳动规章制度等）、劳动基准法（工作时间与休息休假法、工资法、劳动保护法）、劳动监察法、劳动争议处理法等。第一模块中的社会保障法调整社会保障关系（含社会保险关系、社会救助关系和社会福利关系），包括社会保险法（养老保险法、医疗保险与生育保险法、工伤保险法、失业保险法、护理保险法）、社会救助法（生活救助、医疗救助、教育救助、住房救助、灾害救助、就业救助、临时救助等）、社会福利法（教育福利、住房福利、卫生福利）和社会补偿法（犯罪受害人补偿、药害补偿、公共突发事件受害补偿、农民失地补偿等）。值得一提的是，社会保障法体系具有一定的开放性，将随着社会保障体系不断完善而扩展其调整范围。中共十九大报告号召要"按照兜底线、织密网、建机制的要求，全面建成覆盖全民、城乡统筹、权责清晰、保障适度、可持续的多层次社会保障体系"[1]，强调要满足人民群众"幼有所育、学有所教、劳有所得、病有所医、老有所养、住有所居、弱有所扶"[2] 的基本需求。可以预见，随着我国民生保障的持续推进，社会保障法的内容和体系也将进一步发展和完善，例如，护理保险法律制度作为社会保障法的内容纳入其中。

　　社会法第二模块中的特殊群体权益保障包括残疾人保障法、老年人权益保障法、未成年人保护法、妇女权益保障法和退役军人保障法等。其中残疾人、未成年人、老年人、妇女属于最典型的特殊群体，将其纳入社会法，与"社会法本质上就是一个弱势群体保护法"[3] 具有高度的契合性。此外，将弱势群体的权益保障纳入社会法也有助于通过劳动法和社会保障法来实现他们的具体权益。至于退役军人很难说是弱势群体，但是无疑是一个特殊的群体，将其纳入

---

① 习近平：《决胜全面建成小康社会，夺取新时代中国特色社会主义伟大胜利》（2017 年 10 月 18 日在中国共产党第十九次全国代表大会上的报告），见本书编写组编著：《党的十九大报告辅导读本》，人民出版社 2017 年版，第 46 页。

② 习近平：《决胜全面建成小康社会，夺取新时代中国特色社会主义伟大胜利》（2017 年 10 月 18 日在中国共产党第十九次全国代表大会上的报告），见本书编写组编著：《党的十九大报告辅导读本》，人民出版社 2017 年版，第 23 页。

③ 叶姗：《社会法体系的结构分析》，《温州大学学报（社会科学版）》2011 年第 4 期。

社会法体系有利于补偿和褒奖退役军人为国家国防事业所做的贡献，有利于激励有志人士从事国防事业，有利于加强军队的质量建设，保障国家的安全。

社会法的第三模块的社会组织和公益慈善法，具体包括社会组织法、境外非政府组织境内活动管理法、慈善法、红十字会法、公益事业捐赠法、志愿服务法等。社会组织和公益慈善法属于劳动和社会保障、特殊群体权益保障法以外的社会法的新领域。公益慈善法是在社会保障法的基础上发展起来的，社会组织法是和公益慈善法交叉融合的法律。将社会组织和公益慈善法纳入以公平正义为价值理念，以社会和谐为追求目标、以保障社会权利为重点内容的社会法体系，能够为社会建设提供更优良的法律指引和法治保障，能够为社会治理实现"善治"提供良法基础，是我国社会法发展的新趋势。

第三章　我国社会法的现状评价与未来展望

社会法是我国最早制定法律的法律部门之一,《工会法》是中华人民共和国制定最早的三部法律中的一部。至今,我国已经制定劳动和社会保障、特殊社会群体权益保障、社会组织和相关活动方面的法律近 20 部,形成了较为完备的社会法体系。社会法为我国的社会主义建设起到了十分重要的作用,同时它也是中国特色社会主义法律体系的重要组成部分。

第一节　我国社会立法的现状

一、作为中国特色社会主义法律体系组成部分的社会法

"社会法"最早是为解决工业社会问题而产生的,"19 世纪最后十年奥托·冯·基尔克和海尔曼·罗斯勒不谋而合地把法律的这一新现象称之为'社会法'。把'社会问题'和'劳工问题'放在同等地位,这样就很快弥补了概念发展的滞后。在 20 世纪最开始阶段,劳工的权利之一就是'社会法'。社会法成了一个包括劳动和社会保险法在内的大概念。"这一概念传入日本大概是

在第一次世界大战，①之后由日本学者在 20 世纪初的时候传入我国。"社会法"一词真正为我国所采用是在 20 世纪 90 年代，同时它还被列入中国特色社会主义法律体系之中。

2001 年 3 月 9 日，李鹏同志在第九届全国人大四次会议上所做的《全国人大常委会工作报告》指出："根据立法工作的实际需要，初步将有中国特色社会主义法律体系划分为七个法律部门，即宪法及宪法相关法、民法商法、行政法、经济法、社会法、刑法、诉讼与非诉讼程序法。"②至此中国特色社会法律体系的划分及其构成基本确立。2003 年 4 月 26 日，吴邦国同志在"十届全国人大常委会第二次会议"对于中国特色社会主义法律体系的划分进行了更为深入的阐述。"中国特色社会主义法律体系，是由七个法律部门、三个不同层次的法律规范构成的。从横向上看，根据法律规范的调整对象和调整方法划分，中国特色社会主义法律体系主要由宪法和宪法相关法、民法商法、行政法、经济法、社会法、刑法、诉讼与非诉讼程序法七个法律部门组成。从纵向上看，有宪法和全国人大及其常委会制定的法律，国务院制定的行政法规，地方人大及其常委会制定的地方性法规、自治条例和单行条例三个层次。2008 年 5 月，时任全国人大常委会法制工作委员会副主任信春鹰关于《立法法与全国人大常委会的立法工作》的专题讲座中指出，社会法是规范劳动关系、社会保障、社会福利和特殊群体权益保障方面的法律关系的总和，调整的是政府与社会之间、社会不同部分之间的法律关系，是国家实现社会管理职能的重要手段。社会法以国家理念调整社会关系，维护社会公共利益和社会公平。在我国社会主义法律体系中，社会法对于保护劳动者和特殊弱势群体的合法权益，解决市场经济自身无法解决的问题，促进社会公平、公正，发挥着重要作

---

① 参见王为农：《日本的社会法学理论：形成与发展》，《浙江学刊》2004 年第 1 期。

② 1998 年 11 月第九届全国人大常委会（1998—2003 年）所通过的《九届全国人大常委会立法规划》就基本上已经确定了该体系，其包括：宪法类、民法商法类、行政法类、经济法类、社会法类以及诉讼程序法类。而在此之前，全国人大常委会所制定的立法规划都是采取部门法逐一列举的方式。参见《九届全国人大常委会立法规划》。

用。①2018 年 6 月，全国人大宪法和法律委员会主任委员李飞在十三届全国人大常委会、专门委员会组成人员的专题讲座上所做的关于《立法法与全国人大常委会的立法工作》报告指出，社会法是指规范劳动关系、社会保障、特殊群体权益保障、社会组织等方面的法律规范的总和，现行有效的法律 20 多件，包括三个方面：一是有关劳动关系、劳动保障和社会保障、安全生产方面的法律，如劳动法、劳动合同法、就业促进法、社会保险法、安全生产法等。二是有关特殊社会群体权益保障方面的法律，如残疾人保障法、妇女权益保障法、老年人权益保障法、未成年人保护法等。三是有关社会组织和相关活动方面的法律，如工会法、红十字会法、境外非政府组织境内活动管理法、慈善法、公益事业捐赠法等。②

二、我国社会立法的历史回顾

回顾我国社会立法的历史，大致分为这样几个阶段：第一，新中国成立初期的社会立法（1949—1956 年）。在新中国成立之初，并未完全改造完生产资料私有制，还存在大量的民族手工业和民族资产阶级，因此，社会立法与当时的所有制形式相适应，一是在个体劳动关系法领域采取双轨制，即对国营企业和合作社经营企业采取固定用工的模式，在私营企业则基于"劳资两利"的原则，延续解放前的劳动合同制度；二是制定了 1950 年《工会法》、1951 年《劳动保险条例》，并且为了确保新中国成立初期广泛存在的安全生产事故频发的问题，颁布了工厂安全卫生法规。随着生产资料私有制社会主义改造的进行和完成，原有私营企业变成全民所有制企业，因此，劳动用工领域的双轨制被固

① 参见信春鹰：《十一届全国人大常委会专题讲座第二讲：立法法和全国人大常委会的立法工作》，中国人大网，http://www.npc.gov.cn/npc/xinwen/2008-05/30/content_1466382.html。
② 参见李飞：《十三届全国人大常委会、专门委员会组成人员履职学习讲稿：立法法与全国人大常委会的立法工作》，中国人大网，http://www.npc.gov.cn/npc/xinwen/2018-06/29/content_2057107.html。

定工单轨制所取代，1954年颁布了《国营企业内部劳动规则纲要》，该纲要根据当时的国营企业用工和管理作出规范。

第二，计划经济时代的社会立法（1957—1977年）。随着生产资料私有制的社会主义改造的完成，我国的所有制形式变成全部的全民所有制，社会立法及其政策也随之改变。在劳动关系领域，国家实行统包统配的就业政策，形成国营企业的固定工制度；在劳动报酬方面，国家统一工资分配，并且建立了国家强制退休的制度。在社会保障领域，此前的《劳动保险条例》所确立的保险基金被停止，从"社会保障"转为"单位保障"模式，即由单位办社会，单位负担所有职工的养老、医疗等问题，并且建立医院、学校等。

第三，改革开放后的社会立法（1978—至今）。改革开放后，为了适应社会经济的发展需要，吸引外资、推进国有企业的改制，在社会立法方面进行了大量的改革。根据我国所有制结构的改变以及社会立法的情况，改革开放后的社会立法也呈现出以下几个阶段的差异：

一是从计划经济到中国特色社会主义市场经济前过渡阶段的社会立法（1978—1992年）。改革开放初期，为了配合所有制的改革，吸引外资，开始推行劳动力市场化改革，这样可以实现劳动力自由流动和更替，同时增加用工灵活性。（1）强制退休制度的建立完成。1978年国务院发布了《关于安置老弱病残干部的暂行办法》和《关于工人退休、退职的暂行办法》（国发〔1978〕104号）以建立员工的流动机制，增强员工队伍的活力。（2）实行劳动合同制度，建立能进能出的用人机制。最初在深圳等沿海开放城市，为了吸引外资，减少外资在用工方面的顾虑，允许开放城市的外资企业与劳动者签订劳动合同，并且约定可随意"炒鱿鱼"，盘活用工灵活性。随后，劳动合同制度从外企推广到了国营企业。1986年，颁布《国营企业实行劳动合同制度暂行规定》《国营企业招用工人暂行规定》《国营企业辞退违纪职工暂行规定》《国营企业职工待业保险暂行规定》，以适应社会主义市场经济的改革方向，改革国营企业的劳动制度，增强企业活力。（3）适应劳动力市场化改革的需要，改革"单位保障"模式，建立社会保障。计划经济时代，国家统包就业，对于失业问题不予承认，然而，随着改革开放的发展，劳动力市场的自由流动以及企业用工灵活性的增加必然导致失业问题，因此，1986年，颁布《国营企业职工待业保险暂行规定》促进劳动力合理流动。1991年，国务院颁布《关于企业职工养老保险制度改革的决定》（国发［1991］33号），明确"逐步建立起基本养老保险与企业补充养老保险和职工个人储蓄性养老保险相结合的制度。改变养老保险完全由国家、企业包下来的办法，实行国家、企业、个人三方共同负担，职工个人也要缴纳一定的费用。"（4）注重职业安全生产。1992年通过了《矿山安全法》。（5）关注特殊群体的权益保障。1990年颁布了《归侨侨眷权益保护法》、1991年颁布了《未成年人保护法》以及1992年颁布了《妇女权益保障法》。

二是中国特色社会主义市场经济体制建立阶段的社会立法（1993—2007年）。（1）1994年通过了《劳动法》确立了我国劳动基本制度，涉及劳动合同、集体合同、劳动基准、劳动安全卫生、争议处理等多个方面的内容。随着安全生产事故的频发以及劳动者权利保障意识逐步提高，2001年通过了《职业病防治法》、2002年通过了《安全生产法》。（2）进一步完善社会保险体系，先后颁布了多部单行的社会保险行政法规等，如1998年颁布《失业保险条例》、2002年颁布《工伤保险条例》等。（3）完善特殊群体的权益保障立法。通过了《老年人权益保障法》、2000年修订了《归侨侨眷权益保护法》、2005年修订了《妇女权益保障法》以及2006年修订了《未成年人保护法》。

三是中国特色社会主义市场经济体制完善阶段的社会立法（2008至今）。（1）劳动立法日趋完善。2008年先后实施了《劳动合同法》《劳动争议调解仲裁法》《就业促进法》，使得劳动关系领域的立法日趋完善。修改了《职业病防治法》《安全生产法》（2）完善社会保障领域立法。2010年《社会保险法》颁布实施，这是我国第一部综合性的社会保险立法。2016年通过了《慈善法》。

20世纪90年代以来，从全国人大的相关立法规划及其执行情况来看，我国社会立法的情况如表3.1。

表 3.1　20 世纪 90 年代以来全国人大（社会）立法规划及其执行情况表 ①

期间	法律名称	执行情况
七届全国人大 （1988—1993）	残疾人保障法	已通过
	未成年人保护法	已通过
	妇女权益保障法	已通过
	工会法	已通过
	义务教育法	已通过
	归侨侨眷权益保护法	已通过
八届全国人大 （1993—1998）	社会保险法	未通过
	社会救济法	未通过
	劳动法	已通过
	优生保健法	未通过
	劳动合同法	未通过
	散居少数民族平等权利保障法	未通过
	老年人权益保障法	已通过
	军人地位和权益保护法	未通过
	退伍军人安置法	未通过
	职业教育法	已通过
	职业病防治法	未通过
	初级卫生保健法	未通过
	红十字会法	已通过
	矿山安全法	已通过
九届全国人大 （1998—2003）	农民权益保护法	未通过
	劳动合同法	未通过
	社会保险法	未通过
	公益事业捐赠法（1999）	已通过
	归侨侨眷权益保护法（修改）（2000）	已通过
	工会法（修改）（2001）	已通过

---

① 本表根据各届人大所编制的立法规划整理而成，其中部分法律在立法规划中并非列为"社会法类"，而是列为其他类别，如"行政法类"等，均已在法律名称之后的括号中标注。此外，有部分法律并未被列入最初的立法规划，而是视情况临时安排，在本表中，笔者将其在字体上予以区别。本表所注"未通过"包括未提请全国人大成为会审议以及提请审议，但未通过两种情形。

期间	法律名称	执行情况
九届全国人大 （1998—2003）	职业病防治法（行政法类）（2001）	已通过
	安全生产法（2002）	已通过 ①
十届全国人大 （2003—2008）	初级卫生保健法	未通过 ②
	社会保险法	未通过
	社会救济法	未通过
	劳动合同法（2007）	已通过
	农民权益保护法	未通过 ③
	妇女权益保障法（修订）（2005）	已通过
	未成年人保护法（修订）（2006）	已通过
	劳动争议调解仲裁法（2007）	已通过
	就业促进法（2007）	已通过
十一届全国人大 （2008—2013）	职业教育法（修改）（行政法类）	未通过
	残疾人权益保障法（修改）（2008）	已通过
	社会保险法（2010）	已通过
	基本医疗卫生保健法	未通过
	精神卫生法（2012）	已通过
	社会救助法	未通过
	慈善事业法	未通过
	老年人权益保障法（修改）	未通过
十二届全国人大 （2013—2018）	慈善法（2016）	已通过
	老年人权益保障法（修改）	已通过
	公共图书馆法	已通过

---

① 《清洁生产法》曾被列入《九届全国人大立法规划》，当时由人大环资委负责起草并提请审议。而最后表决通过的《安全生产法》是否与《清洁生产法》相同，不得而知。

② 参见《初级卫生保健法草案起草正在进行》，中国人大网，http://cms.npc.gov.cn:87/servlet/PagePreviewServlet?siteid=1&nodeid=199&articleid=357527&type=1。

③ 全国人大农业与农村委员会完成农民权益保护法框架结构和主要内容的草稿的起草工作，并曾向部分省市征求意见，原计划 2007 年将这部法律草案提请全国人大常委会审议。参见吴坤：《农民权益保护法草案草稿完成计划 07 年提请审议》，新华网，http://news.xinhuanet.com/legal/2005-11/23/content_3820964.html。

续表

期间	法律名称	执行情况
十二届全国人大（2013—2018）	基本医疗卫生与健康促进法	未通过 ①
	红十字会法（修改）	已通过
	社会救助法	未通过
	慈善事业法	未通过
	安全生产法（修改）	已通过
	矿山安全法（修改）	未通过
	公共文化服务保障法（2016）	已通过
	职业教育法（修改）	未通过
	军人保险法	已通过
	教育法（修改）	已通过
	高等教育法（修改）	已通过
	民办教育促进法（修改）	已通过
	职业病防治法（修改）	已通过
	境外非政府组织境内活动管理法（2016）	已通过
十三届全国人大 ①（2018—2023）	学前教育法	
	文化产业促进法	
	文物保护法（修改）	
	药品管理法（修改）	
	基本医疗卫生与健康促进法	已提请审议
	未成年人保护法(修改)(预防未成年人犯罪法)(修改)	
	社会救助法	公开征求意见
	安全生产法（修改）	
	职业教育法（修改）	
	教师法（修改）	
	体育法（修改）	
	退役军人保障法	
	老年人权益保障法（修改）	
	基本劳动标准	立法条件尚不完全具备、需要继续研究论证

---

① 第十二届全国人大立法计划中原为"基本医疗卫生法"，后于2017年1月更名为《医疗卫生与健康促进法》；2017年12月，全国人大教育科学文化卫生委员会提出了关于提请审议基本医疗卫生与健康促进法草案的议案。参见《十二届全国人大常委会第三十一次会议在京举行》，中国人大网，http://www.npc.gov.cn/npc/xinwen/syxw/2017-12/22/content_2034302.htm。

② 参见十三届全国人大常委会立法规划，中国人大网，http://www.npc.gov.cn/npc/xin-wen/2018-09/10/content_2061041.htm。

三、小结：我国社会立法的特点

根据上述社会立法规划的执行情况来看，我国已经形成了较为完善的社会法的框架体系，涵盖了劳动就业和社会保障、特殊群体权益保障以及社会组织及其相关活动立法三大领域。根据表 3.1，我国的社会立法具有以下特点：

第一，以最大的社会共识为支撑，从保障特殊群体的权益立法入手。社会立法涉及社会的多个方面，其社会给付的提供需要国家财政或者用人单位负担，立法影响较为广泛，需要平衡和考量的利益主体较为多元，因此，社会立法的原始出发点是保障特殊群体的权益，包括《残疾人保障法》《未成年人保护法》《妇女权益保障法》《老年人权益保障法》等，这些特殊群体的权益保障在我国有着深厚的历史文化根基，社会分歧较小，立法机关因此为切入点，不仅有助于立法工作的开展，也有助于社会立法的逐步推进。

第二，社会立法受外部的社会政治、经济的影响较大，立法活动不仅反映法律本身的逻辑，更多地受制于社会现实的可行性，因此，立法和修法都具有动态性。上述列表中，某些法律曾先后被列入二届以上的全国人大立法规划，如《劳动合同法》等，第八、第九届全国人大都曾将其列入立法规划，但最终均未通过。其原因在于 1994 年《劳动法》通过后，全国人大准备着手制定《劳动合同法》，但是因为 20 世纪 90 年代发生了国企改革和波及亚洲的金融危机，为了维持社会稳定，减少立法可能对用人单位生产经营产生的冲击，最终直至第十届全国人大才通过《劳动合同法》。此外，随着政府机构改革，各个部门行政职责的改变也将影响相关立法，如《安全生产法》《职业病防治法》就被多次修改，其中主要的修法在于相关的行政职责的改变。

第三，社会保护水平和程度与社会经济发展水平相一致，因此，随着社会经济发展水平的提高，社会法所规定的社会保护水平也不断提高、保护程度不断完善。如列表中，关于教育领域的立法不断地拓展，从最初的《义务教育法》，到《职业教育法》《高等教育法》，再到《学前教育法》，对于公民受教育权利的保障越来越完善。此外，在特殊群体权益保障方面，从最初的基本保障，随着社会经济发展，不断地进行相应的修法完善，提高对于残疾人、未成年人、老年人等群体的保护水平。

第二节　社会立法的评估

统一法治框架下想要有效提高法律对公共政策处理能力的最好方式就是及时进行立法质量评估或者立法效果评估。[①] 立法效果的评价和立法质量的提高离不开立法评估。在立法评估的理论和实践方面，欧美等一些西方国家早在20世纪70、80年代就开始进行了，我国则在21世纪初开始由部分地方对地方立法进行评估。[②] 但是，传统意义上来说，立法评估的对象是法律、法规，而并非某个法律体系的评估，基于此，社会立法的评估和普通立法评估既有相同之处也会有区别。一方面，社会立法的评估通常是以立法评估的理论和部分技术方法作为基础的。而评估主体根据相应的标准和程序，应用科学系统的方法和技术对现行的法律、法规、规章的文本质量、实施效果作出定性和定量分析，则称为"立法后评估"。因此，对于社会立法评估还需遵循立法评估的基本原则、规律和方法。另一方面，社会立法的评估由于评估对象的差异性以及评估方法的局限性，因此，在具体技术指标的选择方面与一般的立法评估会有所区别。

一、社会立法评估指标体系的建构

关于立法评估的指标体系我国的专家和学者各持己见。有学者认为，不管

---

① 参见俞根荣、刘艺：《地方性法规质量评估的理论意义与实践难题》，《华中科技大学学报（社会科学版）》2010年第3期。

② 参见丁贤、张明君：《立法后评估理论与实践初论》，《政治与法律》2008年第1期。

是国家级人大常委还是地区级人大常委评估后的立法内容都应该包括立法体制、立法程序等立法制度，还应当包括整套法律体系中的具体法律以及宪法和法律制定后的实施效果。亦有学者持有另外一种观点，我国的立法后评估指标体系应包括以下内容：法规与上位法是否存在抵触情况、与其他法律法规是否存在冲突矛盾、法规实际执行贯彻情况、法规是否具有可操作性、与新形势适应如何、新情况的发展和需要；法规在立法技术层面存在哪些问题、法规实施需要哪些成本以及效果如何。专家学者还进一步提出了立法后评估指标体系的内容包括（1）立法质量评估，包括合法性标准、合目的性标准、技术性标准；（2）立法实施过程评估，包括执行力标准；（3）立法的实施绩效评估，包括（1）效率标准、效能标准、公平标准适当性标准。① 有学者提出的评估指标体系包括："（1）立法程序的评价指标，包括立法准备阶段、法规草案审议阶段、立法者、立法技术的运用、立法效率、立法机关会期制度、法规公布方式的适当性。（2）立法成果的评价指标包括法律法规的稳定性和可操作性、地方特色以及权利义务均衡程度、司法实践的愚弄程度和重复率（文本与上位法）综合上述学界关于立法评估指标的观点，结合社会立法的特点，笔者以为，社会立法评估指标体系应该包括以下内容：

第一，法律体系的完备性。社会法的产生与发展与社会经济的发展密切相关，与传统的民商法等其他法律部门相比，社会立法相对滞后，而且由于社会立法与国家的经济发展水平密切相关，社会立法受到宏观的外部制约较多，因此，社会立法体系的完备性是社会立法质量的重要指标。具体包括：（1）立法内容的完备性。尽管学界对于社会法的范围存在争议，但是从立法机关对于社会法范围的界定来看，其涵盖了劳动关系和社会保障立法、特殊群体权益保障立法、以及有关社会组织和相关活动立法，而且上述三个方面的立法又可分为诸多二级内容，如劳动关系立法包括了个体劳动关系立法、集体劳动关系立法以及劳动保护立法；社会保障立法包括社会保险立法、社会救助立法、社会福

---

① 参见孙树曼：《我国立法后评估指标体系的构建》，山东大学 2009 年硕士学位论文，第29页。

利立法、社会优抚立法等。(2) 法律体系的层次性。从我国法律立法体制来看，包括中央立法、地方立法等。不同层级的社会立法应该相互衔接、有所侧重，而不是厚此薄彼，或者地方性立法随意架空中央立法，或者地方立法在文本上完全复制中央立法。(3) 法律实施机制的贯通性。"徒法不足以自行"，社会立法不能仅仅存在于纸面上，还需要相应的司法和执法机制来予以配合，因此，社会立法中司法和执法机制的情况，也涉及法律体系实施的完备性。

第二，立法程序的规范性。我国立法机关大力推行科学立法、民主立法，而立法程序的规范性则是科学立法、民主立法的必然要求，其不仅影响到立法的严肃性，也会影响所制定法律的合法性和规范性。具体包括以下二级指标：(1) 立法模式，即是采取委托专家立法、部门立法模式抑或立法机关；(2) 立法主体，即法律的制定机关的层级及其立法权的享有情况；(3) 公开征求意见的情况，即法律草案的文本是否公开征求意见，以落实公开立法、民主立法的理念，在立法阶段就是力求扩大法律的社会共识；(4) 立法理由的说明，即立法机关对于立法目的以及具体的法律条文的选择做出充分的说明，以使得社会大众能够了解立法选择的目的及其原因。

第三，法律体系的合法性。法律体系作为制度体系，其内部存在立法权限的位阶性以及制度建构的逻辑性。具体包括以下三个指标：(1) 立法权限划分明确、合理，即中央立法和地方立法之间是否有明确划分，且这种立法权的分配是否合理；(2) 下位法与上位法保持一致，即是否存在体系冲突，下位法违背上位法的情形。

第四，立法技术的科学性。立法技术是指和立法活动有关的所有方法和程序以及规则，例如：法律结构形式、法律修改和废止的方法、法律文体等。其中立法的关键技术有法规的结构营造技术和法的语言表达技术，也是衡量法规质量高低的参照标准。立法技术的科学性具体包括以下指标：(1) 法律文本结构，即法律文本的章、节、条文之间的合理性；(2) 法律规范要素的完备性，即整个法律规范是否包括完成的假定、处理、制裁，是否存在有权利、义务的规定，但是没有配套的法律责任等情形；(3) 规范语言的严谨性、专业性；

（4）立法的可操作性，即法律是否具有明确守法、执法和司法的指引，使得社会大众以及司法和执法机关能够根据法律行动；（5）立法和修法时机的适当性，即是否存在应该超前立法、修法或者延迟立法、修法的情形？（6）文本的重复率，即法律文本跟其他相关立法，如上位法或者其他地方的相似立法等之间是否高度重复？

第五，法律实施的效益性。立法后的立法效益或者效果，包括以下指标：（1）法律实施的社会效果，即社会大众对该立法的认可程度、守法程度，或者法律实施后相关违法、违规行为的纠正情况；（2）法律实施的经济效益，即立法后相关领域的社会治理成本是增加还是减少？或者社会福利是整体增加还是减少？

表 3.2　社会立法评估的指标体系

一级指标	二级指标	指标界定
法律体系的完备性	内容的完备性	完整涵盖社会法的范围，劳动关系和社会保障、特殊群体权益保障、社会组织及其相关活动
	立法的层级性	不同层级立法的分工以及分布的合理性
	实施机制的贯通性	立法配套的司法和执法机制的完备性
立法程序的规范性	立法模式	立法机关起草、专家起草还是业务部门起草模式
	立法主体	立法机关是否为法定的立法主体
	公开征求意见	法律草案文本向社会公众公开征求意见的情况
	立法理由	立法机关对立法目的、法律条文的选择说明理由
法律体系的合法性	立法权限划分	立法机关是否享有立法权以及立法权的行使是否符合法律规定
	上下位法的一致性	下位法与上位法是否一致
立法技术的科学性	法律文本结构	法律文本的章节条款设置的完备性
	规范要素的完备性	规范要素——假定、处理、制裁是否完备；条文设置是否呼应
	规范语言的严谨性	规范的语言、标点符号是否准确、严谨
	立法的可操作性	法律规范是否能够提供明确指引
	立法时机的适当性	立法、修法时机的选择是否恰当？是否存在超前立法、修法或者滞后立法、修法的情形？
	文本的重复率	文本与上位法或者其他同位阶立法的重复程度
法律实施的效益性	社会效果	社会大众的认可程度
	经济效果	社会治理成本的增减、社会福利的增减

二、我国社会立法的评估结论

（一）我国社会立法的成就

根据上述指标体系评估我国社会立法，发现我国社会立法在以下方面做得较为完善：

第一，社会法的法律体系基本完备。经过新中国 70 年的发展，社会法已经基本形成了完备的法律体系，涵盖了社会法的各个方面，其中，在劳动关系领域，已经制定了《劳动法》《就业促进法》《劳动合同法》《劳动争议调解仲裁法》《工会法》《矿山安全法》《安全生产法》《职业病防治法》8 部法律；在社会保障领域，已经制定《社会保险法》《军人保险法》《精神卫生法》3 部法律；在特殊群体权益保障领域，已经制定《未成年人保护法》《妇女权益保障法》《老年人权益保障法》《归侨侨眷权益保护法》《残疾人保障法》5 部法律；在社会组织及其相关活动方面，已经制定《红十字会法》《慈善组织法》《公益事业捐赠法》《公共图书馆法》4 部法律。笔者在"北大法宝"网数据库，以上述法律的题目或主要内容作为关键词检索，对目前社会法法律体系情况进行不完全统计[①] 如下：

表3.3　社会法的法律体系

(单位：部)

涉及的领域		法律	行政法规	部门规章	地方性法规 / 政府规章
劳动关系	就业促进	8	0	11	34
	劳动合同		4	119	88
	工会		6	480	210
	集体合同、集体协商		0	19	74
	劳动争议		3	67	55

---

① 该统计为不完全统计，按照数据库显示的行政法规、部门规章、地方性法规、地方政府规章进行统计，数据包括了修改的法规、规章以及已经失效的法规、规章。该统计数据截至 2019 年 8 月 1 日。

涉及的领域		法律	行政法规	部门规章	地方性法规/政府规章
劳动关系	安全生产	8	73	3281	273
	职业病		3	241	33
社会保障	养老保险	3	27	600	253
	医疗保险		9	133	161
	工伤保险		5	76	108
	失业保险		2	74	135
	生育保险		3	20	68
	社会救助		4	28	22
	社会福利		2	107	30
	优待、抚恤		10	46	151
特殊群体权益保障	未成年人	5	1	59	147
	妇女权益		0	0	117
	老年人权益		1	3	69
	归侨侨眷权益		2	0	106
	残疾人		36	251	322
社会组织以及现相关活动	社会组织	4	0	169	7
	慈善		1	119	12
	公益事业		1	22	17

第二，社会立法的程序较为规范。社会立法通常采取部门立法模式，即有业务主管部门来负责起草相关立法的初稿，如人力资源和社会保障部门负责就业促进法、劳动合同法等法律初稿的起草工作。在立法过程中，会采取专业论证等方式对立法的内容进行论证，并且部分法律草案进行公开征求意见，如《就业促进法草案》①《劳动合同法草案》② 等，其中，《劳动合同法草案》自2007 年 3 月 20 日公开征求意见，"截止到 4 月 20 日止，劳动合同法草案公开征求意见，我们共收到意见 191849 件。其中报刊刊登的有 145 件，群众来信

---

① 参见《关于公布〈中华人民共和国就业促进法（草案）〉征求意见的通知》，中国人大网，http://www.npc.gov.cn/wxzl/gongbao/2007-05/29/content_5366935.htm。

② 参见《全国人民代表大会常务委员会办公厅关于公布〈中华人民共和国劳动合同法（草案）〉征求意见的通知》，中国人大网，http://www.npc.gov.cn/wxzl/gongbao/2006-05/17/content_5350162.htm。

1280 件。"① 创下了全国人大立法史上的纪录，被视为中国民主立法的典范。

第三，社会法法律体系具备合法性。从规范层面来看，社会立法的历史要早于《立法法》的规定，而且《立法法》对社会法的立法权限未做明确的规定，因此，对于社会法法律体系的合法性的判断需要更多基于理论而非基于规范。笔者以为，从法律、行政法规来看，立法机关依法享有相应的立法权，并且立法权限的行使具有法律依据，下位法法律文本的整体规定与上位法的规定基本一致，但是具体规定以及地方立法仍存在违背上位法的情形，将在下文详述。

第四，社会立法的技术较为科学。整体而言，社会法的法律文本结构较为完整，总体上都采取总则和分则的布局，分则部分按照具体的内容来写，如《劳动合同法》按照劳动合同订立到解除、终止的流程写，《社会保险法》则是按照并列的保险类型来写等。社会立法语言的严谨性、规范的完整性以及标点符号的准确性整体上比较好，但是仍然存在不足。

第五，社会立法的实施取得了良好的效果。我国改革开放和中国特色社会主义市场经济制度的建立和完善离不开社会法的实施与完善。改革开放主要调整的是生产关系，其中构成生产关系的重要内容是劳动关系，并且劳动关系也是我国社会发展最重要和最基本的关系之一，同时还促进统一的劳动力市场形成，实现了劳动力资源的市场化配置，提升了劳动力资源配置的效能；社会立法促进了我国由"企业办社会"向"社会保障社会化"的转变，破除"三铁"等僵化的用工体制，剥离企业办社会的职能，建立社会安全网，切实为企业减轻负担，这不仅为改革开放之初吸引外资起到了积极作用，并且在推动国有企业发展与改制、建立现代企业制度方面发挥了重要作用；社会立法对构建我国和谐劳动关系和促进社会和谐发展起到了不可磨灭的作用，堪称社会主义市场经济的"稳定器"，尤其是在完善劳动合同制度、劳动争议调解仲裁制度方面。社会法的实施提高了我国公民的社会法治意识，推动了劳动者维权意识，整体来

---

① 《全国人大常委会介绍劳动合同法草案征求意见情况》，中央人民政府网，http://www.gov.cn/xwfb/2006-04/21/content_260252.htm。

看劳动争议案件数量不断上升。我国社会领域的治理实现了从无法可依，走向有法可依；使得我国对人民社会权利的保障范围从小到大不断扩张，社会保险的保险项目和参保人群不断增加；保障水平从低到高不断提升，最低工资、城镇就业人员平均工资不断提高（见表3.4—表3.9），这充分体现了以人民为中心的法治理念，切实贯彻落实了《宪法》关于"国家尊重和保障人权"的基本原则。

<h3 style="text-align:center">表3.4　北京市最低工资增长情况</h3>

	北京职工最低工资标准（元／月）	小时最低工资（元）
1994	210	1.1
1995	240	1.4
1996	270	1.6
1997	290	1.7
1998	310	1.8
1999	400	2.3
2000	412	2.46
2001	435	2.6
2002	465	2.78
2003	465	2.78
2004	545	3.26
2005	580	3.47
2006	640	3.82
2007	730	4.36
2008	800	4.6
2009	800	4.6
2010	960	5.5
2011	1160	6.7
2012	1260	7.2
2013	1400	8.05
2014	1560	8.97
2015	1720	9.89
2016	1890	10.86
2017	2000	11.49
2018	2120	12.18
2019	2200	12.64

表 3.5　城镇就业人员平均工资统计表

	城镇单位就业人员平均工资（元）	城镇单位就业人员平均工资增长率
1952	445	
1953	495	11.20%
1954	517	4.40%
1955	527	1.90%
1956	601	14.00%
1957	624	3.80%
1958	536	−14.10%
1959	512	−4.50%
1960	511	−0.20%
1961	510	−0.20%
1962	551	8.00%
1963	576	4.50%
1964	586	1.70%
1965	590	0.70%
1966	583	−1.20%
1967	587	0.70%
1968	577	−1.70%
1969	575	−0.30%
1970	561	−2.40%
1971	560	−0.20%
1972	588	5.00%
1973	587	−0.20%
1974	584	−0.50%
1975	580	−0.70%
1976	575	−0.90%
1977	576	0.20%
1978	615	6.80%
1979	668	8.60%
1980	762	14.10%
1981	772	1.30%
1982	798	3.40%
1983	826	3.50%

	城镇单位就业人员平均工资（元）	城镇单位就业人员平均工资增长率
1984	974	17.90%
1985	1148	17.90%
1986	1329	15.80%
1987	1459	9.80%
1988	1747	19.70%
1989	1935	10.80%
1990	2140	10.60%
1991	2340	9.30%
1992	2711	15.90%
1993	3371	24.30%
1994	4538	34.60%
1995	5348	18.87%
1996	5980	11.82%
1997	6444	7.76%
1998	7446	15.55%
1999	8319	11.72%
2000	9333	12.19%
2001	10834	16.08%
2002	12373	14.21%
2003	13969	12.90%
2004	15920	13.97%
2005	18200	14.32%
2006	20856	14.59%
2007	24721	18.50%
2008	28898	16.90%
2009	32244	11.58%
2010	36539	13.32%
2011	41799	14.40%
2012	46769	11.89%
2013	51483	10.10%
2014	56360	9.50%
2015	62029	10.06%
2016	67569	8.93%
2017	74318	9.99%

表 3.6　社会保险参保情况统计表

	养老保险	失业保险			医疗保险			工伤保险		生育保险
	年末参加基本养老保险人数（万人）	失业保险年末参保人数（万人）	全年发放失业保险金人数（万人）	全年发放失业保险金（亿元）	基本医疗保险年末参保人数（万人）	职工基本医疗保险年末参保（万人）	城乡居民基本医疗保险年末参保（万人）	工伤保险年末参保人数（万人）	年末享受工伤待遇的人数（万人）	生育保险年末参保人数（万人）
1994	10573.5	7967.8	196.5	5.1	400.3	401.3		1822.1	5.8	915.9
1995	10979	8237.7	261.3	8.2	745.9	746.9		2614.8	7.1	1500.2
1996	11116.7	8333.1	330.8	13.9	855.7	856.7		3102.6	10.1	2015.6
1997	11203.9	7961.4	319	18.7	1762	1763		3507.8	12.5	2485.9
1998	11203.1	7927.9	158.1	20.4	1877.6	1878.6		3781.3	15.3	2776.7
1999	12485.4	9852	271.4	31.9	2065.3	2066.3		3912.3	15.1	2929.8
2000	13617.4	10408.4	329.7	56.2	3786.9	3787.9		4350.3	18.8	3001.6
2001	14182.5	10354.6	468.5	83.3	7285.9	7286.9		4345.3	18.7	3455.1
2002	14736.6	10181.6	657	116.8	9401.2	9402.2		4405.6	26.5	3488.2
2003	15506.7	10372.9	741.6	133.4	10901.7	10902.7		4574.8	32.9	3655.4
2004	16352.9	10583.9	753.5	137.5	12403.6	12404.6		6845.2	51.9	4383.8
2005	17487.9	10647.7	677.8	132.4	13782.9	13783.9		8478	65.1	5408.5
2006	18766.3	11186.6	598.1	125.8	15731.8	15732.8		10268.5	77.8	6458.9
2007	20136.9	11644.6	538.5	129.4	22311.1	18020	4291.1	12173.3	96	7775.3
2008	21891.1	12399.8	516.7	139.5	31821.6	19995.6	11826	13787.2	117.8	9254.1
2009	23549.9	12715.5	483.9	145.8	40147	21937.4	18209.6	14895.5	129.6	10875.7
2010	35984.1	13375.6	431.6	140.4	43262.9	23734.7	19528.2	16160.7	147.5	12335.9
2011	61573.3	14317.1	394.4	159.9	47343.2	25227.1	22116.1	17695.9	163	13892
2012	78796.3	152244.7	390.1	181.3	53641.3	26485.6	27155.7	19010.1	190.5	15428.7
2013	81968.4	16416.8	416.7	203.2	57072.6	27443.1	29629.5	19917.2	195.2	16392
2014	84231.9	17042.6	422	233.3	59746.9	28296	31450.9	20639.2	198.2	17038.7
2015	85833.4	17326	456.8	269.8	66581.6	28893.1	37688.5	21432.5	201.9	17771
2016	88776.8	18088.8	483.9	309.4	74391.6	29531.5	44860.1	21889.3	196	18451
2017	91548.3	18784.2	458.1	318.2	117681.4	30322.7	87358.7	22723.7	192.8	19300.2

表 3.7 劳动争议案件处理情况统计表

	当前案件受理数（件）	结案数（件）
1996	48121	46543
1997	71524	70792
1998	93649	92288
1999	120191	121289
2000	135206	130688
2001	154621	150279
2002	184116	178744
2003	226391	223503
2004	260471	258678
2005	313773	306027
2006	317162	310780
2007	350182	340030
2008	693465	622719
2009	684379	689714
2010	600865	634041
2011	589244	592823
2012	641202	643292
2013	665760	669062
2014	715163	711044
2015	813859	812461
2016	828410	827717
2017	785323	790448

表 3.8 集体合同签订情况统计表

	全国签订集体合同数量（万个）
2005	64.7
2006	75.4
2007	86.2
2008	97.5
2009	110.7
2010	124.7
2011	140.7
2012	179.3

续表

	全国签订集体合同数量（万个）
2013	224.5
2014	155.5
2015	170
2016	176
2017	191

表 3.9　北京市基本养老金增加情况

	北京基本养老金平均增加水平（元／月）
1997	55
1998	50
1999	40
2000	45
2001	53
2002	73
2003	66
2004	70
2005	131
2006	129
2007	162
2008	253
2009	202
2010	226
2011	222
2012	233
2013	260
2014	277
2015	305
2016	218
2017	197
2018	210
2019	220

（二）我国社会立法的问题

由于我国社会法的立法周期较为漫长、立法技术较为复杂、涉及的社会利益较为多元，以及与社会经济发展密切相关，因此，我国社会法体系仍然有待进一步完善。

第一，社会立法的法律体系的完备性仍然有待强化。

一是从立法覆盖的内容来看，仍然存在疏漏。如在社会保障领域，目前我国对于社会补偿的立法较为欠缺，除了军人优待抚恤的相关立法外，对于重大刑事案件的被害人补偿、疫苗风险的受害人补偿等立法相对不足。尽管 2009 年，中央政法委员会联合其他六部委发布了《关于开展刑事被害人救助工作的若干意见》（法发〔2009〕10 号），截至 2012 年 9 月，全国已有 20 个省、自治区、直辖市和 130 余个地、市出台了具体实施刑事被害人救助的专门文件。其中，宁夏回族自治区制定了地方性法规《宁夏回族自治区刑事被害人困难救助条例》，无锡市人大常委会制定了地方性法规《无锡市刑事被害人特困救助条例》，但整体上仍有待完善。

二是在立法体系方面，社会法以地方立法等低位阶立法甚至规范性文件为主，而法律相对较少。社会法涉及社会大众的利益，并且涉及的利益较为多元。在立法过程中，难以达成一致，使得全国统一立法面临较大分歧，一般都由部门立法或地方立法予以先行先试，因此，从数量来看，社会立法体系中，以部门规章、地方性法规、地方政府规章等低位阶立法，甚至是地方政府及其部门颁布的红头文件为主，而法律则相对较少。由此导致立法资源相对稀缺、立法稳定性、权威性相对更高的法律在社会治理过程中并未发挥其应有的作用。据学者统计，1994 年《劳动法》颁布后至 2014 年间，全国人大共颁布关于劳动者保护的法律 12 部，而相关的地方性法规和地方政府规章却高达 703 部。①

笔者在"北大法宝"法律法规数据库标题检索发现中央立法与地方立法的

---

① 参见胡大武：《劳动法的"死亡"》，《广东社会科学》2015 年第 6 期。

数量相差悬殊，如社会救助立法，其中中央法规 33 部，地方法规 1077 部；养老保险立法，中央法规 636 部，地方法规 4931 部；医疗保险立法，中央法规 144 部，地方法规 7211 部；生育保险立法，中央法规 22 部，地方法规 956 部；工伤保险立法，中央法规 90 部，地方法规 1812 部；失业保险立法，中央法规 78 部，地方法规 1183 部。① 由于城乡和地区差异，需要通过地方立法来实施社会保障制度，有专家认为，畸形的地方立法"繁荣"，可以从中看出国家在社会保障立法方面的严重缺乏，"地方立法畸形'繁荣'"，"表明了国家对社会保障立法的严重不足"。②

第二，社会立法的程序仍可更加完善。

一是完全按照部门立法模式，导致立法欠缺统筹和中立。受制于行政管理体制，采取按照专业划分部门的方式，导致同一业务领域，牵涉中央和地方以及多个部委，必然涉及权力的分配、义务和责任分担以及制度的衔接问题。采取部门立法的模式，必然导致负责的部门利用起草法律的便利，将部门利益写入法律条文中，使得法律的内容缺乏统筹，并且欠缺中立性。

二是社会立法欠缺立法理由的说明。社会法在法律适用过程中经常面临理解的分歧，即对于立法目的和法律条文的理解欠缺立法说理，因此，影响社会公众以及相关执法和司法部门对法律理解的偏差。尽管在立法过程中，基于民主立法的原则，对法律草案都采取公开征求意见的方式，但对于不同意见、建议的选择未做整体的回应和说明，对于立法最终的选择未做理由说明。

第三，社会法律体系内部冲突仍然存在。由于立法权限划分不明确，对地方立法缺乏控制，导致在地方性规范文件为主的法律体系中，不同层级的立法

---

① 该数据库中央法规和地方法规的划分与《立法法》关于中央立法与地方立法的规定并不完全一致，其中，中央法规除了包括《立法法》规定的中央立法——法律、行政法规、部门规章之外，还包括司法解释、军事法规规章、党内法规、团体规定、行业规定；而地方法规除了包括《立法法》规定的地方立法——地方性法规、地方政府规章外，还包括地方规范性文件、工作文件、行政许可批复等。从规范的时效来看，该数据包括了已失效法规。

② 樊启荣、王全兴、黎栋：《中国社会保障立法的发展趋向与宏观构思》，《法商研究》1999 年第 3 期。

和规范性文件之间存在冲突，存在下位法违反上位法和不享有立法权的机关"立法"的现象。

一是《劳动合同法实施条例》《劳务派遣暂行规定》等相关法律在劳动合同法颁布之后又先后颁布，而地方各级法院和仲裁委员会颁布了大量的"文件"来指导《劳动合同法》的适用，但地方各级法院和劳动争议仲裁委员会并不享有相应的"立法"权限，而且它们颁布的这些"文件"在部分问题上不仅相互之间观点不一致，而且与《劳动合同法》《劳动合同法实施条例》的规定也存在冲突，如二者关于劳动合同终止问题的规定就存在冲突。《劳动合同法》第四十四条规定，劳动者开始依法享受基本养老保险待遇的，劳动合同终止。《劳动合同法实施条例》第二十一条规定，劳动者达到法定退休年龄的，劳动合同终止。根据《社会保险法》的规定，享有基本养老保险待遇的条件包括两个：(1) 达到法定退休年龄；(2) 依法缴纳社会保险费满 15 年，因此，仅仅满足第 (1) 个条件达到法定退休年龄的，并不必然能享有基本养老保险待遇。

二是关于标准工时的规定存在冲突。《劳动法》第三十六条规定，国家实行劳动者每日工作时间不超过 8 小时、平均每周工作时间不超过 44 小时的工时制度。然而，1995 年，国务院《关于修改〈国务院关于职工工作时间的规定〉的决定》第三条规定，职工每日工作 8 小时、每周工作 40 小时。行政法规的规定与法律规定不一致，导致目前实践中对于我国标准工时中每周工作时间的最高限制存在分歧。

三是关于社会保险的规定存在冲突。如国务院办公厅《关于全面实施城乡居民大病保险的意见》(国办发 [2015] 57 号) 关于从城乡居民基本医保基金中划出一定比例或额度给商业保险机构作为大病保险资金的规定，与《社会保险法》第六十四条关于社保基金专款专用的规定，以及第六十九条社保基金投资运营禁止性规定。各地根据人力资源社会保障部办公厅发布了《关于开展长期护理保险制度试点的指导意见》(人社厅发 [2016] 80 号) 进行长期护理保险的试点，如山东省人民政府办公厅《关于试行职工长期护理保险制度的意见》(鲁政办字 [2017] 63 号) 规定的筹资渠道为："职工长期护理保险资金通过职工医保统筹基金、单位补充医保资金、个人缴费及财政补助、福彩公益金等渠道解决。其中，个人缴费不低于筹资总额的30%，个人缴费可从职工个人医保账户代扣。"该规定也违反《社会保险法》关于社保基金专款专用以及投资运行的禁止性规定，如果筹资总额30%的个人缴费由参保人自己缴纳，则违反《立法法》第八条关于税收基本制度属于法律保留事项的规定。

第四，社会立法技术的科学性方面仍有待提升。

一是部分社会立法以原则性规定为主，缺乏操作性，立法冲突与立法空白并存。社会立法中大量存在原则性规定和授权性规定，欠缺操作性，难以为行政机关、司法机关以及社会大众提供确切的指引，低位阶的立法和规范性文件对上述法律予以具体化，由此导致不同地方和部门对于法律理解存在差异，导致"同案不同判"的情形存在，如目前对于超过退休年龄仍然就业的人员与单位之间的法律关系的性质，以及他们的权利救济方式存在多种不同的裁判口径，影响了法律的权威性和司法的公正性。

二是在法律语言和法律规范方面，部分社会立法重宣示性效果，轻法律效果，难以适用于司法裁判。社会法与广大人民群众福祉息息相关，为人民生活和司法裁判提供指引，切实对人民社会权利的落实起到重要作用，但是，部分社会立法却注重宣示性，而忽视其实效性，司法裁判没有或者很少引用相应的法律，相关的法律或者其中的部分条文成为"僵尸立法"。笔者通过中国裁判文书网公开的近6000万篇裁判文书中检索发现，2012年通过的《精神卫生法》、2016年通过的《境外非政府组织境内活动管理法》、2017年通过的《公共图书馆法》被裁判文书引用率为0，而1993年通过的《红十字会法》、2017年通过的《慈善法》也仅分别被引用5次和3次。此外，即使部分社会法在司法裁判中被引用的次数较多，但其中多数条文因为模糊或者义务责任不明确而不具有可适用性，如《老年人权益保障法》《妇女权益保障法》等法律中大量条文难以适用于司法裁判，而未被裁判文书引用。

三是从立法时效方面，部分社会立法及修法对社会经济发展变化的反应和调整存在时滞。社会立法制定的内容应当和社会经济发展情况与待遇水平及时同步，一方面，伴随社会经济发展，出现的新社会问题和趋势应当在社会立法中有所反应；另一方面，随着社会经济发展水平的提升，民众对保障水平的要求和期待也随之增长，因此，社会立法及修法对时效的要求更高。然而，目前部分社会立法及修法却滞后于社会经济的发展，一是部分法律制定较早，未予以修订。如《劳动法》1994 年颁布至今已 24 年，其中大量的条文与其他法律、法规不一致，且落后于劳动关系调整的实践。二是部分法律缺乏前瞻性对于当前社会的发展变化并未进行及时的反应，如 2010 年《社会保险法》通过之时，我国已经进入老龄化社会，然而，《社会保险法》对长期照护保险却未规定。此外，2012 年修订《未成年人保护法》时，对近年未成年人早熟，以及由此呈现出的犯罪低龄化现象未予以重视。据研究报告资料显示，从 20 世纪 90 年代开始，较之 70 年代，青少年的初始犯罪年龄提早了 2—3 岁。但修法只强调权利保障，而缺乏对未成年人的责任规定，导致校园霸凌事件不断出现，而对实施违法行为的低龄未成年人的法律惩处面临困境。三是对于社会发展所呈现的新趋势，存在立法空白。如随着新经济的发展，我国涌现出许多新的用工形式，如互联网平台用工、外包用工等，对于这些从业人员的权利保障目前缺乏明确的法律规定。

第五，社会立法的法律效果方面仍有待优化。

社会立法是强化对弱势群体的权益保障，一方面，涉及其他主体的给付义务或国家的给付义务；另一方面，则可能会涉及增加受保护群体自身负担的可能性，在相关社会立法过程中，容易引发社会争议，难以凝聚社会共识，如《劳动合同法》从制定之初，就面临较大的争议，尽管 2013 年曾经对该法进行局部的修改，但是直至今日，社会各界对其仍然存在较大分歧，修法之声不绝于耳；此外，对于社会保险制度的强制性，目前仍然面临较大的争议，诸多用人单位和参保人基于短期利益的考量，采取约定等方式不缴或者少缴社会保险费，因此，社会立法的过程中，应该从立法程序、法律内容的选择以及立法后的宣传等多方面予以完善，以提高社会对其认同。

第三节　社会法的未来展望

一、社会法未来发展面临的挑战

随着社会经济的发展，社会法也面临经济、技术以及人口等多方面的挑战：

首先是经济全球化。经济全球化让产品竞争没有国界，在世界范围内展开。一方面，因为发展中国家的劳工标准低于发达国家，所以，为了避免倾销，发达国家会采取一系列贸易政策，比如：贸易一体化强制发展中国家提高劳动保护标准。另一方面，各国从本国经济出发，为了吸引更多外商投资会降低劳工标准，最后会导致例如使用童工、职业保障薄弱等伤害劳工权益问题产生。

其次是信息技术的普及。毋庸置疑，信息技术是第三次科技革命，一方面，促使各国的劳动生产率都有极大提高，经济结构也跟随着发生变化，自然劳动力结构也发生相应的改变；另一方面，信息技术改变了就业方式和劳动方式，人们开始打破办公场所的限制，工作方式变得多元化起来。尤其是近几年互联网的高速发展让劳动关系领域也出现了新元素，"平台用工"就是其中之一。据国家信息中心分享经济研究中心、中国互联网协会分享经济工作委员会联合发布的《中国共享经济发展年度报告2019》提出，2018年共享经济市场交易额为29420亿元，比上年增长41.6%；平台员工数为598万，比上年增长7.5%；共享经济参与者人数约7.6亿人，其中提供服务者人数约7500万人，同比增长7.1%。①

---

① 参见国家信息中心分享经济研究中心：《中国共享经济发展年度报告2019》，国家信息中心网站，http://www.sic.gov.cn/News/79/9907.htm。

再者就是人口老龄化。人口老龄化直接加重我国的社会保障负担。我国1978 年离退休职工支出为 17.3 亿元，1990 年上升到 388.9 亿元，2018 年全年基本养老保险基金支出 47550 亿元；基本医保基金总支出从 1990 年的 76.2 亿元增长到 2018 年 17822 亿元。同时人口老龄化使得劳动力市场供不应求，并且拉高了整个社会的劳动人口总抚养比，社会保险缴费群体人数不断下降，需要供养的人数不断上升。另外，延迟退休年龄让许多高龄劳动者仍然奋斗在一线劳动力市场，保障这部分人群的就业稳定，维持就业能力，确保就业权利平等就成为接下来需要解决的重要问题。

二、我国社会立法的未来展望

社会建设是我国"五位一体"总体布局的重要组成部分，社会法是推进社会建设的重要制度依据，建议从以下方面完善社会法。

(一) 加强立法，弥补社会立法的空白，完善社会立法的体系

随着社会经济的发展，新的社会问题层出不穷，亟待通过立法来予以规范和解决，因此，应该要加强社会立法，以回应社会生活中出现的新问题。第一，对于此前未被重视的新问题，应该及时制定法律。如随着人口老龄化的加剧，丧失日常生活能力的老年人的规模不断扩大，他们的基本生活照料面临诸多困难，而传统的社会保险却难以覆盖，因此，建议加快制定《长期照护保险法》。根据党的十九大报告关于"提高保障和改善民生水平，加强和创新社会治理"的表述，结合我国目前社会经济发展的现状，笔者以为，我国应该在未来 5—10 年的时间内进行以下社会立法：

一是在教育领域，应该进行的立法活动包括：(1) 修改《义务教育法》《教育法》《高等教育法》《教师法》。其中，《义务教育法》应该由目前的九年义务制教育，逐步过渡到 12 年制义务教育，以"普及高中阶段教育"，"使绝大多数城乡新增劳动力接受高中阶段教育、更多接受高等教育"。《教育法》的修改

应该要突出强调教育公平；《高等教育法》的修改应该突出人才培养的中心地位，强化人才培养质量以及加快一流大学和一流学科建设为目标。《教师法》修改应该强化师德师风建设。

（2）制定《特殊教育法》。以推进特殊教育事业，保障特殊群体的受教育权利，使得他们能够获得基本的教育。

（3）制定《学前教育法》。随着人口老龄化，年轻人抚养教育子女的负担成为阻碍年轻人生育的重要因素，因此，国家应该要通过教育福利制度，减轻年轻人的抚养教育子女的负担，同时为祖国的花朵提供高质量的学前教育。

二是在劳动关系领域，应该进行以下立法活动：（1）修改《职业教育法》。2017年，中共中央、国务院发布了《新时期产业工人队伍建设改革方案》，我国应该要根据产业结构转型升级的需要，推动职业教育的改革，提升职业教育人才培养质量，为国家培养产业技术的人才队伍。

（2）制定《人力资源开发法》。人才是第一生产力，国家应该要通过体系化的制度来推动人力资源的开发，尤其是在我国劳动力人口结构发生改变的背景下，提高人才质量成为国家竞争的关键。

（3）制定《集体合同法》。《劳动合同法》中对集体合同做了简短规定，但存在诸多不足，导致集体合同没有充分发挥劳动关系协调的作用，影响和谐劳动关系的构建。

（4）制定《劳动基准法》。对较为陈旧的劳动基准体系进行梳理，对已经不适合现今社会的相关制度予以废止；对部分制度则统一标准；对部分制度则要提高标准。

（5）制定《公共就业服务法》，大力推进公共就业服务，提高就业数量和质量。

（6）制定《高龄劳动者职业促进法》。

（7）制定《灵活就业人员权益保障法》。

（8）修改《劳动法》《劳动合同法》《劳动争议调解仲裁法》。

三是在社会保障领域，进行以下立法：（1）制定《社会救助法》；（2）制定

《基本养老保险法》《基本医疗保险法》；（3）制定《退役军人保障法》；（4）制定《重大刑事案件受害人补偿法》；（5）制定《基本医疗卫生与健康促进法》；（6）制定《护理保险法》；（7）修改《未成年人保护法》和《预防未成年人犯罪法》。

第二，对此前由低位阶立法予以调整的不突出、不严重的社会问题，随着该问题重要性的提升，应该及时提升立法位阶，制定相应的法律。如随着集体劳动争议数量的增长，集体协商和集体合同在劳动关系协调中的作用日益重要，而目前的《集体合同规定》并未发挥其应有的作用，因此，建议提升集体合同立法的位阶，制定《集体合同法》。

第三，对此前"分散立法"，由多部低位阶立法分别调整的社会问题，应根据需要进行整合和统一，制定统一的法律。如关于退伍军人保障的问题，此前由《退役士兵安置条例》《军人抚恤优待条例》等分别规定，立法分散、位阶偏低，应该制定统一的《退伍军人保障法》，对退伍军人的权利保障进行统一的制度安排。

（二）优化社会立法技术，适时修法、突出实效

第一，及时修法以适应社会经济发展的需求。社会法与社会经济发展紧密相连，因此，社会法需要适时修法更新，以满足社会经济发展的需求。一方面，社会关系作为法律的调整对象，其发展变化，法律也应该及时予以回应；另一方面，随着社会经济发展水平的提高，立法技术、法律实施的工具等都将随之更新，法律应该将新理念、新技术和新工具纳入其中，以提高其适用的效应。因此，为了确保社会法的现实适应性，相关立法机关应该建立以下两种机制：（1）定期修法机制。即立法机关定期对社会立法进行监督检查，根据监督检查的结果启动相应修法。（2）不定期的随时修法机制。即完全根据社会现实的需求启动随时的修法，而不受修法次数等限制。

第二，突出实效，切实增强社会法的可适用性。社会立法应该立足问题、突出实践、强化操作，尽量避免"好看不好用"的情况。一是在法律规范的构

成方面，应该注重法律规范要素的完整性，强化立法对社会大众行为和司法裁判的指引。二是在法律规范的配置方面，应该注重完整性，避免有义务没责任、有要求没落实的情形出现。三是在立法语言方面，应该注重明确性、具体性，避免模棱两可的情形。四是在强化实效的立法思路方面，应该要关注司法裁判的实践，司法裁判中遇到的法律适用困境以及好的处理经验，及时总结提炼，上升为法律，从而确保"立法源自生活"，具有实效性。

第四节　结　语

党的十九大报告提出，"坚持在发展中保障和改善民生。增进民生福祉是发展的根本目的。必须多谋民生之利、多解民生之忧，在发展中补齐民生短板、促进社会公平正义，在幼有所育、学有所教、劳有所得、病有所医、老有所养、住有所居、弱有所扶上不断取得新进展，深入开展脱贫攻坚，保证全体人民在共建共享发展中有更多获得感，不断促进人的全面发展、全体人民共同富裕。建设平安中国，加强和创新社会治理，维护社会和谐稳定，确保国家长治久安、人民安居乐业。"因此，国家推进机构改革，在全国人大常委会中增设社会建设委员会，以适应统筹推进"五位一体"总体布局需要，加强社会建设，创新社会管理，更好保障和改善民生，推进社会领域法律制度建设和完善。

第四章　社会法与其他部门法的关系

　　社会建设的推进，主要依靠社会领域的立法，尤其是社会法的制度建设。其路径可表述为"社会法→社会建设→保障民生"，换言之：经由社会法的制定和实施和运行，而最终落脚于民生保障的水平提高，提升人民群众的获得感、满意感和幸福感。

　　社会法的内容具有综合性与复杂性，与宪法、民商法、诉讼法等法律部门有着密切关联。理论界关于社会法的观点芜杂、争议多发，其重要原因在于社会法与相关法律部门的边界模糊、关系不清。在总论层面讨论社会法，尤其领域边界、调整方式，必须注意社会法与其他部门法的关系。这也是《社会救助法》的制定，乃至从长远看《社会法典》的编纂，所必须正视的议题。

　　社会法作为一种法律现象，在1949年之前的中国有初步研究。但出于种种原因，之后一度断层。其再次的提出和兴起，有据可查的是中国社会科学院法学研究所于1993年发表的《建立社会主义市场经济法律体系的理论思考和对策建议》，该报告认为中国社会主义市场经济法律体系主要由民商法、经济法和社会法三大部分组成。由此，社会法作为一门学科逐步进入研究视域，并引起越来越多重视。1999年，全国人大常委会成立"有中国特色社会主义法律体系专题研究小组"，提出"我国的法律体系划分为七个法律部门比较合适。即宪法及宪法相关法、民法商法、行政法、经济法、社会法、刑法、诉讼与非诉程序法"。全国人大将社会法定位于与民商法、行政法、经济法、刑法、诉讼法等并列的七大法律部门之一。《中国特色社会主义法律体系》白皮书将社会法界定为"调整劳动关系、社会保障、社会福利和特殊群体权益保障的法律规范"。

社会法作为国家干预社会生活过程中逐渐发展起来的一个法律门类，所调整的是政府与社会之间、社会不同部分之间的法律关系。在宏观上，一般认为，社会法既不同于公共利益本位的行政法，也不同于侧重个体本位的民商法。另外，社会法与行政法、民商法，以及经济法，也均存在一定交叉。社会法的法律理念、调整方式、侧重点，既有共通之处也有其个性特色。"不识庐山真面目，只缘身在此山中"。因此，对社会法疆界属性的研讨，既要关注其内部联系，也要关注其外部关联。研讨社会法与相关法律部门的关系，对于社会法的合理定位，厘清社会法的调整对象、调整方式，明确社会法的内涵、外延和边界，都具有重要意义。

第一节　社会法与宪法

宪法作为国家根本大法，具有最高法律效力。从世界各国看，社会法起步伊始，以宪法作为其基石、后盾；社会法的兴起、发展和完善，与宪法规范具有密切关联。宪法上关于社会权利、社会国家、社会保障的规范，构成社会法立法、运行和司法裁判的重要渊源。从世界各国看，宪法规定社会法相关权利、制度的，较为常见。据统计，在142部成文宪法中，规定受教育权的有73部，占51.4%；规定劳动权的有78部，占55%；规定社会保险和社会救助的有95部，占66.9%。[1]

---

[1]　参见莫纪宏：《论对社会权的宪法保护》，《河南省政法管理干部学院学报》2008年第3期。

德国社会法与其基本法具有深刻关联。1919 年魏玛宪法，提出"社会国家"的范畴。由此，社会权作为一项独立的基本权利，与人身权、平等权置于同等位置。发展至今，社会法的主要理念是落实基本法关于人格尊严的生存保障、社会法治国原则和各项社会基本权利。可以说，基本法上所树立的生存权保障原则、社会国家原则，是德国社会法诸项法律制度的基石所在。

法国 1793 年宪法以 3 个条款，规定了公共救助、教育和社会保障，规定了"公共救济是神圣的债务"。1982 年的《葡萄牙共和国宪法》专节规定"社会方面的权利与义务"，内容涉及社会保障权、健康保护权、住宅权、生活环境权，以及未成年人、残疾人、老年人等群体的权利。瑞士 1848 年宪法第 2 条规定了"提升公共福祉"，作为联邦的目标；瑞士的 2000 年宪法，更是明确规定了可以直接适用并据以请求给付的社会基本权利，规定了急难扶助、国民教育、儿童与少年扶助促进等条款。1995 年，瑞士联邦宪法法院在判决中认为，生存安全是每个人所应享受的基本人权。南非 1996 年宪法也明确了福利国家的方向，规定了健康保险、食物、医疗、住房、教育等社会保障权利。

在德国、瑞士等国，学术界还有"社会宪法"的提法，指调节社会生活、规定社会权利为基本权利的宪法；或者与社会政策、社会法直接或间接相关的宪法上的形式或实质性规定。由此，社会法被视为宪法中社会权条款的具体化。从发展阶段看，社会权利经历从政治层面到宪法层面，再到社会法律法规具体规定层面的发展历程，最终落实为社会成员现实享受的法定权利。

在我国，宪法更是构成社会法的基石。其典型如，《宪法》规定公民获取物质帮助的权利（第 45 条第 1 款）、军人保障制度（第 45 条第 2 款）、残疾保障（第 45 条第 3 款）等。①《宪法》第 14 条第 4 款规定："国家建立健全

---

① 《宪法》第 45 条：中华人民共和国公民在年老、疾病或者丧失劳动能力的情况下，有从国家和社会获得物质帮助的权利。国家发展为公民享受这些权利所需的社会保险、社会救济和医疗卫生事业。
国家和社会保障残废军人的生活，抚恤烈士家属，优待军人家属。
国家和社会帮助安排盲、聋、哑和其他有残疾的公民的劳动、生活和教育。

同经济发展水平相适应的社会保障制度。"《宪法》上的社会保障条款，为社会保障法律制度的建立完善，提供直接宪法依据。宪法上的社会权利，更是为社会法建构提供权利基础。包括劳动权①、休息权②、退休保障③，受教育的权利④ 等。

第二节　社会法与民商法

社会法与民商法，存在较大关联、较多协同，适用上也有交叉、竞合。其关联和差异，需深入剖析。

一、社会法与民商法的关联

社会法在起步时，与民商法具有密切关联。民商法属于典型的私法，传统民商法以调整"平等主体"之间的横向财产关系和人身关系为重点，较为完整地体现了"私法自治"的原则理念。

主体上的关联和重合。社会组织立法与民事主体立法，具有一些重合。事实上，《慈善法》关于慈善组织的立法，与当下正在推进的社会组织立法，以及已付诸实施的《民法总则》中关于"非营利法人"的规范，其纠缠、交叉、分割，构成困扰各方的问题。侵权责任赔偿与工伤赔偿的竞合关系，成为困扰许多国家的法制难题。

---

① 《宪法》第42条第1款：中华人民共和国公民有劳动的权利和义务。
② 《宪法》第43条：中华人民共和国劳动者有休息的权利。
　　国家发展劳动者休息和休养的设施，规定职工的工作时间和休假制度。
③ 《宪法》第44条：国家依照法律规定实行企业事业组织的职工和国家机关工作人员的退休制度。退休人员的生活受到国家和社会的保障。
④ 《宪法》第46条第1款：中华人民共和国公民有受教育的权利和义务。

社会法与民事侵权责任赔偿的竞合。从历史发展上，社会法与民商法经历了从一体到逐步剥离的过程。比如，18 世纪的普鲁士民法典中有着关于国家"向无法养活自己的国民提供救济与帮助职责""必须防止其国民陷入窘境"等规定。1986 年《民法通则》颁布，明确民法调整平等主体之间的财产关系和人身关系。比如，劳动合同法，一度被认为属于民商法规范。在民法典编纂的背景下，中国社会法面临新的挑战和机遇。有的学者认为，应当以社会法特有的规范、机制来调整不平等的劳动关系，以民法典调整雇佣关系。比如，工伤保险法律制度的完善，使得侵权责任法在职业伤害中的功能下降。

社会法与家庭法的关联。家庭法是民法的基本组成部分，随着社会法的发达，家庭法的定位有所变迁，家庭的生存保障功能有所弱化。在内容上，社会法上的《老年人权益保障法》《未成年人保护法》等及相关法律法规，也与家庭法有较多重叠之处。比如，《老年人权益保障法》第二章关于"家庭赡养与抚养"的专章规定，与家庭法上的相关要求不无重合；《未成年人保护法》第二章"家庭保护"的专章规定，也同样与家庭法有较多重合。社会保险法律制度，同样与家庭法具有密切关联。夫妻关系存续期间一方的社会保险待遇，比如养老金等，应属于夫妻共同财产。

二、社会法与民商法的差异

社会法与民法的关联，仍有诸多不确定因素。两者在法律特征、性格上的差别，也值得关注。作为公法性与私法性融合的法，社会法的公法性较强，而私法性相对较弱。

民商法的稳定性相对强而社会法的灵活性更突出。民法历史悠久，调整对象、调整方式均具有较强的稳定性，且各国民法中不乏大量共通的理念、原则和规范。而社会法产生较晚，且具有较强的社会问题导向而凸显国家干预，与国家政策密切相关，各国社会法的范围疆界、调整方式存在较大差别。

民商法以意思自治为主而社会法带有浓厚的强制性。民商法强调各方主体之间法律地位的平等性，而社会法则更多考虑法律主体之间的实力差距，而有意识进行制度设计，可供当事人意思自治、自由选择的空间极为有限。以社会保险法为例，社会保险的保障对象、保障标准均带有强烈的强制性色彩。

民商法主张私权平等而社会法以生存权保障为基础。民法以法律主体的平等性作为存在前提。正如《民法总则》第2条所彰显的："民法调整平等主体的自然人、法人和非法人组织之间的人身关系和财产关系。"《民法总则》第4条明确："民事主体在民事活动中的法律地位一律平等。"民商法作为典型的私法，多关乎私人利益而较少涉及公共利益，权利本位是核心概念。社会法则承认各法律主体间事实上的不平等地位，以追求公平、平等的价值理念为目标，构建社会法的范畴、理念、原则和体系。社会法需要国家积极作为，既关乎私人利益，更多关乎公共利益，通过公权力行使来设置制度安排并强制实施。在权利义务实质不对等的情况下，社会法担当起弱势群体倾斜保护、构建社会安全网的重任。

法律渊源格局有别。民商法，特别是民法，其法律渊源的重心在于法律、行政法规，较低层次的政府规章、规范性文件，一般不能构成民法的主要渊源。事实上，民法中有大量排除性规范。比如，《民法总则》的除外规范，一般表述为"法律另有规定的，依照其规定"，或者"法律、行政法规另有规定的，依照其规定。"《合同法》《物权法》中也有大量此类规范。换言之，效力层次低于行政法规的国务院部门规章、地方性法规、地方政府规章和红头文件，一般不能设定例外性规定。这与社会法的法律渊源，大量依赖法规规章和红头文件，存在较大差别。比如，《社会保险法》中提到"按照国家规定"或类似表述的，有18处之多，这里的国家规定，显然既包括法律、行政法规，也包括部门规章和国务院部门的规范性文件。

法律关系主体的差异。在民商事的法律关系中，法律关系的主体既包括

"自然人"，也包括"法人、其他组织"的拟制人，特别到商法中，公司作为商事主体的核心，具有重要意义。因此，其法律关系既可能发生在自然人与自然人之间，也可能发生在自然人与拟制人之间，还可能发生在拟制人与拟制人之间。但无论如何，民事主体在民事活动中法律地位一律平等。但在社会法中，其调整的社会关系主体一方肯定为自然人，而不可能各方均为拟制人。更进一步的，社会法调整的目标，也是保护自然人主体一方的生存权和发展权。这与民法上"平等保护"的理念存在较大差异。

法律责任不同。违反民法上法律规范的后果，当事人主要承担违约、侵权、不当得利等导致的民事责任。民事责任，系民事活动上违法行为的主要责任形态。[①] 但在社会法领域，相关主体违反社会法的法律规范，其法律责任往往具有综合性，视情况分别承担行政责任、民事责任和刑事责任。这也被一些学者称为社会法的综合治理现象。比如，用人单位欠缴社会保险费时，应承担的法律责任形态就至少包括以下方面：一是劳动者可单方解决劳动合同；二是社会保险费征收机构责令其限期缴纳、加收滞纳金；三是社会保险行政部门的行政处罚，违法行为向社会公布[②] 等；四是其他制裁措施，如工会介入和妇联的介入等。[③]

国家职责定位不同。民商法在实施运行中，国家介入、干涉较少，一般不

---

① 应指出的是，如在违反民事法律规范的同时，也构成行政违法行为乃至犯罪的，也依法承担相应的行政法律责任，乃至刑事法律责任。比如，殴打他人的行为，依照民法，应依照侵犯人身权承担民事赔偿责任，但殴打行为如触犯《治安管理处罚法》的，还应受到行政处罚；后果严重构成犯罪（故意伤害罪）的，还应根据《刑法》受到刑事制裁。

② 依据《劳动保障监察条例》第 22 条，劳动保障行政部门还建立用人单位劳动保障守法诚信档案。如用人单位欠缴社会保险费构成重大违法，劳动保障行政部门有权向社会公布该违法行为。

③ 根据《工会法》第 22 条，企业、事业单位违反劳动法律、法规规定，侵犯职工劳动权益的，工会应当代表职工与企业、事业单位交涉，要求采取措施予以改正；企业、事业单位应当予以研究处理、并向工会作出答复；如拒不改正的，工会可以请求当地人民政府依法作出处理。显然，欠缴社会保险费的行为，侵犯了职工的劳动权益。工会有权依据《工会法》第 22 条采取上述措施。

需要国家财政或社会支持为后盾。而社会法在运行保障体系上，与民商法强调意思自治、自己责任不同，在缺乏特定义务主体，或虽然存在义务主体但无法满足权利人需求时，要求国家、社会承担起最终的保障职责。比如，我国《社会保险法》在多处规定社会保险基金的政府补贴职责；[①] 对于新型农村社会养老保险和城镇居民基本养老保险制度，政府补贴构成制度基本组成部分。[②] 在民商法中，则基本不存在此类条款。显然，在政府职责方面，两者差别显著。

救济方式方面的差别。民事权利受到损害的救济方式，为典型的私法救济模式，以民事诉讼为中心，还可包括仲裁、调解等多元纠纷化解方式，但均在民事争议化解方式范畴之内；社会权利受到损害的救济，则具有二元分割的特征，视侵害对象不同而分别采取民事诉讼、行政诉讼两类方式。另外，由于社会法上的弱者不仅仅具有个体意义，而常常具有群体性和广泛性。相应地，在权利救济与纠纷化解上，群体诉讼、代表诉讼等模式较为常见；与此同时，公益诉讼成为社会法上热点问题。

社会法"侵蚀"乃至替代民商法的趋势。比如，有德国学者认为，"社会法在不同范围内替代了家庭法。子女照料赡养年老或残疾的父母的义务普遍由养老保险体系代替了"[③]。社会法上的保障体系，与婚姻家庭法上的赡养、抚养义务，具有衔接关系。其他国家的实践表明，由于社会法的发达，使得民商法的家庭保障功能，有所弱化。

另外，值得一提的是，社会法上的财产还具有独立性。比如，社会保险基金不得用于民商事案件的执行。2000 年，最高人民法院下发《关于在审理

---

① 参见《社会保险法》第 13 条第 2 款"基本养老保险基金出现支付不足时，政府给予补贴。"以及第 65 条第 2 款："县级以上人民政府在社会保险基金出现支付不足时，给予补贴。"

② 参见《社会保险法》第 20 条第 2 款："新型农村社会养老保险实行个人缴费、集体补助和政府补贴相结合。"以及该法第 25 条第 2 款："城镇居民基本医疗保险实行个人缴费和政府补贴相结合。"

③ ［德］贝尔恩德·巴龙·冯·麦戴尔：《德国社会（保障）法：定义、内容和界定》，见《社会保障研究》第 2 期，中国劳动社会保障出版社 2005 年版，第 90 页。

和执行民事、经济纠纷案件时不得查封、冻结和扣划社会保险基金的通知》（法［2000］19 号）要求，各级人民法院在审理和执行民事、经济纠纷案件时，不得查封、冻结或扣划社会保险基金，不得用社会保险基金偿还社会保险机构及其原下属企业的债务，如有违反上述规定的应当及时依法予以纠正。

第三节　社会法与行政法

社会法与行政法，在定位上、内容上、调整方式等方面，均有密切关联。但深入剖析之下，二者也存在较大差别。

一、社会法与行政法的关联

行政法作为规范公权力行使之法，也为公权力行使提供了支撑，属于现代公法的典型门类。社会法作为公私法融合的法律，与行政法势必存在较多关联。

社会行政法，既是部门行政法的分支，也是社会法的必要且重要的组成部分。行政法有一般行政法（或称为"普通行政法"）与部门行政法（或称为"特别行政法"）的划分。有学者认为，社会行政法，作为部门行政法之一而存在。在德国，主要采用实用主义社会法概念，社会法属于公法范畴，主要属于公法行政领域。在我国台湾地区，有观点认为"社会法为特别行政法，并且主要为隶属于给付行政之领域"。[1] 但在部门行政法的视野之下，只能运用行政法原理、原则和方法解决特定领域的行政权行使问题，而诸多领域更大量的具体问

---

① 　谢荣堂：《社会法治国基础问题与权利救济》，元照出版公司 2008 年版，第 14 页。

题，尤其是技术问题的处置，乃行政法所无法胜任。①

社会法的法律渊源，大量表现为行政立法形态。以社会救助为例，国务院出台的行政法规、民政部等部门出台的部门规章、标准和规范性文件，地方政府出台的相关地方政府规章，构成社会救助实施运行的重要依据。在上位法缺位、滞后等情形下，甚至成为社会法实施的主要依据，主管机关、经办机构往往优先适用。

社会法的经办、运行和监督，端赖于行政法机制和行政程序。其内部审批、报告、批准的规范，作为内部行政程序而存在；其外部申请、核准、发放的程序，则作为外部行政程序，而需要遵循行政法的基本原则、理念和要求。给付行政是社会法运行的重要表现形式。比如，社会救助的申请、审查、支付，对应行政法上的相应行政程序、行政给付、政府信息公开等板块制度。相应地，最低生活保障、临时救助等议题，成为行政法学予以关注和研究的对象。

行政执法构成社会法实施的重要样态。《社会保险法》《社会救助暂行办法》等关于"监督管理"的内容，大量涉及行政执法。劳动监察执法，系劳动法、社会保险法落实的重要机制。行政处罚作为社会法上的重要外部责任形态，得到较为普遍的运用。《社会救助暂行办法》第 68 条规定，骗取社会救助资金、物资或服务的，除停止社会救助、责令退回非法获取的救助资金、物资外，还可处以罚款；如构成违反治安管理行为的，依法给予治安管理处罚。《社会保险法》第 86 条规定，社会保险费不能按时足额缴纳的，社会保险费征收机构责令限期缴纳或者补足，并自欠缴之日起，按日加收万分之五的滞纳金；逾期仍不缴纳的，由有关行政部门处欠缴数额一倍以上三倍以下的罚款。此类行政处罚条款，在社会法中非常常见。公务员处分作为社会法经办机构、主管部门工作人员承担内部责任的重要形态，也同样适用《公务员法》《行政机关公务员处分条例》等公务员管理法律法规的规范。

---

① 参见郑尚元主编：《社会保障法》，高等教育出版社 2019 年版，第 47 页。

二、社会法与行政法的差异

在宏观层面，社会法与行政法存在理念差异、路径差异等；在微观层面，社会法与行政法也存在着调整对象、调整方式等方面的明显差别。突出表现在以下方面：

第一，社会法与行政法调整的社会关系有别。社会法调整因社会保障、社会福利等发生的社会关系，而行政法则主要调整因行政权力行使而产生的法律关系。两者在调整对象上的不同，可谓是本质差别。

第二，社会法与行政法的功能定位不同。社会法偏重以弱势群体保护来实现公平正义，行政法则以规范行政权行使作为自身使命。弱势群体的生存权保护，是社会法的重要组成部分。行政法虽然在行政给付等领域，也会将生存权保护考虑在内，但并非行政法的核心内容。行政法以控制公权力行使为己任，但更强调行政机关在程序、实体、调查等方面遵守法律规范、法律原则。虽然在社会法实施过程中，也有行政权的行使，行政权的规范和控制，也构成社会法实施的重要组成部分。但从目标上看，社会法并非以行政合法性、行政合理性、权责统一等行政法上的基本原则作为核心关键，而是更强调弱势群体保护、社会安全、免除民众后顾之忧作为根本定位。总体上，社会法为国家设定越来越多的积极义务。相应地，社会法有自身独特的理念、宗旨、技术和体系，为行政法所无法容纳。正如德国行政法学者所言："特别行政法中某些领域与普通行政法联系甚微而自成一体（特别是税务行政法与社会保险法）。"①

第三，社会法对行政法的适用具有特殊性。比如，虽然社会保险上的待遇给付，虽然带有"行政给付"的外观，但以强制缴费为基础，就个别参保人而言存在一定交易因素，就全体参保人而言则带有互助共济色彩。再如，社会法上法律责任承担具有特殊性。与传统行政处罚大量依赖罚款不同，社

---

① ［德］G. 平特纳：《德国普通行政法》，朱林译，中国政法大学出版社 1999 年版，第 4 页。

会救助对象、老人、儿童等特殊弱势群体违反有关法律规范时，其处置制裁、法律责任的承担，应与一般公民、法人有所不同，需考虑其特殊性。因此，社会法并非单纯的公法，而同时存在自身独特要素，这与传统行政法有别。正因为此，德国作为社会法的代表国家，其纠纷化解设置独立体系，行政法上的争议由行政法院解决，而社会法上的争议在社会法院中化解。在德国，虽然一般认为社会法属于公法，但司法体制的分离，也从一个侧面表明社会法与行政法的差异。

第四节　社会法与经济法

经济法与社会法的关联，一度是法学界研讨的热点问题。经济法是在经济领域市场失灵的出现和严峻化，国家干预经济而产生的法。社会法与经济法，二者作为当代新兴的法律部门，既存在着一些交叉融合，也有不少共通之处。但就其发展趋势而言，总体上两者渐行渐远。

一、社会法与经济法的关联

从国内研究看，经济法学界表现出对社会法的强烈兴趣。比如，社会法的年会上，经济法背景的学者占有较高比例。在社会保险法、劳动法中的确含有某些带有强烈经济法属性的法律规范。就业促进法、消费者权益保护法等法律，在经济法领域也受到一些学者的关注，兼有经济法、社会法的双重属性。也由此，经济法与社会法的边界区隔，一度相当模糊。

第一，两者均属于公法、私法相互交叉的领域。经济法与社会法，均属于现代法律，兼有公法属性和私法属性，均既包括公法的内容，也包括私法的内容，属于公私法融合性的法律。在宏观上，经济法与社会法，均常常被视为第三法域的范畴。也有学者认为，社会法的外延可定义为除经济法以外所有的具有第三法域属性的法律制度。①

第二，两者宗旨理念相类似。在维护社会整体利益方面，经济法与社会法在宗旨层面有异曲同工之妙。两者均以社会本位为基础，以公共利益为宗旨。比如，社会法、经济法均起着促进就业、稳定社会预期的功能。在肯定社会法的社会功能同时，也应承认社会法具有一定的经济功能。比如，通过失业保险、医疗保险等社会保险法律制度的实施，有利于保护、开发和配置劳动力资源，对于保持和提高消费水平，以及经济的健康可持续发展具有重要意义。与之相对应，经济法的功能体系中，经济功能固然为主但也具有一定社会功能。以财税法为例，其中扶持社会公益事业发展、支持社会保障制度的税收优化政策、财政支出倾斜措施、社会救助的财政保障与分配等，都表现出社会功能的色彩。

第三，两者在调整方法上相通。均与民商法有较大差别而显现出共通之处。均采用多种法律手段相结合的方式，强制性规范均起到重要作用。

第四，两者在法律渊源上具有类似性。两者均包括大量的政策性内容，法律与政策"难分难解"交织在一起。经济法具有较强的政策性和灵活性，社会法也具有同样特征。

第五，在具体内容上关联较多。比如，社会法与经济法中税法的关联。社会法上的费用征收、待遇发放，与税法关系密切。比如，社会救助的待遇发放，一般属于免于征税的收入范畴。社会保险费的征收，一般征收后再计算个人应缴税款。再如，消费者权益保护法，仍具有较强的交叉性。一方面，消费者作为市场经济主体，因此其权益保护法被列入市场秩序法（或被称为市场规制法、市场监管法）的组成部分之中；另一方面，消费者由于作为相对弱势一方，从弱势群体保护出发，消费者权益保护法被列为社会法的规制内容。②

---

① 参见段宏磊：《论中国经济法体系中社会法的抽离》，《北京政法职业学院学报》2013年第3期。
② 参见董保华等：《社会法原论》，中国政法大学出版社2001年版，第186—187页。

在历史变迁上，不少社会法项目一度被认为属于经济法。比如，一些早期的教科书将劳动法纳入经济法体系。①1992 年，党的十四大提出"建立社会主义市场经济体制"目标后，社会保障体系快速发展，鉴于社会保障制度本身采用经济手段调整的特点，大量经济法论著中直接出现了社会保障法的相关内容。到 1997 年，仍有经济法教材将社会保障法作为经济法体系中的重要子部门。②一些知名经济法学者仍认为社会保障法属于经济法体系四大结构之一。③

二、社会法与经济法的差异

应注意到，随着经济社会的不断发展，经济法和社会法沿着各自路径发展而分道扬镳。一些《经济法》教科书的新版本已删除了社会保障法的部分内容。④一个相关例证是，长期以来，在司法考试大纲中，并无社会法的单独门类，其相关内容被列入经济法之中，作为经济法知识点进行考查。2018 年国家统一法律职业资格考试，新增了"劳动与社会保障法"这一学科。由此，在国家统一权威考试中，劳动与社会保障法与经济法已走向分离。⑤总体上，虽然经济法与社会法从外观上看、从宗旨上看、从调整方式上看，有诸多共性，但深究之下，两者依然存在较大差别。

核心调整对象有别。经济法与社会法，在两者各自的疆界边缘，不无交叉重叠。但究其核心，则显然迥异。经济法的调整对象，以商品、价格、资本之间关系为核心；社会法虽然也涉及部分经济领域，但更多以社会关系为重。社

---

① 比如，中南政法学院经济法系《经济法通论》编写组：《经济法通论》，经济科学出版社 1986 年版，第 54—58 页。

② 比如，清华大学经济法教研组主编：《经济法》，清华大学出版社 1997 年版，第 4—6 页。

③ 参见杨紫烜：《国家协调论——关于经济法基础理论的若干问题》，见《经济法研究》（第 1 卷），北京大学出版社 2000 年版，第 1—5 页。

④ 参见杨紫烜主编：《经济法（第三版）》，北京大学出版社 2008 年版，第 74 页。

⑤ 在此次调整中，新增了环境资源法、劳动与社会保障法两个学科，而知识产权法从民法中分离出来单列，法律史则调整为中国法律史。

会法以社会保险、社会救助、社会福利为其核心主体内容，而经济法则以宏观调控法、竞争法、反垄断法等为核心。

调整领域与目标存在差异。经济法偏重于以国家干预克服"市场失灵"，化解市场弊病，偏重经济维度，追求经济的健康可持续运行。在经济法的目标体系中，经济政策目标相对优先，效率考量优位。社会法更关注现代经济社会中出现的社会问题，社会维度、社会性、社会权利，进而促进社会和谐稳定，是社会法领域的重心和研究基础所在。相比之下，社会法注重保障基本人权尤其社会权利，实现社会安全与社会公平，社会政策目标相对优先。① 虽然国内经济法、行政法一度存在诸多交叉，但诸如妇女权益保护法、残疾人保障法等法律法规，由于本身缺乏经济色彩，而又具备极强社会公益因素，因此经济法学界并未将其纳入自身疆界之内，而是逐步成为社会法的必不可分的一部分。②

第五节　社会法与刑法

表面上看，社会法与刑法，可谓泾渭分明。我国刑法上，明确了罪刑法定原则；相应地，狭义的社会法，一般不能设置刑事法律规范。但也应注意到，社会法与刑法，也存在一定关联。一方面，社会法上违法行为情节严重的，应依法追究刑事责任；另一方面，在社会立法上，往往有刑事责任的相应规定。通过刑事责任的设置和刑事制裁的实施，有利于增强社会法的强制性和威慑力，确保相关各方主体尊法守法。

---

① 参见王全兴、管斌：《经济法与社会法关系初探》，《现代法学》2003 年第 2 期。

② 值得关注的现象是，经济法发展至今，其内容有不断精简之势。比如，环境保护法也一度被纳入经济法的范畴，但随着环境法原则、理念、制度、技术的逐步成熟，无法归属于既有的经济法体系，而逐步成为独立学科。应该承认，此类现象并非孤立个案。

社会法上违法行为构成犯罪的，依照《刑法》追究刑事责任。成为包括《社会保险法》《社会救助暂行办法》等法律、法规中均提及的条款。① 司法解释上，也有此类规定。如 2014 年，全国人大常委会发布《关于〈中华人民共和国刑法〉第二百六十六条解释》的公告，明确骗取社会保险金或其他社会保障待遇，属于诈骗公私财物行为。其中，以欺诈、伪造证明材料或者其他手段骗取养老、医疗、工伤、失业、生育等社会保险金或者其他社会保障待遇的行为，符合诈骗罪基本要件，可按刑法第二百六十六条规定的诈骗公私财物行为定罪。但也应注意到，虽然有法律规范作为支撑，但实践中，有关违法行为被追究刑事责

---

① 其典型规定如下：

《社会保险法》第 94 条：违反本法规定，构成犯罪的，依法追究刑事责任。

《劳动合同法》第 95 条：劳动行政部门和其他有关主管部门及其工作人员玩忽职守、不履行法定职责，或者违法行使职权，给劳动者或者用人单位造成损害的，应当承担赔偿责任；对直接负责的主管人员和其他直接责任人员，依法给予行政处分；构成犯罪的，依法追究刑事责任。

《社会救助暂行办法》第 69 条：违反本办法规定，构成犯罪的，依法追究刑事责任。

《残疾人保障法》第 67 条：违反本法规定，侵害残疾人的合法权益，其他法律、法规规定行政处罚的，从其规定；造成财产损失或者其他损害的，依法承担民事责任；构成犯罪的，依法追究刑事责任。

《老年人权益保障法》第 74 条第 2 款：国家工作人员违法失职，致使老年人合法权益受到损害的，由其所在单位或者上级机关责令改正，或者依法给予处分；构成犯罪的，依法追究刑事责任。

第 76 条：干涉老年人婚姻自由，对老年人负有赡养义务、扶养义务而拒绝赡养、扶养，虐待老年人或者对老年人实施家庭暴力的，由有关单位给予批评教育；构成违反治安管理行为的，依法给予治安管理处罚；构成犯罪的，依法追究刑事责任。

第 77 条：家庭成员盗窃、诈骗、抢夺、侵占、勒索、故意损毁老年人财物，构成违反治安管理行为的，依法给予治安管理处罚；构成犯罪的，依法追究刑事责任。

第 78 条：侮辱、诽谤老年人，构成违反治安管理行为的，依法给予治安管理处罚；构成犯罪的，依法追究刑事责任。

第 79 条：养老机构及其工作人员侵害老年人人身和财产权益，或者未按照约定提供服务的，依法承担民事责任；有关主管部门依法给予行政处罚；构成犯罪的，依法追究刑事责任。

第 80 条：对养老机构负有管理和监督职责的部门及其工作人员滥用职权、玩忽职守、徇私舞弊的，对直接负责的主管人员和其他直接责任人员依法给予处分；构成犯罪的，依法追究刑事责任。

第 82 条：涉及老年人的工程不符合国家规定的标准或者无障碍设施所有人、管理人未尽到维护和管理职责的，由有关主管部门责令改正；造成损害的，依法承担民事责任；对有关单位、个人依法给予行政处罚；构成犯罪的，依法追究刑事责任。

任的，并不多见。今后，应注重发挥刑法的惩戒效力和威慑作用，以有效遏制社会法实施中的违法行为。再如，《最高人民检察院关于贪污养老、医疗等社会保险基金能否适用〈最高人民法院　最高人民检察院关于办理贪污贿赂刑事案件适用法律若干问题的解释〉第一条第二款第一项规定的批复》（以下简称"批复"）明确，养老、医疗、工伤、失业、生育等社会保险基金可以认定为《最高人民法院、最高人民检察院关于办理贪污贿赂刑事案件适用法律若干问题的解释》第一条第二款第一项规定的"特定款物"，即贪污社会保险基金属于刑法第三百八十三条第一款规定的"其他较重情节"。又如，《最高人民法院关于审理拒不支付劳动报酬刑事案件适用法律若干问题的解释》（法释〔2013〕3 号）明确，劳动者的工资、奖金、津贴、补贴、延长工作时间的工资报酬及特殊情况下支付的工资等，均属于劳动者的劳动报酬，以转移财产、逃匿等方法逃避支付上述劳动报酬的，数额较大或造成严重后果的，构成《刑法》第 276 条之一的拒不支付劳动报酬犯罪。

未成年人保护等领域，也同样与刑法存在衔接。《未成年人保护法》规定，对未成年人违法犯罪的，应以教育为主、惩罚为辅。[1] 在刑罚上，也应当依法从轻、减轻或免除。[2]

第六节　社会法与诉讼法及非诉讼程序法

西方法谚云："无救济则无权利。"社会法的救济机制，与诉讼法、非诉讼程序法，具有密切关联。社会法的权利救济与争议解决，端赖于诉讼法及非诉

---

[1]　参见《未成年人保护法》第 54 条第 1 款：对违法犯罪的未成年人，实行教育、感化、挽救的方针，坚持以教育为主、惩罚为辅的原则。

[2]　参见《未成年人保护法》第 54 条第 2 款：对违法犯罪的未成年人，应当依法从轻、减轻或者免除处罚。

讼程序法。

在中国社会法制度的实施中，其救济与纠纷化解，被二元分割，分别处于民事诉讼，以及劳动争议调解仲裁机制；行政诉讼，以及行政复议和其他行政争议解决方式。以社会保险为例，基于社会保险法律关系的三方主体基本架构，社会保险争议也往往涉及劳动者、用人单位、经办机构三方主体，社会保险服务机构、行政机关也往往卷入，这使得社会保险争议并非传统的两方主体对抗，而具有多方交织的复合特征。劳动者与用人单位之间的社会保险争议，表现出劳动争议的色彩；劳动者与经办机构、主管部门之间的社会保险争议，则表现出行政缴费、行政给付、行政确认等行政争议的色彩，适用行政诉讼、行政复议及其他行政争议化解机制。比如，根据《社会保险法》第83条第2款，经办机构履行社会保险登记、核定社会保险费、支付社会保险待遇等行为和对应的不作为，可依法申请行政复议或行政诉讼。社会保险服务机构与劳动者之间的争议，则还构成医患纠纷；社会保险服务机构与经办机构、社会保险主管部门之间的争议，则往往基于服务协议而显露出行政协议争议的特征。

社会救助领域的权利救济与纠纷化解，则适用行政诉讼与行政复议。根据《社会救助暂行办法》第65条之规定，申请或者已获得社会救助的家庭或者人员，对社会救助管理部门作出的具体行政行为不服的，可以依法申请行政复议或者提起行政诉讼。

社会法领域的违法行为构成犯罪的，则依照《刑事诉讼法》及相关司法解释，依法追究刑事责任。

刑事诉讼法的法律制定和实施执行，还应充分考虑社会法上的特别利益保护。这在未成年人保护领域尤其凸显。一方面，《未成年人保护法》以专章第五章"司法保护"予以系统规范，要求在司法活动中保护未成年人的合法权益，并相应设置特殊的司法程序。典型要求包括，对未成年的犯罪嫌疑人、被告人进行讯问，对未成年的证人、被害人进行讯问时，应当通知法定代理人或其他人员到场。羁押、服刑的未成年人，应当与成年人分别关押；没有完成义务教育的，应当进行义务教育；未成年人犯罪案件，新闻报告、影视节目、公开出版物、网络等不得披露该未成年人的姓名、住所、照片、图像以及可能推断出该未成年人的资料等。① 另一方面,《刑事诉讼法》第五编"特别程序"中,第一章即专门规定了"未成年人刑事案件诉讼程序",从原则、办理程序、辩护、犯罪记录封存等进行一系列的特殊规定,这与社会法上未成年人保护存在较多重叠内容。

值得一提的是,社会救助与司法救助、法律援助,也存在衔接乃至交叉关系。司法救助作为司法制度的组成部分,是对遭受犯罪侵害或民事侵权,无法通过诉讼获得有效赔偿的当事人,采取的辅助性救济措施。②《刑事诉讼法》中已有若干法律援助的规范。《关于建立完善国家司法救助制度的意见(试行)》还提出建立社会救助与司法救助的衔接机制,"对于未纳入国家司法救助范围或者实施国家司法救助后仍然面临生活困难的当事人,符合社会救助条件的,办案机关协调其户籍所在地有关部门,纳入社会救助范围"。

法律援助是国家建立的保障经济困难公民和特殊案件当事人获得必要的法律咨询、代理、刑事辩护等无偿法律服务,维护当事人合法权益、维护法律正确实施、维护社会公平正义的一项重要法律制度。中共中央办公厅、国务院办公厅印发《关于完善法律援助制度的意见》(中办发〔2015〕37号),对于法律援助的健全和完善作出一系列制度安排。法律援助与社会救助,同样存在衔接关联。

2018年修改后的《残疾人保障法》,明确残疾人申请仲裁、提起诉讼的权利,以及获得法律援助和司法救助的权利。③ 这些规定,构成社会法与诉讼法及非诉讼程序法的交叉重叠内容。这种情形,在《老

---

① 分别参见《未成年人保护法》第56条、第57条、第58条等。

② 参见2015年中央政法委、财政部、最高人民法院、最高人民检察院、公安部、司法部:《关于建立完善国家司法救助制度的意见(试行)》。

③ 参见《残疾人保障法》第60条第1款:"残疾人的合法权益受到侵害的,有权要求有关部门依法处理,或者依法向仲裁机构申请仲裁,或者依法向人民法院提起诉讼。"以及《残疾人保障法》第60条第2款:"对有经济困难或者其他原因确需法律援助或者司法救助的残疾人,当地法律援助机构或者人民法院应当给予帮助,依法为其提供法律援助或者司法救助。"

年人权益保障法》中，也同样存在。①

社会法实施中，国家行为给相对人带来损害的，相对人还可依据《国家赔偿法》规定的国家赔偿程序，依法申请获取国家赔偿。比如，《社会保险法》第 89 条就规定了社会保险经办机构的赔偿责任，《社会保险法》第 92 条还规定了社会保险行政部门等机关部门泄露用人单位和个人信息造成损失的国家赔偿责任。其赔偿程序，均适用《国家赔偿法》之程序规定。

第七节　小　结

一方面，划分法律部门，形成社会法等部门法是对现代社会关系分化、复杂化的回应。也因此，不同法律部门，往往其价值理念、调整范围、调整方式有所差异，有所偏重，对同一问题提供不同的认知模式和解决方案。另一方面，随着社会关系的进一步复杂化、综合化，许多社会问题也非单个法律部门所能包揽解决，过于强调法律部门的单打独斗反倒孤木难撑。因此，在厘清法律部门边界同时，法律部门之间的协调配合，功能的相互契合乃至衔接对接，综合发挥法律规范对经济社会的调节作用，也非常重要。

法律的生命于实践。社会法的界定及其与其他部门法的关系，不能仅仅从法律部门定位、归属进行分离性的观察研究或概念思辨，而应当增强机制耦合与功能配合。社会法作为中国特色社会主义法律体系的重要组成部分，同其他法律部门不仅"同源同族"，而且理应相互协调、相互支撑、相互配合。

总之，社会法跨越公私法之边界，融宪法、民法、行政法和经济法、诉讼法等法律部门相关内容于一体，而又自成一家，成就了社会法自身的独特性。

---

① 参见《老年人权益保障法》第 56 条第 1 款关于法律援助的规定："老年人因其合法权益受侵害提起诉讼交纳诉讼费确有困难的，可以缓交、减交或者免交；需要获得律师帮助，但无力支付律师费用的，可以获得法律援助。"

第五章　社会法的内部结构及相互关系

研究社会法的内部结构，目的有二，第一，旨在构建完备的社会法体系，确保社会法在制度结构层面完整且合理；第二，力争在规范内容层面，不同制度之间相互协调，且与经济社会发展相适应。

本章对社会法内部结构的梳理，以基本法律和专项法律为分类标准。综合性、原则性的法律为基本法律，社会法体系内每个领域都有自己的基本法，专项法律则是以基本法为依据，对制度进行具体化的立法。对社会法体系中各个领域"基本法律"的厘定，既为维护上位法的权威，也是保障社会法体系内部的统一、协调的重要路径。

第一节　社会法体系及结构概览

基于我国社会法体系的已有立法和未来规划，社会法体系可分为两个板块，一个是主体立法板块，包括劳动法、社会保障法和特殊群体权益保障法；另一个是为主体立法服务的板块，包括社会组织法和社会事业法。劳动法是针对就业中的民生问题保障劳动就业权实现的法，是常态、积极的民生保障；社会保障法是针对社会风险中民生问题保障社会保障权实现的法；特殊群体权益

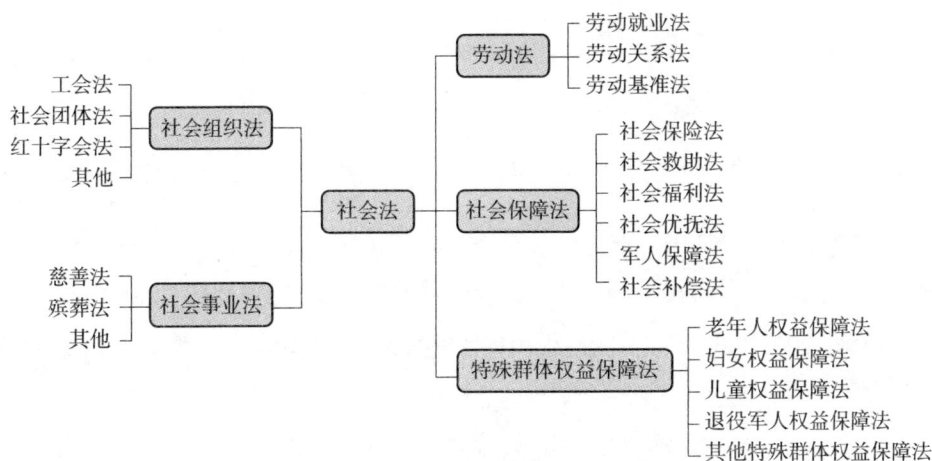

图 5.1 社会法部门的体系结构

保障法是解决老年人、妇女、儿童、残疾人等特殊群体的特殊民生需求问题的法；社会组织法和社会事业法是规范参与就业和社会保障机制的各类社会组织以及待遇供给机制的法。

一、劳动法与社会保障法的关系

劳动法和社会保障法作为两个独立的法律部门，在功能上彼此独立，又相互交叉并合作。作为社会保障法核心内容的社会保险法，始于建立在劳动关系基础上的劳动保险制度。之后的发展大大突破了劳动关系的界限。[1] 所以说，社会保险制度是劳动法与社会保障法的交叉领域，作为劳动法体系组成部分的社会保险制度，其覆盖范围以劳动关系为界限，社会保险基金的筹集中突出用人单位的责任；作为社会保障法体系组成部分的社会保险制度，其覆盖范围不以劳动关系为界限，民事雇佣中的受雇劳动者、自营劳动者，乃至全体居民，

①　参见叶姗：《社会法体系的结构分析》，《温州大学学报（社会科学版）》2011 年第 4 期。

都可以参保并享受社会保险权益。①

二、劳动法、社会保障法与特殊群体权益保障法的关系

特殊群体权益保障法涉及特殊群体的就业和社会保障问题。劳动法和社会保障法都对特殊群体在就业和社会保障领域的权利做了倾斜保护的制度设计。

劳动法中对女职工在劳动过程中有特别的保护性规定，对女职工和未成年工都有禁忌劳动范围的规定，法律规定政府和用人单位负有安排残疾人就业的责任。

社会保险和社会救助制度为特殊群体提供经济保障，社会福利制度为特殊群体提供津贴及社会服务保障。实践中的社会福利主要包括老年人福利、儿童福利、残疾人福利、妇女福利等类别及其他一切以社会化方式提供给国民的现金津贴及相关服务。也就是说，社会福利制度是特殊群体权益保障制度的重要组成部分。社会福利制度无法由市场机制、社会机制和其他社会保障制度所替代。②

三、劳动法、社会保障法、特殊群体权益保障法与社会组织法的关系

社会组织法是规定社会组织设立资格、程序，明确其权利义务，规范社会组织行为及相关法律责任的法律制度。社会组织是劳动法、社会保障法和特殊群体权益保障法中社会服务供给的重要主体。比如集体劳动关系中的工会，是代表劳动者与雇主进行集体协商的主体；社保经办机构是为参保单位和参保人员提供社会保险服务的主体；开展慈善活动的基金会、社会团体、社会服务机构等组织则是慈善事业的实施主体。

---

① 参见王全兴、赵庆功:《我国社会保险制度深化改革的基本思路选择》,《江淮论坛》2018 年第 3 期。

② 参见郑功成:《中国社会福利的现状与发展方向》,《中国人民大学学报》2013 年第 2 期。

四、劳动法、社会保障法、特殊群体权益保障法与社会事业法的关系

劳动法、社会保障法和特殊群体权益保障法中的待遇供给机制属于广义社会事业法的范畴。如医疗保障法中的医疗服务、养老保障法和老年人权益保障法中的养老服务等都属于社会事业法的范畴。

慈善事业是建立在社会捐献基础之上的民营社会化保障事业。[1] 慈善事业在我国的社会保障体系中处于补充层次，是非法定的社会事业，其与法定社会保障制度有着重大区别，不仅表现在经济基础和运行方式的不同，更体现在道德与政治或法制的差异上。慈善事业是志愿性的公益事业，它既非捐献者的当然义务，亦非受助者的法定权益。而法定的社会保障项目则体现了政府的当然责任和国民的法定权益。[2]

第二节　劳动法的内部结构及相互关系

劳动法体系是劳动法律规范按照一定的调整对象、规格和逻辑所组成的和谐统一、有机结合的现行法的系统。[3] 其纵向结构由效力等级不同的含有劳动法律规范的各种法律形式构成；其横向结构由按照一定标准（如职能、所有制、调整机制、劳动过程）划分的若干劳动法律制度构成。[4]

根据《立法法》的规定，劳动法的纵向结构应当由四个层次构成：第一层次是全国人大制定的劳动基本法；第二层次是全国人大常委会制定的单行劳动

---

① 参见郑功成：《社会保障学——理念、制度、实践与思辨》，商务印书馆2000年版，第28页。

② 参见郑功成：《现代慈善事业及其在中国的发展》，《学海》2005年第2期。

③ 参见董保华：《劳动法原理》，上海社会科学院出版社1998年版，第101页。

④ 参见王全兴：《劳动法》（第四版），法律出版社2017年版，第62—65页。

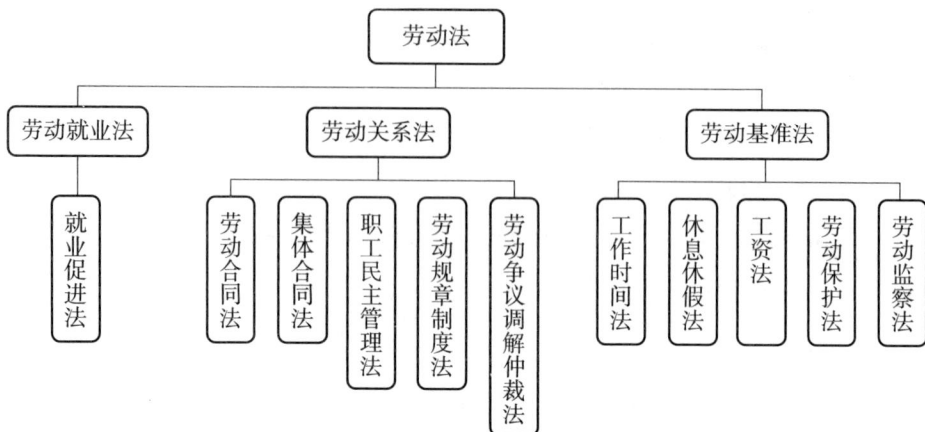

图 5.2　劳动法结构图

法；第三层次主要是国务院制定的劳动行政法规；第四层次主要是主管部门制定的部门规章和规范性文件；第五层次主要是地方性劳动法规和规章。

依据劳动法的职能进行分类，可将我国劳动法体系的横向结构设计为以劳动关系法、劳动基准法和劳动保障法为主体的实体法和包含劳动争议处理、社会保险争议处理、劳动监察和社会保险监察的程序法。在实体法中，劳动关系法包括调整单个劳动关系的劳动合同法、调整集体劳动关系的集体合同制度、职工民主管理制度、劳动规章制度；劳动基准法包括涉及劳动者权益的工时制度、工资制度、劳动安全卫生制度。作为政府干预手段的劳动条件基准法与作为社会干预手段的集体劳动关系法之间是一种此消彼长的互补关系，当集体合同覆盖全面、作用发挥充分时，政府干预的领域和强度就会收缩。

《劳动法》作为劳动法体系的基本法，其他单项法以《劳动法》为依据，并不得与《劳动法》的规定相悖。单项劳动法局部突破《劳动法》的规定，尽管有一定的法理依据，但这是以削弱《劳动法》作为基本法的地位和作用为代价的，有悖于劳动法体系的统一法治原则，也会导致司法实践中出现适用法律的困境。[1]

---

[1]　参见王全兴：《法制建设新时期亟待修改〈劳动法〉》，《工人日报》2014 年 12 月 16 日。

一、劳动就业法

劳动就业法体系包括就业促进法、就业服务与管理法、职业教育与培训法。《就业促进法》是劳动就业法体系的基本法，在此基础上的制定的单行法至少应当包括《反就业歧视法》《就业服务与管理法》《职业教育与培训法》《职业技能鉴定法》。

（一）就业促进法

2007年8月30日，第十届全国人大常委会第二十九次会议通过了《中华人民共和国就业促进法》（2015年4月24日第十二届全国人大常委会第十四次会议修正），该法旨在促进就业，促进经济发展与扩大就业相协调。《就业促进法》与《劳动法》是子法与母法、下位法与上位法的关系①。《就业促进法》是对《劳动法》第二章"促进就业"等相关内容的细化和补充。

《就业促进法》与《失业保险法》的交叉在促进失业后的再就业功能领域。

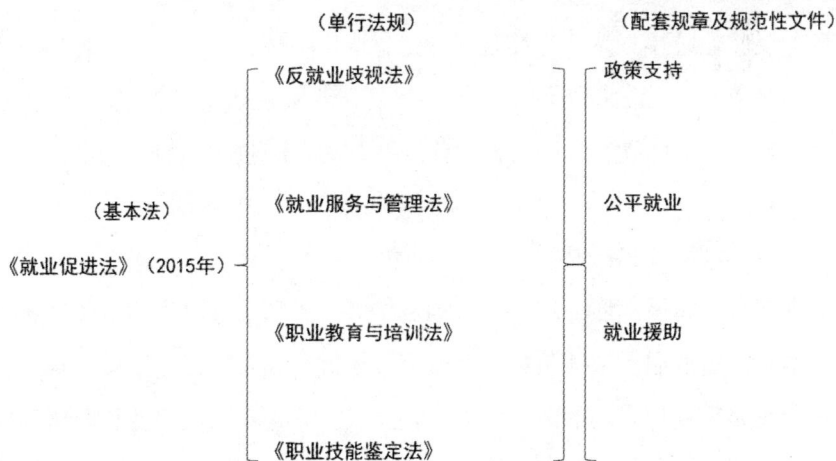

<figure>

（单行法规）   （配套规章及规范性文件）

《反就业歧视法》 政策支持

（基本法） 《就业服务与管理法》 公平就业

《就业促进法》（2015年）

《职业教育与培训法》 就业援助

《职业技能鉴定法》 ……

图 5.3 就业促进法结构

</figure>

---

① 参见王全兴：《劳动法》（第四版），法律出版社 2017 年版，第 385 页。

失业保险具有保障失业者基本生活和促进再就业的双重功能，失业保险的促进再就业政策目标、失业保险基金促进再就业的机制①、国家和社会对失业人员的再就业援助等内容应当由《就业促进法》规定，而失业保险法律关系以及给付制度等应当由《失业保险法》规定。

（二）反就业歧视法

《就业促进法》第 3 条规定：劳动者依法享有平等就业和自主择业的权利。劳动者就业，不因民族、种族、性别、宗教信仰等不同而受歧视。该法第三章"公平就业"部分规定禁止在就业中歧视妇女、少数民族劳动者、残疾人、传染病原携带者以及农村劳动者。第 62 条规定：实施就业歧视的，劳动者可以向人民法院提起诉讼。短短九个条文显然不能满足反就业歧视的需求。目前我国关于就业歧视的规定分布在不同层级的立法中。除《劳动法》《劳动合同法》《就业促进法》中有关于平等就业、同工同酬的规定之外，《妇女权益保障法》《残疾人保障法》等法律中针对残疾人、妇女等特殊群体的就业歧视问题也有禁止性的规定。

国外反就业歧视立法既有针对所有就业歧视的基本法，也有针对某种具体歧视的单项立法。我国应当制定专门的《反就业歧视法》，明确界定就业歧视及种类，规定就业歧视行为的法律责任以及劳动者的救济途径。

（三）就业服务与管理法

就业服务是指就业服务主体为劳动者实现就业和用人单位招用劳动者提供的社会服务。就业服务主体包括公共就业服务机构和私立就业服务机构。就业服务的对象是劳动力市场的供求双方。就业服务分为营利性服务和非营利性服务，地方各级政府和相关部门以及企事业单位、社会团体和其他社会力量提供

---

① 如通过设置要求失业者积极接受职业介绍和职业培训等失业保险金的给付条件、允许失业保险基金结余部分用于职业介绍和职业培训等措施，促进失业者再就业。

的公益性就业服务属于非营利性服务。就业服务法以公共就业服务和人力资源市场信息服务为主要规制内容。

就业管理又称人力资源市场管理。《就业促进法》第 34 条以"人力资源市场"概念替代过去的"劳动力市场"和"人才市场"概念，意味着原归属于劳动行政部门管理的劳动力市场和人事行政部门管理的人才市场将统一适用人力资源市场的管理规则。①

目前，我国关于就业服务和管理的规定主要在《就业促进法》第四章和原劳动和社会保障部 2007 年 10 月 30 日通过的《就业服务与就业管理规定》(2018 年 12 月 14 日第三次修订)中。建议制定《就业服务和管理法》，主要内容包括培育和完善人力资源市场、规范人力资源市场准入管理、规范用人单位招用人员的行为、建立公共就业服务及就业援助机制、规范职业中介机构的设立条件、程序以及服务行为。

(四)职业教育与培训法

职业教育是促进劳动就业的重要途径。根据《中华人民共和国职业教育法》(1996 年)的规定，职业培训与职业学校教育共同构成我国的职业教育体系。职业学校教育分为初等、中等、高等职业学校教育，初等、中等职业教育分别由初等、中等职业学校实施，高等职业学校教育根据需求和条件由高等职业学校或普通高等学校实施。职业培训，是根据社会需求和从业者的意愿及条件，按照一定标准，对从业者进行的提高其职业技能的教育训练活动。职业培训包括从业前培训、转业培训、学徒培训、在岗培训、转岗培训和其他职业性培训。职业培训由相应的职业培训机构、职业学校实施。

现有的《中华人民共和国职业教育法》(1996 年 5 月 15 日第八届全国人大常委会第十九次会议通过)规定过于原则，且缺乏法律责任条款，适用性不强。建议在《职业教育法》和《国务院关于推行终身职业技能培训制度的意见》

---

① 参见王全兴:《劳动法》(第四版)，法律出版社 2017 年版，第 403 页。

(2018年5月8日，国发［2018］11号）的基础上，制定《职业教育与培训法》。职业教育与培训法的内容应当包括：劳动者接受职业教育和职业技能培训的权利及义务、国家和用人单位实施职业教育和职业技能培训的义务、职业教育和培训机构的设立条件、职业教育和培训经费的承担、提取及使用、相关法律责任等。

（五）职业技能鉴定法

《劳动法》第69条规定：国家确定职业分类，对规定的职业制定职业技能标准，实行职业资格证书制度，由经过政府批准的考核鉴定机构负责对劳动者实施职业技能考核鉴定。《就业促进法》第51条规定：国家对从事涉及公共安全、人身健康、生命财产安全等特殊工种的劳动者，实行职业资格证书制度。职业技能鉴定是对劳动者职业技能的评定和证明，直接涉及劳动者可以从业的岗位及薪酬水平。尽管《劳动法》和《就业促进法》都将职业技能鉴定放在"职业教育和培训"部分，但鉴于职业技能鉴定体系的复杂性和重要性，应当在职业教育和培训法之外单独立法。

目前，职业技能鉴定的相关规范性文件包括《工人考核条例》（1990年7月12日，劳动部令第1号）、《职业技能鉴定》（1993年7月9日，劳部发［1993］34号）、《职业资格证书规定》（1994年2月22日，劳部发［1994］98号）、《职业技能等级证书监督管理办法（试行）》（2019年4月23日，人社部发［2019］34号）。建议制定《职业技能鉴定法》，内容包括：职业技能鉴定管理体制、职业技能鉴定机构的设置、职业技能鉴定标准、职业技能鉴定程序、职业资格证书管理、相关法律责任等。

二、劳动关系运行法

劳动关系的正常运行需要多种调整机制，包括单个劳动关系调整机制、集体劳动关系调整机制和劳动基准等。单个劳动关系调整主要依据劳动合同法，集体劳动关系调整主要依据集体合同法、职工民主管理法和劳动规章制度。集体合同的效力高于劳动规章制度和劳动合同，即劳动规章制度和劳动合同中关于劳动者利益的规定不得低于集体合同中约定的标准，否则无效。劳动合同中未有明确规定而集体合同中有明确规定的，集体合同的内容对劳动合同双方当事人自动具有约束力。

（一）**劳动合同法**

劳动合同法主要调整中华人民共和国境内的企业、个体经济组织、民办非企业单位、国家机关、事业单位、社会团体、会计师事务所、律师事务所等合伙组织和基金会，和与其建立劳动关系的劳动者，订立、履行、变更、解除或终止劳动合同过程中发生的法律关系。保障劳动关系稳定、和谐是劳动合同法的主要功能。

目前劳动合同法体系包括《劳动合同法》《劳动合同法实施条例》《劳动和社会保障部关于确立劳动关系有关事项的通知》（2005 年 5 月 25 日，劳社部发［2005］12 号）、《违反〈劳动法〉有关劳动合同规定的赔偿办法》（1995 年 5 月 10 日，劳部发［1995］223 号）。

2008 年 1 月 1 日开始实施的《劳动合同法》是对《劳动法》第三章中关于劳动合同规定的细化和补充，二者是单项法律与基本法的关系。在劳动合同的法律适用上，优先适用《劳动合同法》及《劳动合同法实施条例》，《劳动法》及配套法规中不与《劳动合同法》相抵触的规定继续适用。

（二）**集体合同法**

集体合同是代表劳动者的工会与用人单位或其团体为规范劳动关系而订立的，以全体或部分劳动者的共同利益为中心的合同。集体合同可以对劳动者的相关利益作出高于法定最低标准的约定，也可以对涉及劳动关系或劳动者利益的具体问题进行约定，从而弥补劳动立法以及劳动合同的不足。

集体合同立法主要有两种形式：制定单项法规，或者在劳动法典中设置专章（篇）。从我国集体合同的立法实践来看，两种形式皆有。《劳动合同法》第五章第一节对集体合同的基本问题做了原则性的规定。《集体合同规定》（2004年1月20日，劳动和社会保障部令第22号）可视为是集体合同领域的专门立法。因集体合同分为行业性集体合同、区域性集体合同、专项集体合同与综合性集体合同，故分别有《关于开展区域性行业性集体协商工作的意见》（劳社部发〔2006〕32号）、《关于积极开展行业性工资集体协商工作的指导意见》（总工发〔2009〕31号）、《工资集体协商试行办法》（2000年11月8日，劳动和社会保障部令第9号）、《关于进一步推进工资集体协商工作的通知》（劳社部发〔2005〕5号）、《关于推进女职工权益保护专项集体合同工作的意见》（总工办发〔2006〕38号）等部门规章。各地方还有集体合同专项地方性法规或政府规章。

（三）劳动规章制度

劳动规章制度是用人单位制定的与组织劳动和劳动管理相关的规则。劳动规章制度和劳动合同、集体合同都是确定劳动关系当事人双方权利义务的重要依据。作为协调劳动关系的重要机制，劳动合同只约定单个劳动者的权利和义务，而劳动规章制度规定用人单位内全体劳动者的权利和义务，以附件形式扩大了劳动的合意功能。作为调整集体劳动关系的重要机制，劳动规章制度侧重于劳动行为规则和用工规则，集体合同侧重于劳动基准。

目前，我国关于劳动规章制度的立法散见于《劳动法》《劳动合同法》《关于贯彻执行〈劳动法〉若干问题的意见》以及最高人民法院关于审理劳动争议案件的司法解释中，对用人单位制定劳动规章制度、效力、实施等问题缺乏专门立法。

（四）职工民主管理法

职工民主管理，即职工参与企业内部事务管理，又称企业民主管理。《劳动法》第8条规定，劳动者依照法律规定，通过职工大会、职工代表大会或者其他形式，参与民主管理，或者就保护劳动者合法权益与用人单位进行平等协商。《工会法》第6、19、35、36、37、39、53条详细规定了工会参与职工民主管理的机制。《企业民主管理规定》(2012年2月13日，总工发[2012]12号)确立了企业民主管理坚持党的领导，坚定不移地贯彻落实党的全心全意依靠工人阶级的根本指导方针。

职工民主管理法与劳动合同法、集体合同法以及劳动争议处理法，共同构成劳动关系运行法律体系。职工民主管理贯穿于劳动关系存续期间，而劳动合同法和集体合同法的作用主要体现在劳动合同订立、变更、解除等环节。职工民主管理制度是劳动规章制度的重要支撑，劳动规章制度是职工民主管理的集中成果。

（五）劳动争议处理法

以劳动关系运行层次为标准，劳动争议可分为单个劳动争议和集体劳动争议。单个劳动争议是单个劳动者与用人单位之间关于劳动权利义务的争议，通常为履行劳动合同发生的争议。集体劳动争议，又称集体合同争议，是集体劳动关系运行中发生的争议，包括集体协商过程中发生的争议和履行集体合同发生的争议。

劳动争议处理法的立法目旨在明确劳动争议处理机构、劳动争议处理方式、原则以及程序。根据劳动争议处理方式，劳动争议处理法包括劳动争议调解、劳动争议仲裁、劳动争议诉讼。

《劳动争议调解仲裁法》(2007年12月29日第十届全国人大常委会第三十一次会议通过)是劳动争议处理的综合性单行法。(1)劳动争议调解现有的法律依据主要有《企业劳动争议协商调解规定》(2011年11月30日，人力资源和社会保障部令第17号)、人力资源和社会保障部、司法部、中华全国总工会、中国企业联合会/中国企业家协会《关于加强劳动人事争议调解工作的意见》(2009年10月30日，人社部发[2009]124号)。(2)劳动争议仲裁制度主要调整劳动争议仲裁机构和管辖、仲裁程序、仲裁效力等

问题。现有法律依据主要有《劳动人事争议仲裁办案规则》（2009 年 1 月 1
日，人力资源和社会保障部令第 2 号）《劳动人事争议仲裁组织规则》（2010
年 1 月 20 日，人力资源和社会保障部令第 5 号）。(3) 劳动争议诉讼制度主
要规范劳动争议双方当事人通过法院依法审理解决劳动争议的活动。我国的
劳动争议诉讼在实体上适用劳动法，在程序上适用《民事诉讼法》。劳动争
议诉讼制度主要规范劳动争议仲裁结局与起诉的关系、劳动诉讼受案范围及
审理范围、诉讼管辖、诉讼主体、诉讼结局、强制执行仲裁裁决和调解书等
问题。

根据《劳动合同法》第 77 条、《劳动争议调解仲裁法》第 9 条的规定，用
人单位违反国家规定，拖欠或者未足额支付劳动报酬，或者拖欠工伤医疗费、
经济补偿或赔偿金的，劳动者可以在劳动监察和劳动仲裁（诉讼）这两种法律
救济途径中进行选择。

三、劳动条件基准法

劳动基准是法定的最低劳动标准，广义的劳动基准，包括劳动法领域关于
劳动关系当事人实体权利义务的强制性规定、劳动关系运行的强制性规则以及
劳动力市场管理的强制性规范。狭义的劳动基准，仅指劳动关系当事人之间实
体权利义务的强制性规定，即劳动条件基准。可分为以劳动者生命健康为中心
的基准和以劳动收入为中心的基准，前者包括劳动安全基准和劳动卫生基准，
后者包括工资基准、劳动福利基准和社会保险基准，二者交叉领域在于工时基
准和劳动定员、定额基准。

由于我国集体劳动关系法发展滞后，劳动基准在劳动关系调整机制中的作
用远大于欧美国家。首先，劳动条件基准是劳动关系运行中最重要也最基础的
部分，是劳动关系当事人法定权利义务的准据和双方协商的起点。因此，完善
劳动条件基准立法是保障劳动者合法权益以及推定劳动关系和谐运行的需要。
其次，随着经济社会的发展，传统劳动关系不断受到新型用工形式的挑战，尤

其是近年来"互联网+"催生的平台用工，引发了从劳动关系认定标准到用工主体责任等一系列争议。完善劳动条件基准立法，以灵活的劳动条件基准回应新型用工形式，是劳动法目前的重要任务之一。

劳动基准立法例分为集中立法、专项立法和分散立法三种形式。集中立法是指在劳动法典中规定劳动基准的内容；专项立法是指制定一部专门的《劳动基准法》；分散立法是指根据劳动基准内容的不同分别制定法律法规。从世界范围来看，各国劳动基准立法一般采取集中立法加分散立法的或专项立法加分散立法的形式。我国目前主要采取集中立法加分散立法的形式，《劳动法》中设专章对工作时间、休息休假、工资、劳动保护等劳动条件基准进行了规定，国务院、人力资源和社会保障部（包括原劳动和社会保障部）先后制定了《职业病防治法》(2001年10月27日第九届全国人大常委会第二十四次会议通过，2017年第三次修订)、《安全生产法》(2002年6月29日第九届全国人大常委会第二十八次会议通过，2014年修订)、《国务院关于职工工作时间的规定》(国务院令第146号)、《工资支付暂行规定》(劳部发〔1994〕489号)、《最低工资规定》(2004年1月20日，劳动和社会保障部令第21号)《职工带薪年休假条例》(2007年12月14日，国务院令第514号)等。更多操作性的规定则是通过各地方立法实现的。

鉴于目前劳动条件基准缺乏专项立法，分散立法也存在立法层级低以及内容不完善等问题，劳动基准领域的立法规划应当包括：制定专门的《劳动基准法》，涵盖工作时间、休息休假、工资、劳动保护以及法律责任五个方面的内容；不同的劳动基准适用范围和适用方式不同，因此，宜以《工作时间法》《休息休假法》《工资法》《劳动保护法》等单项法律或法规的形式分别规定不同的基准。

（一）工作时间法

工作时间立法主要包括劳动者每天和每周工作时间的上限（标准工时）、加班加点时间的限制以及特殊工时（非标准工时）制度等。

目前我国关于标准工时制度的规定除《劳动法》第四章和《国务院关于职

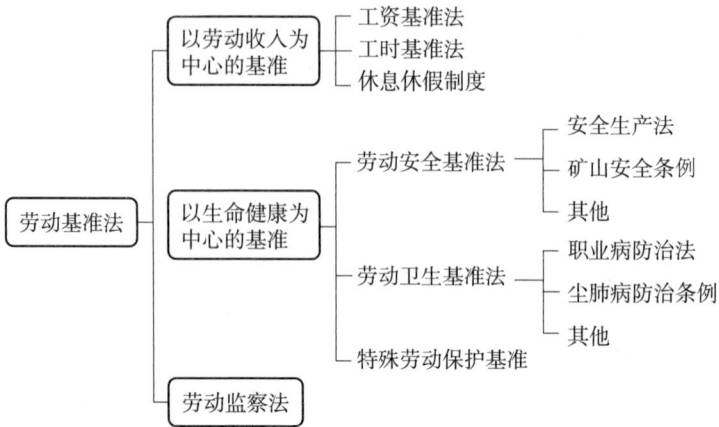

图 5.4　劳动基准法结构

工工作时间的规定》（1995）之外，大部分分散规定在部颁规章和规范性文件中，包括：原劳动部《关于贯彻执行〈中华人民共和国劳动法〉若干问题的意见》第 65—71 条、原劳动部《关于〈中华人民共和国劳动法〉若干条文的说明》第 36—42 条、《关于职工全年月平均工作时间和工资折算问题的通知》（劳社部发〔2008〕3 号）、《〈国务院关于职工工作时间的规定〉问题解答》（劳部发〔1995〕187 号）和《关于贯彻〈国务院关于职工工作时间的规定〉的实施办法》（劳部发〔1995〕143 号）。非标准工时制度则主要规定在《劳动法》第 39 条以及原劳动部《关于企业实行不定时工作制和综合计算工时工作制的审批办法》（劳部发〔1994〕503 号）中。

（二）休息休假法

休息休假法主要是对法定节假日和法定假期的规定。依据我国现有立法，劳动者享有八类假期：《劳动法》第 40 条和《全国年节及纪念日放假办法》（2013 年 12 月 11 日，国务院令第 644 号）规定的法定节假日；《劳动法》第 45 条和《职工带薪年休假条例》（2007 年 12 月 14 日，国务院令第 514 号）、为实施该条例制定的《企业职工带薪年休假实施办法》（2008 年 9 月 18 日，人力资源和社会保障部令第 1 号）以及《关于〈企业职工带薪年休假实施办法〉有关问题的复函》（2009 年 4 月 15 日，人社厅函［2009］149 号）规定的带薪年休假；
《国务院关于职工探亲待遇的规定》（1981 年 3 月 14 日，国务院国发［1981］
36 号）规定的探亲假；《劳动部关于贯彻执行〈中华人民共和国劳动法〉若干
问题的意见》（1995 年 8 月 4 日，劳部发［1995］309 号）第 59 条规定的病假；《国
家劳动总局、财政部关于国营企业职工请婚丧假和路程假问题的通知》（1980
年 2 月 20 日，［80］劳总薪字 29 号［80］财企字 41 号）规定的婚假和丧假；《劳
动法》第七章、《计划生育法》《女职工劳动保护特别规定》（2012 年 4 月 28 日，
国务院令第 619 号）规定的产假、产前假、哺乳假和节育手术假；地方计划生
育立法中规定的丈夫陪产假。

前述文件除《全国年节及纪念日放假办法》《职工带薪年休假条例》外，
其他文件法律位阶低，且较为陈旧，用人单位的相关法律责任也不明确。应当
以一部法律或行政法规的形式明确规定劳动者的休息休假权、各类假期的时间
和相关待遇以及用人单位的法律责任。

（三）工资法

工资立法主要包括最低工资基准和工资支付两个部分。根据《劳动法》第
48 条的规定，最低工资基准由省、自治区、直辖市人民政府规定，报国务院
备案。原劳动和社会保障部发布的《最低工资规定》（2004 年 1 月 20 日，劳
动和社会保障部令第 21 号）和《劳动和社会保障部关于进一步健全最低工资
制度的通知》（2007 年 6 月 12 日，劳社部发［2007］20 号）是最低工资基准
适用范围、最低工资基准确定机制以及相关法律责任的主要法律依据。工资支
付方面，除《劳动法》第五章之外，关于工资的界定、构成、支付形式、支付
规则等主要依据《关于工资总额组成的规定》（1990 年 1 月 1 日，国家统计局
令第 1 号）、《工资支付暂行规定》（1994 年 12 月 6 日，劳部发［1994］489 号）、
《劳动部对〈工资支付暂行规定〉有关问题的补充规定》（1995 年 5 月 12 日，
劳部发［1995］226 号）等规范性文件。

现行工资立法法律位阶太低，且过于分散，各地在确定最低工资构成以及

加班工资计算基数等方面差异较大。制定一部国家层面《工资法》的条件应当已经成熟。《工资法》的体系主要包括工资法的适用范围、工资的界定和构成、最低工资基准、工资的支付方式、工资的支付周期、加班工资的支付基准、以工资为基数的计算基准、对工资扣除的限制、法律责任等内容。

（四）劳动保护法

劳动保护法，即劳动安全卫生法，劳动安全和劳动卫生是相互联系又有区别的两种劳动保护制度，其立法例有合并立法与分立立法两种模式，我国采取了分立立法的模式。劳动保护法涉及国家、用人单位和劳动者三者之间的权利义务关系。国家负有制定和完善劳动保护立法的义务，政府对用人单位享有劳动安全卫生监察的行政权力，用人单位基于法律和劳动合同对劳动者负有安全和健康的保障义务。

在我国现有的劳动保护基准立法体系中，劳动安全和劳动卫生除在《宪法》和《劳动法》中有原则性规定外，分别有综合性基本法《安全生产法》和《职业病防治法》，以及一系列专门性法律法规和单项规章。劳动保护基准法律体系主要包括劳动安全技术法、劳动卫生技术法、劳动保护管理法、劳动保护监督法和特殊主体保护法。

劳动安全技术法旨在防止劳动过程中的伤亡事故，劳动卫生技术法旨在防止职业伤害，二者都是为了保护劳动者的人身安全和健康。

劳动保护管理法是国家和用人单位（生产经营单位）在劳动过程中为保护劳动者安全和健康而适用的各种管理制度。

特殊主体保护主要是针对女职工和未成年工在劳动过程中的安全和健康保护。女职工特殊劳动保护制度主要包括《劳动法》第 59—63 条、《妇女权益保障法》第 26 条、《女职工劳动保护特别规定》（2012 年 4 月 28 日，国务院令第 619 号）、《女职工禁忌劳动范围的规定》（1990 年 1 月 18 日，劳安字［1990］2 号）等。未成年工特殊劳动保护制度主要包括《劳动法》第 64、第 65 条、《未成年人保护法》第 38、第 68 条、《未成年工特殊保护规定》（1994 年 12 月 9 日，

（单行法规）　　　　　　　　　（配套规章及规范性文件）

《劳动安全技术法》——————矿山安全、特种设备安全等

《劳动卫生技术法》——————粉尘危害防护、职业性毒物危害防护等

（基本法）
《安全生产法》（2014年）
《职业病防治法》（2018年）

《劳动保护管理法》——————劳动保护综合管理、专项管理等

特殊主体保护法——《女职工劳动保护特别规定》（2012年）
《女职工禁忌劳动范围的规定》（1990年）——————女职工、未成年工特殊劳动保护等
《未成年工特殊保护规定》（1994年）

《劳动保护监督法》——————矿山安全监察、特种设备安全监察等

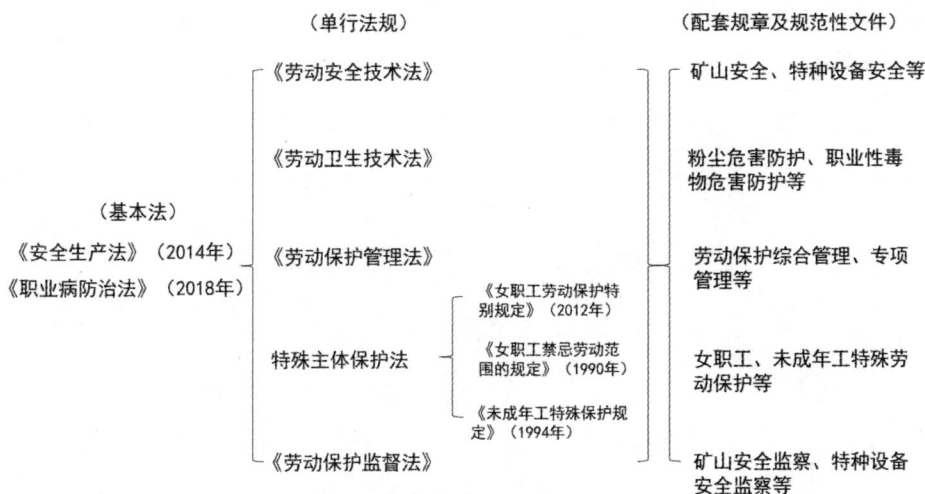

图 5.5　职业安全法结构

劳部发〔1994〕498 号）等。

美国、日本等国家采取的是合并立法的模式，从劳动安全和劳动卫生之间关系，以及我国劳动保护基准实施的情况来看，建议合并立法，构建统一的劳动安全与卫生法律体系。①

（五）劳动监察法

劳动监察，是法定专门机构依法对用人单位和劳动服务主体执行劳动法的情况进行监督检查，并对违法行为进行纠举和处罚的活动。

劳动监察法的内容主要包括劳动监察的主体、劳动监察的客体（即劳动监察相对人以及被监察事项范围）、劳动监察的形式、劳动监察的职责、劳动监察的程序、法律责任。

现有的劳动监察立法主要有《劳动保障监察条例》（2004 年 11 月 1 日，国务院令第 423 号）、《劳动和社会保障部关于实施〈劳动保障监察条例〉若干

---

① 参见王全兴：《劳动法》（第四版），法律出版社 2017 年版，第 367 页。

规定》(2004 年 12 月 31 日,劳动和社会保障部令第 25 号)。

劳动监察法是劳动基准执行保障法。

第三节 社会保障法的内部结构及相互关系

以保障项目为分类标准,我国的社会保障体系包括社会保险、社会救助、社会福利、社会优抚、社会补偿以及军人保障。目前已有《社会保险法》《军人保险法》等法律。未来社会保障法律体系的构建应当充分考虑保障需求、保障机制与管理体制的融合。以养老保障和医疗保障为例。《社会保险法》是社会保险机制的综合性基本法,在此基础上,细化养老保险和医疗保险等专门性法律制度,之后结合其他保障机制,构建包括养老保险制度、老年救助制度、老年人福利制度和老年人优待制度在内的养老保障法;构建包括医疗保险(含生育保险)制度、医疗救助制度、医保基金管理制度和补充医疗保险制度的医疗保障法。

表 5.1 社会保障结构表

内容 机制	养老保障法	医疗保障法	就业保障法	工伤保障法	军人 保障法	其他
社会保险法	养老保险	医疗保险、 生育保险	失业保险	工伤保险	军人 保险	
社会救助法	老年人救助	医疗救助	就业救助	工伤救助		其他各 类救助
社会福利法	老年人福利	公共卫生服务	教育福利			其他社 会福利
社会优抚法	老年人优待		退役士兵安置		军人 优抚	
社保基金管 理法	养老基金管理	医保基金管理	失业保险基金 管理	工伤保险基 金管理		
其他	补充养老保险	补充医疗保险				

　　社会保障法的功能体系呈差序格局，如图 5.6 所示，就保障类型而言，社会保障体系以社会保险和社会救助为主干，社会福利和社会优抚为辅助；就保障层次而言，社会保险属于基本保障，社会救助属于兜底保障，社会福利属于提升性保障；在资金筹集和待遇供给机制中，慈善机制较之财政资源和公共基金处于辅助地位。① 就分配领域而言，社会救助与社会福利是再分配范畴，而社会保险既会对初次分配产生直接影响，也对再分配产生直接影响。社会保险基金来源于劳资缴费，劳资缴费成本是要计算到生产经营成本中去的，这自然会影响到初次分配的格局；社会保险基金又有来自政府的公共财政部分，还在参保人中实现互助共济，从而是强制性的再分配。因此，《社会保险法》的核心是对政府、劳动者与用人单位或雇主三方关系的利益调整。②

　　《社会保险法》第 25 条第 3 款规定：享受最低生活保障的人、丧失劳动能力的残疾人、低收入家庭 60 周岁以上的老年人和未成年人等所需个人缴费部分，由政府给予补贴。国务院《关于建立统一的城乡居民基本养老保险制度的意见》（国发〔2014〕8 号）中也提出：对重度残疾人等缴费困难群体，地方人民政府为其代缴部分或全部最低标准的养老保险费。可见，困难群体、残疾群体可以通过政府资助参加社会保险，而不是简单地进入社会救助或社会福利系统。社会保险法在一定程度上起到了对整个社会保障体系建设进行框架规范的作用。③

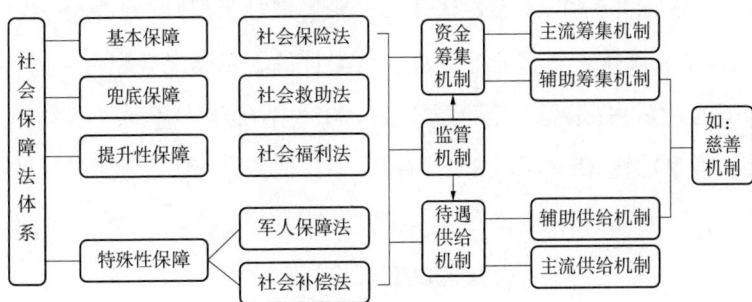

图 5.6　社会保障法体系

① 参见王全兴：《"我国社会法的概念、原则、理论与实践"课题论证报告》，2018 年。
② 参见郑功成：《〈社会保险法〉：我国社会保障法制建设的里程碑》，《中国劳动》2011 年第 1 期。
③ 参见郑功成：《〈社会保险法〉：我国社会保障法制建设的里程碑》，《中国劳动》2011 年第 1 期。

表 5.2   社会保障制度比较

	保障水平	保障对象	机制特点
社会保险法	基本生活保障	遭受社会风险的劳动者和居民	权利义务一致：互助共济
社会救助法	底线生活保障	陷入贫困或其他困境的居民	权利义务不对称：政府责任为主
社会福利法	提高生活质量	全体居民或特定群体	权利义务不对称：政府与社会合作
社会优抚法	优待性保障	军人和军烈属等有特殊贡献者	政府责任为主
军人保障法	基本生活保障	军人及其家庭成员	政府责任为主
社会补偿法	补偿性保障	因战争、特殊社会事件等导致的受害群体	政府与社会责任共担

一、社会保险法

社会保险是以劳动者为保障对象，以劳动者的年老、疾病、伤残、失业、死亡等特殊事件为保障内容的一种生活保障政策。①《社会保险法》（2010 年 10 月 28 日，第十一届全国人大常委会第十七次会议通过）是社会保障法领域的第一部法律。该法规定了公民参加社会保险和享受社会保险待遇的权利、参保办法、社保经办、社保基金、社保监督以及法律责任等。

《社会保险法》是社会保险领域的基本法，是社会保障法中的主体性法律，同时也是社会法部门中的支架性法律。② 由于《社会保险法》将所有社会保险项目纳入其中，其规范更多是原则性、框架性的，尽管之后出台了《实施〈中华人民共和国社会保险法〉若干规定》（2011 年 6 月 29 日人力资源和社会保障部第 13 号令），但仍缺乏针对不同保险项目的配套行政法规和部门规章对相关内容作出进一步的细化规定。

现行法律体系中，工伤保险的配套规定相对完整，综合性的有《工伤保险条例》（国务院令第 375 号，2010 年修订）、人力资源和社会保障部《关于执行〈工

---

① 参见郑功成：《社会保障学——理念、制度、实践与思辨》，商务印书馆 2000 年版，第 18 页。
② 参见郑功成：《〈社会保险法〉：我国社会保障法制建设的里程碑》，《中国劳动》2011 年第 1 期。

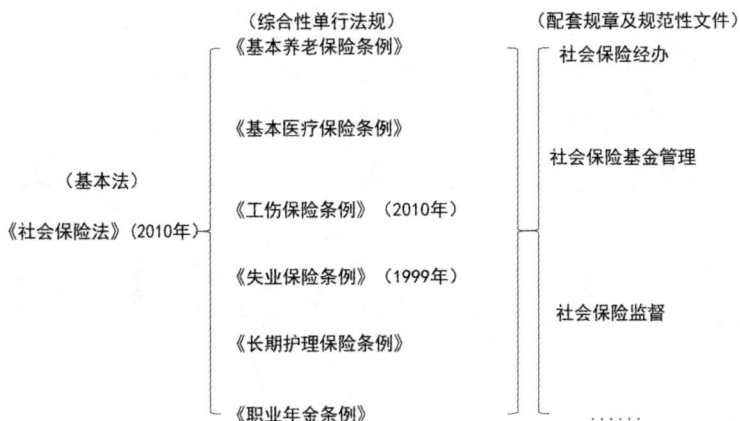

图 5.7　社会保险法结构

伤保险条例〉若干问题的意见》（2013 年 4 月 25 日，人社部发 [2013] 34 号）；
规范工伤保险经办操作程序的有《工伤保险经办规程》（2012 年 2 月 6 日，人
社部发 [2012] 11 号）；关于缴费办法的有《部分行业企业工伤保险费缴纳办
法》（2010 年 12 月 31 日，人力资源和社会保障部令第 10 号）、关于工伤认定
的有《工伤认定办法》（2010 年 12 月 31 日，人力资源和社会保障部令第 8 号）
以及最高人民法院行政审判庭关于工伤认定的部分答复；关于工伤职工劳动能
力鉴定的有《工伤职工劳动能力鉴定管理办法》（2014 年 2 月 20 日，人力资
源和社会保障部、原国家卫生和计划生育委员会令第 21 号）。

二、社会救助法

　　社会救助是国家与社会面向社会脆弱群体提供款物救济和扶助的一种
生活保障政策，包括灾害救济、贫困救济和其他针对社会脆弱群体的扶助措
施。① 社会救助通过对社会成员提供最基本的生活保障，实现公民的基本生存

---

① 参见郑功成：《社会保障学——理念、制度、实践与思辨》，商务印书馆 2000 年版，第 13—
　　14 页。

权。①

目前，我国社会救助领域的框架性法律依据是国务院发布的《社会救助暂行办法》（2014 年 2 月 21 日，国务院令第 649 号），该法规通过四个板块构建了整合性的社会救助体系②：通过最低生活保障制度和特困人员供养制度解决基本生活问题；通过受灾人员救助、医疗救助、住房救助、教育救助、就业救助来解决专门问题；通过临时救助制度解决突发问题；另外还规定了社会力量参与社会救助的问题。

从纵向结构来说，首先，制定一部《社会救助法》作为社会救助领域的综合性基本法已是共识。以此为基础，根据救助项目分别制定单行法规，如现有的《城市居民最低生活保障条例》(1999 年 9 月 28 日，国务院令第 271 号)、《城市生活无着的流浪乞讨人员救助管理办法》（2003 年 6 月 20 日，国务院令第 381 号)、《自然灾害救助条例》(2010 年 7 月 8 日，国务院令第 577 号)。未来还应针对专项救助项目分别制定单行法规。

从横向结构上看，社会救助制度与社会保险和社会福利制度之间的关系应当在立法中厘清。根据现行《社会救助暂行办法》，救助对象界定为最低生活保障家庭、特困供养人员及其他特殊困难人员，未来，一部分社会救助对象可能被普惠性福利制度安排所覆盖，如老年人和儿童福利可能覆盖农村五保供养制度，残疾人福利可能覆盖以残疾人为对象的救助制度。因此，社会救助从对象到内容都要作出相应调整，比如，义务教育阶段的福利制度完善到一定程度时，教育救助的重点就应转向非义务教育阶段了。③ 再如，根据实际需求界定医疗、教育、住房等救助的对象范围，而不是限定为低保对象；祛除附加在最低生活保障制度之上的残疾人福利、老年人福利等内容，厘清社会救助制度的

---

① 参见林嘉、陈文涛：《论〈社会救助法〉的价值功能及其制度构建》，《江西社会科学》2013年第 2 期。

② 参见林闽钢：《论我国社会救助立法的定位、框架和重点》，《社会科学辑刊》2019 年第 4 期。

③ 参见郑功成主编：《中国社会保障改革与发展战略（救助与福利卷)》，人民出版社 2011 年版，第 19 页。

（专项单行法规）　　　　　（配套规章及规范性文件）

（基本法）
《社会救助法》

《城市居民最低生活保障办法》（1999年）　社会救助经办

《城市生活无着的流浪乞讨人员
救助管理办法》（2003年）

《自然灾害救助条例》（2010年）　　社会救助监管

《医疗救助条例》

《住房救助条例》　　社会救助实施细则

《教育救助条例》

《就业救助条例》　　……

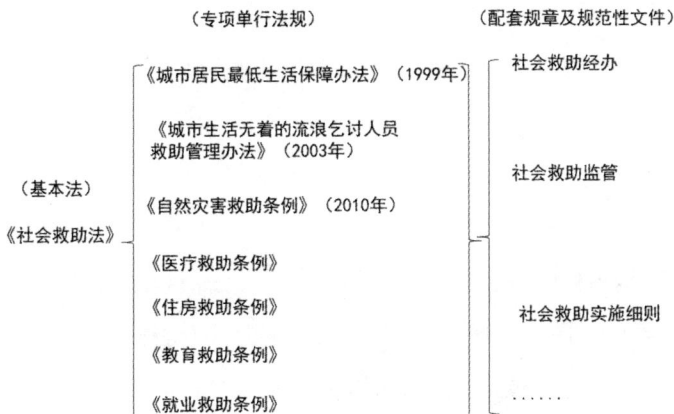

图 5.8　社会救助法结构

职能。① 养老保险制度与社会救助制度之间、医疗保险制度与医疗救助之间、失业保险制度、就业促进制度与就业救助之间，应建立明确的衔接机制。

有学者提出社会补偿应当单独立法。社会补偿，是指国家和社会对因战争、犯罪行为、意外事件等因素给个人造成的损害，在传统侵权损害赔偿制度以及社会保险及社会救助制度之外，补偿受害人损失的一种特殊社会保障制度。② 考察德国和我国台湾地区的社会补偿立法，并结合我国大陆的实际情况

---

① 参见郑功成：《中国社会救助制度的合理定位与改革取向》，《国家行政学院学报》2015年第4期。

② 关于"社会补偿"的概念，学界未有统一意见。有学者认为社会补偿是指国家和社会对相关利益者因自然性、社会性或政策性等不可抗拒风险以及社会歧视行为造成的利益损失，或必要的社会扶助而进行的修复与补偿。（参见白小平：《社会补偿的社会法证成——以灾后房屋修复重建社会补偿为视角》，《前沿》2015年第4期。）也有学者认为社会补偿是国家对人民因为战争、政治事件、公权力等造成的损害予以补偿。其原理建立在"共同体责任"基础之上，因为即使国家合法行使公权力，或虽无违法行为，但却未尽职责，以致人民有损害，因此国家应通过立法，以税收对该损害进行弥补。（参见台湾社会法与社会政策学会主编：《社会法》，元照出版公司2015年版，第42页。）另有学者认为，社会补偿，是基于社会连带理念，对于战争、意外事件、犯罪行为等特定因素给人造成的损害，在传统侵权损害赔偿制度以及其他保险制度无法救济的情形下，以社会整体力量补偿受害人的损失，使当事人不致因上述特定因素造成的伤害影响其基本生活的一种特殊社会保障制度。（参见郑尚元主编：《社会保障法》，高等教育出版社2019年版，第314页。）

来看，战争受害人社会补偿、犯罪受害人社会补偿、食药及法定防疫注射受害人社会补偿、环境污染受害人社会补偿都可在社会救助法中予以规定。

三、社会福利法

社会福利是指由政府主导，以满足社会成员的福利需求和不断完善国民的生活质量为目标，通过社会化的机制提供相应的社会服务与津贴，包括老年人福利、妇女福利、儿童福利、残疾人福利、教育福利、住房福利等。[1]

社会福利法律体系应当包括作为基本法的《社会福利法》和作为社会福利发展法律依据的《老年人福利法》《儿童福利法》《妇女福利法》《残疾人福利法》《住房福利/保障法》《教育福利/保障法》《社会工作法》等单行法。

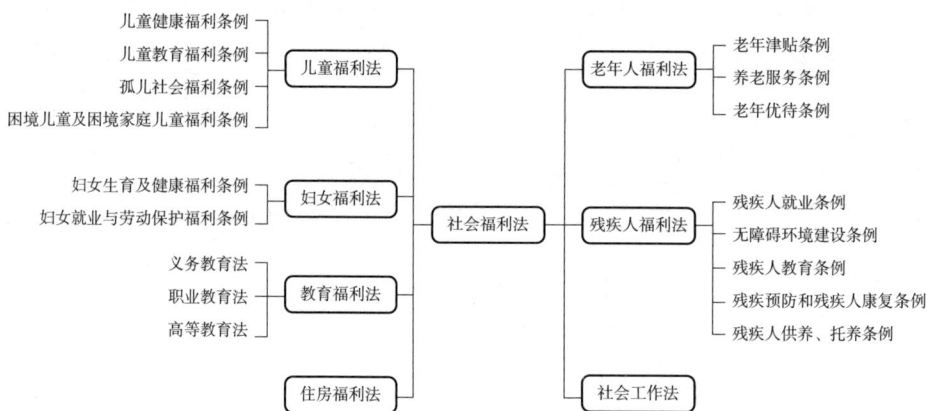

图 5.9　社会福利法结构

（一）老年人福利法

根据前述社会福利的定义，本章将老年人福利界定为：国家和社会为满足老年人的生活及精神需求而提供的服务、津贴及设施。作为老年人福利保障法

---

[1]　参见郑功成：《中国社会福利改革与发展战略：从照顾弱者到普惠全民》，《中国人民大学学报》2011 年第 2 期。

律体系的基础框架性法律,《老年人福利法》调整国家和社会为满足老年人生活及精神需求而提供服务、津贴、设施活动中产生的社会关系。《老年人福利法》主要规定立法目的和原则、老年福利的具体项目、老年福利的生产主体及其职责、供给主体及其职责、资金来源、老年福利的受惠主体、老年福利的供给方式、法律责任等。

在此基础上,对各类老年福利项目进行细化的法律法规体系包括:

《老年津贴条例》:老年津贴制度是一种非缴费型养老金制度,由政府通过财政预算安排资金,为无法享受政府提供的社会养老保障金的老年人群提供生活津贴。[1] 老年津贴制度属于收入型老年福利制度,保障水平高于社会救助水平。目前我国有针对无社会保险老年人和针对高龄老人的两种老年津贴。《老年津贴条例》应当规范老年津贴的种类、享受范围、发放程序、资金筹集等核心问题。老年津贴的发放标准主要由地方立法来规范。

《养老服务条例》:作为服务型老年福利制度,《养老服务条例》主要规制提供养老服务的主体资格、护理 / 服务标准、养老机构建设标准、养老服务中的法律责任等。

《老年优待条例》:老年优待也是非缴费型老年福利制度。《老年优待条例》的主要内容包括基本优待项目、优待内容、优待方式、优待标准、法律责任等。除基本优待项目外,因地方经济发展而异的优待项目由地方立法规定。[2]

(二)儿童福利法

国务院先后于 2001 年和 2011 年颁布了《中国儿童发展纲要(2001—2010年)》和《中国儿童发展纲要(2011—2020 年)》,从儿童健康、教育、法律保护、社会环境、福利五个领域提出儿童发展目标及策略措施。根据发展纲要,法定儿童福利制度分为满足儿童福利普遍性需求的普惠型福利制度和满足特殊儿童

---

[1]　参见郑功成主编:《中国社会保障改革与发展战略:救助与福利卷》,人民出版社 2011 年版,第 115—127 页。

[2]　参见杨立雄:《老年人福利制度研究》,人民出版社 2013 年版,第 201—202 页。

需求的特惠型福利制度。①

儿童福利领域尚未有统一立法，现有立法体系中：儿童教育福利的主要法律依据除《义务教育法》外，基本以部门规范性文件为主；《未成年人保护法》是儿童保护福利的主要法律依据；《母婴保健法》是儿童保健福利的法律依据；孤儿替代性养护制度主要包括《收养法》《司法部关于贯彻执行〈中华人民共和国收养法〉若干问题的意见》（司发通 [2000] 33 号）、《中国公民收养子女登记办法》（1999 年 5 月 25 日，民政令第 14 号）、《外国人在中华人民共和国收养子女登记办法》（1999 年 5 月 26 日，民政令第 15 号）、《家庭寄养管理暂行办法》（2010 年 12 月 20 日，民政部令第 40 号）等。

《国务院 2016 年立法工作计划》将儿童福利立法列为立法研究项目。② 未来应当以《儿童福利法》作为儿童福利法律体系的基础框架性法律，主要规定儿童福利法的立法目的与基本原则、儿童福利主管机构及职责、儿童福利的类型及具体项目、各类儿童福利项目的权利义务主体及相关法律责任等。在此基础上，分别制定《儿童健康福利条例》《儿童教育福利条例》《孤儿社会福利条例》③、《困境儿童及困境家庭儿童福利条例》④。

（三）妇女福利法

妇女福利是指国家和社会为女性提供的福利服务及福利津贴。我国的妇女福利可分为生育与健康福利和就业与劳动保护福利。⑤ 妇女福利法的内容主要

---

① 参见郑功成：《中国儿童福利事业发展初论》，《中国民政》2019 年第 11 期。

② 《国务院 2016 年立法工作计划》将由民政部起草《儿童福利条例》列为立法研究项目，但笔者认为，鉴于儿童福利制度的重要性，以及现在已有《收养法》《未成年人保护法》《母婴保健法》等儿童福利领域的立法，"条例"层级不够，儿童福利领域应当有一部《儿童福利法》。

③ 孤儿社会福利包括孤儿替代性养护制度、生活及教育、医疗保障制度等。

④ 困境儿童包括残疾儿童、重病儿童、受艾滋病影响的儿童和流浪儿童；困境家庭儿童包括父母重度残疾或病重的儿童、父母长期服刑在押或强制戒毒的儿童、父母一方死亡另一方因其他情况无法履行抚养义务和监护职责的儿童。

⑤ 参见郑尚元主编：《社会保障法》，高等教育出版社 2019 年版，第 371—372 页。

包括生育及健康福利制度、劳动保护福利制度等。我国的妇女福利立法采取了分散立法的方式。

生育及健康福利制度：《中华人民共和国母婴保健法》（1994 年 1 月 27 日第八届全国人大常委会第十次会议通过，2017 年修订）规定了妇女依法享受医疗保健机构提供的婚前及孕产期保健服务。《社会保险法》第 56 条、《女职工劳动保护特别规定》（2012 年 4 月 28 日，国务院令第 619 号）第 7 条和第 8 条、《企业职工生育保险试行办法》（1994 年 12 月 14 日，劳部发 [1994] 504 号）规定了女职工的产假福利以及产假期间的生育津贴制度。

劳动保护福利制度：《妇女权益保障法》第 24、26 条以及《劳动法》第 59、60、61、63 条是保护妇女在工作和劳动时的安全与健康的重要法律依据，《女职工劳动保护特别规定》《女职工禁忌劳动范围的规定》（劳安字 [1990] 2 号）则以单行法律法规的形式作出了具体规定。

（四）残疾人福利法

《残疾人保障法》是对残疾人权益保障的综合性、原则性立法，第六章"福利"涉及残疾人福利的内容较为笼统。应当制定一部《残疾人福利法》作为残疾人福利领域的基本法，规定残疾人福利法制的基本理念、原则、制度内容以及法律责任等基本内容。在基本法基础上的单行法体系以不同分类标准可以有不同的设计，如可以构建《身体残疾人福利法》《智力残疾人福利法》《精神残疾人福利法》的单行法体系，对提供福利服务的内容、种类、程序及标准等进行细化规定。① 也可以以福利内容作为分类标准构建单行法规体系，包括已出台的《残疾人就业条例》（2007 年 2 月 25 日，国务院令第 488 号）、《无障碍环境建设条例》（2012 年 6 月 28 日，国务院令第 622 号）、《残疾人教育条例》（2017 年 2 月 1 日，国务院令第 674 号）、《残疾预防和残疾人康复条例》（2017 年 2 月 7 日，国务院令第 675 号），还应包括《残疾人社会救助条例》《残疾人

---

① 参见韩君玲：《关于我国残疾人福利法律制度构建之思考》，《河北法学》2012 年第 4 期。

社会保险条例》《残疾人供养、托养条例》等。

（五）住房福利法

我国现行住房福利制度由限价住房制度、经济适用房制度、廉租房制度、公共租赁住房制度、住房补贴制度以及住房公积金制度构成。以单项立法为主，且多为部门规章或规范性文件，如《经济适用住房管理办法》（建住房 [2007] 258 号）、《廉租住房保障办法》（2007 年住建部等令第 162 号）、《公共租赁住房管理办法》（2012 年住建部令第 11 号）；也有少数行政法规，如《住房公积金管理条例》（1999 年国务院令第 262 号，2019 年第二次修订）、国务院法制办会同住房城乡建设部起草形成的《城镇住房保障条例（征求意见稿)》，自 2016 年起，连续 4 年被列入国务院立法工作计划。

（六）教育福利法

教育福利是指为保障国民受教育权利，提高国民素质、促进教育公平，由国家和社会提供的公共资源和优惠条件。教育福利包括幼儿教育福利、小学和初中教育福利、高中教育福利、职业教育福利、高等教育福利、继续教育福利和特殊教育福利。

教育福利法旨在以法律的形式保障国民享受教育资源及优惠的权利。目前我国的教育福利法体系以单项立法为主。现行教育福利法律体系中主要有由全国人大常委会通过的《义务教育法》《高等教育法》《职业教育法》，以及国务院发布的《残疾人教育条例》等。

（七）社会工作法

2011 年 11 月 8 日，中组部等 18 个部门联合下发《关于加强社会工作专业人才队伍建设的意见》（中组发 [2011] 25 号）中指出，社会工作专业人才是具有一定社会工作专业知识和技能，在社会福利、社会救助、慈善事业、社区建设、婚姻家庭、精神卫生、残障康复、教育辅导、就业援助、职工帮扶、犯罪预防、禁毒戒毒、矫治帮教、人口计生、纠纷调解、应急处置等领域直接提供社会服务的专门人员。也就是说，社会工作及于社会福利、社会救助、慈善事业等各个领域，但主要集中在社会福利和特殊群体权益保障领域，故可将社会工作法置于社会福利法体系中。

社会工作领域应当有一部基本法，即制定一部综合性的《社会工作法》，主要规定社会工作及社会工作者的界定，社会工作规范、社会工作者的权利义务、服务范围、服务对象、服务对象的权利义务、社会工作机构及其权利义务、社会工作管理机构及其职责、法律责任等内容。

在《社会工作法》立法条件尚未成熟的情况下，根据我国目前关于社会工作的规范性文件，可现行制定《社会工作者条例》，主要明确社会工作者的职责，规范其职业行为，涵盖社会工作者的从业资格、权利义务、从业行为、法律责任等。根据中组部等 19 部门下发的《社会工作专业人才队伍建设中长期规划（2011—2020 年)》，民政部门负责社会工作专业人才管理和队伍建设，工会、妇联和残联等组织推动各自领域内的社会工作专业人才队伍建设。因此，《社会工作者条例》宜由国务院制定，之后可以该部行政法规为中心，分别制定《社会工作者从业资格管理办法》《社会工作者继续教育和培训管理办法》《社会工作机构等级管理办法》等系列部门规章及规范性文件。①

四、社会优抚法

社会优抚法是国家和社会通过社会优待、社会抚恤等机制，对烈士、军人警察、消防救援人员以及前述人员的家属等群体，进行褒扬和鼓励的法律制度。社会优抚法以政府责任和社会责任为主，优抚内容根据优抚对象不同而有所区别。

目前，我国社会优抚法主要包括《烈士褒扬条例》(2011 年 7 月 26 日，

---

① 参见竺效、杨飞：《境外社会工作立法模式研究及其对我国的启示》，《政治与法律》2008 年第 10 期。

国务院令第 601 号，2019 年第二次修订）、《军人抚恤优待条例》（2004 年 8 月
1 日，国务院、中央军委令第 413 号，2019 年第二次修订）、《人民警察抚恤优
待办法》（民发 [2014] 101 号）、《伤残抚恤管理办法》（2007 年 7 月 31 日，
民政部令第 34 号，2013 年修订）、《退役士兵安置条例》（2011 年 10 月 29 日，
国务院、中央军委令第 608 号）、《关于做好国家综合性消防救援队伍人员有关
优待工作的通知》（应急 [2019] 84 号）。

社会优抚法中的大部分内容与军人保障法有交叉，尤其是军人抚恤优待和
退役安置部分。

五、军人保障法

军人保障法是指国家和社会为保障军人及其家庭成员的基本生活需要而制
定的法律规范的总称。军人保障法律体系包括军人保险制度和军人社会抚恤优
待制度和退役安置制度。军人保障制度在社会保障制度体系中比较特殊：既具
有相对独立性，如军人保障的对象有别于一般社会保障对象、退役安置制度是
军人保障特有的、军人抚恤标准高于一般劳动者的工伤抚恤标准等；同时军人
保险、军人优待、军人抚恤等制度又与社会保险、社会福利、社会救助制度存
在紧密联系。

《中华人民共和国兵役法》（2011 年第三次修订）第十章"现役军人的待
遇和退出现役的安置"对现役军人的工资、福利、军人保险、就业安置等问题
作出了原则性规定。以此为依据，军人保险和军人优抚领域各自制定了单项法
律法规。

（一）军人保险制度

《中华人民共和国军人保险法》（2012 年）主要规范现役军人的伤亡保险、
退役养老保险、退役医疗保险、随军未就业军人配偶保险以及军人保险基金、
保险经办等法律关系。

（二）军人社会优抚制度

国家对军人抚恤优待制度的核心法律依据是《军人抚恤优待条例》（2004年8月1日，国务院令第413号，2011年7月29日第一次修订，2019年3月2日第二次修订）。该条例主要规定：被批准为烈士、被确认为因公牺牲或病故的现役军人的遗属享受的抚恤标准；因战、因公或因病致残现役军人的残疾评定及抚恤标准；军人及军属优待；军人抚恤优待管理单位及相关人员的法律责任等。

军人社会优待制度：《军人抚恤优待条例》第四章规定了生活优待、医疗优待、就业优待、教育优待、征兵优待、住房优待、家属随军优待、养老优待以及经济补助等优待项目。具体优待制度多以部门规范性文件出现。以《军人抚恤优待条例》为依据，教育部、民政部、原中国人民解放军总政治部制定的《优抚对象及其子女教育优待暂行办法》（民发〔2004〕19号）规定了退役士兵、残疾军人、因公牺牲军人子女、一级至四级残疾军人子女、现役军人子女的教育优待办法；民政部、财政部、原劳动和社会保障部制定的《一至六级残疾军人医疗保障办法》（民发〔2005〕199号）以及民政部、财政部、原劳动和社会保障部、原卫生部制定的《优抚对象医疗保障办法》（民发〔2007〕101号）规定了退出现役的残疾军人、在乡复员军人、带病回乡退伍军人、因公牺牲军人遗属、病故军人遗属、参战退役人员的医疗保障优待办法。民政部、国土资源部、住房城乡建设部制定的《优抚对象住房优待办法》（民发〔2014〕79号）规定了因公牺牲军人遗属、病故军人遗属、退出现役的残疾军人、在乡退伍红军老战士、在乡西路军红军老战士、红军失散人员、在乡老复员军人、带病回乡退伍军人、参战退役人员、参加核试验军队退役人员（含直接参与铀矿开采军队退役人员）、烈士老年子女（含新中国成立前错杀后被平反人员子女）以及年满60周岁农村籍退役士兵的住房优待办法；民政部、原中国人民解放军总参谋部《关于应征入伍服兵役高校在校生优待问题的通知》（民发〔2012〕193号）规定了应征入伍服义务兵役的高校在校生优待办法。

军人社会抚恤制度：军人抚恤制度的对象包括中国人民解放军现役军人、

服现役或退出现役的残疾军人以及复员军人、退伍军人、烈士遗属、因公牺牲军人遗属、病故军人遗属、现役军人家属。军人抚恤包括死亡抚恤和残疾抚恤。死亡抚恤标准的现行主要法律依据是《军人抚恤优待条例》和《烈士褒扬条例》（2011 年 7 月 20 日，国务院令第 601 号）、民政部、人力资源和社会保障部、财政部、原中国人民解放军总政治部《关于贯彻实施〈烈士褒扬条例〉若干具体问题的意见》（民发〔2012〕83 号）；残疾等级评定及抚恤标准的主要法律依据是《军人抚恤优待条例》《伤残抚恤管理办法》（2007 年 7 月 31 日，民政部令第 34 号，根据 2013 年 7 月 5 日民政部令第 50 号修订）。

六、社会补偿法

社会补偿，是指国家和社会对因战争、犯罪行为、重大社会公共事件等不可直接归责于政府的因素给个人造成的损害，在传统侵权损害赔偿制度以及社会保险及社会救助制度之外，补偿受害人损失的一种特殊社会保障制度。德国社会法典第 1 篇（总则）第 5 条（§5 SGB I）对社会补偿的规定是："基于国家整体对于特别牺牲之补偿或基于照顾法上的原则而生之其他理由，人民就其所遭受之健康损害，对下列事项拥有请求权：1. 用以维持、改善以及恢复其健康与工作能力之必要措施；2. 适当之经济照顾。受害者之遗属亦得请求适当之经济照顾。"①

社会补偿不同于国家赔偿和国家补偿。国家赔偿是基于公权力行使中存在违法行为且该行为导致了损害结果发生，其本质是行政侵权损害赔偿。国家补偿则国家对其合法的行政行为承担的损害责任。对于犯罪、合法药物致害、突发公共卫生事件等给个人造成损害的，因其不可直接归责于政府行政行为，故无法在国家赔偿和国家补偿机制中获得补偿。

社会补偿也不同于社会救助，社会补偿以损害发生为请求权基础，受害人

---

① 钟秉正：《社会补偿法制之建构——国家责任新视野》，（台湾）《社会行政法制》2010 年 12 月。

所受损害必须符合特定的事件及原因，且只有与该事件和原因相关的损失才可获得补偿。而社会救助是典型的无因性给付，仅限于贫穷或急难之情形，并不追究造成贫穷或急难的原因。①

与社会救助立法和社会福利立法一样，社会补偿立法亦应是我国社会保障立法规划中非常重要的项目。借鉴德国、日本和我国台湾地区社会补偿制度的经验，应当制定一部综合性的《社会补偿法》作为该领域的基本法，规定社会补偿法的立法宗旨、社会补偿的种类、主体、对象、社会补偿的资金来源以及相关法律责任等。在此基础上，以社会补偿种类为标准，以法律或行政法规的形式，分别制定《犯罪受害人社会补偿法》《食药及法定防疫注射受害人社会补偿法》《重大社会公共事件受害人社会补偿法》。

第四节　特殊群体权益保障法

特殊群体权益保障法在特殊群体的就业、社会保障等领域分别与劳动法和社会保障法有交叉。

一、老年人权益保障法

《中华人民共和国老年人权益保障法》（1996 年 8 月 29 日第八届全国人大常委会第二十一次会议通过，2018 年第三次修订）是一部集养老保障、养老服务、老年人社会优待、老年人社会福利于一体的综合性老年人权益保障基本法。该法所规定的各项老年人权益分别涵盖在《民法典》《社会保险法》《社会

---

① 参见钟秉正：《社会补偿法制之建构——国家责任新视野》，（台湾）《社会行政法制》2010 年 12 月。

救助法》《社会福利法》《社会优待法》等支架性法律中。

二、妇女权益保障法

《中华人民共和国妇女权益保障法》（2018 年修订）规定了妇女的政治权利、文化教育权益、劳动和社会保障权益、财产权益、人身权利和婚姻家庭权益。我国目前已形成了以《妇女权益保障法》为基本法，包含《母婴保健法》《劳动法》《社会保险法》《婚姻法》《继承法》《刑法》等各种单行法律、地方性法规以及政府各部门规章在内的法律体系。

《妇女权益保障法》对妇女文化教育权益和劳动与社会保障权益的规定是原则性的，具体的可操作性制度分别在劳动法和社会保障法体系中。其中，文化教育权益部分属于妇女的教育福利范畴；保障妇女在工作和劳动时的安全与健康，包括产假福利依靠劳动法落实；生育及健康福利，包括婚前及孕产期保健、生育保险、产假期间的生育津贴等，依靠社会保障法落实。

三、儿童权益保障法 [①]

儿童权益保障法主要是以儿童优先、儿童利益最大化为原则，通过立法保护儿童生存、发展、受保护和平等参与的权利。《中华人民共和国未成年人保护法》（2012 年修订）从家庭、学校、社会和司法四个层面规定了保护儿童权利的具体措施，尽管有诸多缺漏及不完善之处，但不可否认该法可以作为儿童权益保障法的基本法。

《未成年人保护法》关于儿童就业的禁止性和保护性规定在劳动法中得以细化；困难儿童及困难家庭儿童救助则在社会救助法体系中有更加明确的规

---

① 我国《民法总则》第 17 条规定，不满 18 周岁的自然人为未成年人，与联合国《儿童权利公约》对儿童年龄的界定一致，且国务院发布的《中国儿童发展纲要》使用的也是"儿童"一词，因此本章在不涉及《未成年人保护法》处全部使用"儿童"的概念。

定。《未成年人保护法》与《儿童福利法》的交叉较多，但二者职能分工也很明显：《儿童福利法》主要规定儿童享有哪些福利，以及福利供给主体和供给机制。而以《未成年人保护法》为核心的儿童权益保障法，偏重儿童保护，应当是一个全面的儿童实体权利保障体系。如儿童教育福利制度中规定儿童教育福利的供给主体和儿童教育福利的具体内容，而儿童权益保障法则针对儿童在接受教育过程中的合法权益保护作出规定。① 儿童权益保障法本身也属于儿童福利中的儿童保护福利范畴。

四、残疾人权益保障法

《中华人民共和国残疾人保障法》（2018 年修订）旨在维护残疾人的合法权益，保障残疾人的社会参与权以及社会成果分享权。作为残疾人权益保障领域的基本法，其大部分内容与劳动法和社会保障法相关。如劳动就业权部分，可以视为就业促进法的特别法；残疾人康复保障、教育保障、平等参与文化生活、无障碍环境保障制度属于社会福利法中的残疾人福利法范畴；社会保障部分则涉及残疾人的社会保险、社会救助和社会优待。以《残疾人保障法》为基本法，配套的法律体系包括《残疾人就业条例》（2007 年 2 月 25 日，国务院令第 488 号）、《残疾人教育条例》（1994 年国务院令第 161 号发布，2017 年第二次修订）、《残疾预防和残疾人康复条例》（2017 年国务院令第 675 号发布，2018 年修订）等。

但《残疾人保障法》不等同于残疾人社会保障法，该法第三条规定：残疾人在政治、经济、文化、社会和家庭生活等方面享有同其他公民平等的权利。残疾人的公民权利和人格尊严受法律保护。禁止基于残疾的歧视。禁止侮辱、侵害残疾人。禁止通过大众传播媒介或者其他方式贬低损害残疾人人格。也就是说，残疾人权益保障法律体系中还有民法、刑法以及行政法等其他部门法。

_____

① 如《未成年人保护法》第三章以及第 63 条。

五、退役军人保障法

《退役军人保障法》是退役军人保障领域的基本法。①

（一）退役军人安置制度

退役安置是国家和社会为退出现役的军人提供就业或生活帮助的一项军人优抚制度。《军队转业干部安置暂行办法》(2001 年 1 月 19 日，中发[2001]3 号)为退出现役的军官和文职干部转业安置、待遇、教育培训、社会保障及家属安置等工作提供了法律依据。《退役士兵安置条例》(2011 年 10 月 29 日，国务院令、中央军委令第 608 号)为规范退役士兵就业、退休、供养安置工作以及军人保险与社会保险之间的转移接续，保障退役士兵的合法权益提供了法律依据。此外还有《军队离休退休干部服务管理办法》(2014 年 9 月 23 日，民政部令第 53 号)、《军队无军籍退休退职职工服务管理办法》(2015 年 12 月 17 日，民政部令第 57 号)。

（二）退役军人救助制度

为解决 2011 年退役士兵安置改革以前退役的士兵出现社会保险缴费中断的问题，保证退役士兵享有与服役贡献相匹配、与经济社会发展水平相适应的待遇保障，2019 年中共中央、国务院办公厅下发了《关于解决部分退役士兵社会保险问题的意见》。

（三）退役军人抚恤优待制度

服役期间因战因公致残推出现役的军人以及因病评定了残疾等级的残疾军人，依据《军人抚恤优待条例》《伤残抚恤管理办法》(2007 年 7 月 31 日，民

---

① 《国务院 2019 年立法工作计划》中已将《退役军人保障法草案》列为拟提请全国人大常委会审议的法律案。

政部令第 34 号，2013 年修订）享受伤残抚恤优待。

六、其他特殊群体权益保障法

消防救援人员、警察等其他特殊群体也应当制定相应的权益保障法。

以消防救援人员为例。2018 年 3 月 21 日，中共中央印发《深化党和国家机构改革方案》，公安消防部队不再列武警部队序列，全部退出现役，公安消防部队转到地方后，现役编制全部转为行政编制，成建制划归应急管理部，作为应急救援的主力军和国家队，承担灭火救援和其他应急救援工作。转隶之后的消防员不再适用军人及退役军人保障制度。作为和平年代最危险、牺牲最多的职业，国家应当建立消防救援人员权益保障体系，主要包括：

（一）待遇保障制度

《中华人民共和国消防救援衔条例》（2018 年 10 月 26 日第十三届全国人大常委会第六次会议通过）旨在以适合消防救援人员特点的职务职级制度，提高职业荣誉感；同时，消防衔也是国家给予消防救援人员相应待遇的依据。未来应当制定与《消防救援衔》条例配套的待遇保障制度。

（二）职业安全与健康保障制度

2006 年 6 月 1 日公安部颁布的《消防职业安全与健康》（GA/T620—2006）和 2009 年 10 月 26 日原卫生部颁布的《消防员职业健康标准》（GBZ 221—2009）是目前消防救援人员职业安全与健康保障制度的主要法律依据。制定《消防职业安全与健康》标准的目的是在消防救援人员的训练以及灭火救援行动中消除各种事故和疾病隐患，降低消防救援人员伤残和患职业病的风险。《消防员职业健康标准》则从职业健康条件、健康监护、健康管理、健康保障、健康促进及评估五个方面规定了适用于消防职业活动中消防救援人员的职业健康管理标准。

（三）退休保障制度

随着社会经济的发展，消防救援服务范围扩大的同时，消防救援人员承担的职业安全风险也在不断增加。由于经常与有毒烟气、有毒危险品、爆炸物、高温以及有坍塌危险的建筑物等发生频繁结束，消防救援人员很容易发生伤残事故，或罹患各类职业病。因此消防救援人员的退休保障制度应当成为消防救援人员权益保障制度的重要组成部分。可以参考美国部分州的做法，建立警察和消防救援人员适用的独立的退休制度。①

（四）医疗保障制度

消防救援人员的医疗保障制度应当包含医疗保险制度、工伤及职业病防治制度、心理健康管理制度等。

（五）社会优待制度

交通运输部、国家发改委、财政部等《关于保障国家综合性消防救援队伍人员交通出行优待权益有关事项的通知》（交运规〔2019〕4号）规定了在职消防救援人员、残疾消防救援人员、离退休消防救援人员和消防救援院校学院在乘坐交通工具时的优待政策。应急管理部、中组部、国家发改委等十三部门联合印发的《关于做好国家综合性消防救援队伍人员有关优待工作的通知》（应急〔2019〕84号）规定了：游览公园、博物馆和景区的优待；2年消防士优待金；预备消防士和三级、四级消防士入职前承包地（山、林）的优待以及复职优待；享受国家抚恤和补助的烈士遗属、因公牺牲和病故消防救援人员遗属以及退出国家综合性消防救援队伍的残疾消防救援人员的医疗保障优待②和住房优待、

---

① 参见 Sec.218.[42U.S.C418]（1）Policemen And Firemen In Certain States。

② 医疗保障优待包括医疗资金保障和医疗服务保障。有些地方出台的医疗服务优待制度包括在各地二级甲等以上医院门诊挂号、收费、检查、取药等窗口允许消防救援人员凭有效证件优先。建立紧急医疗救治协调机制，对需要紧急医疗救治的消防救援人员，由定点医院提出需求，属地卫生健康行政部门积极协调相关医疗机构。

退出国家综合性消防救援队伍的消防救援人员就业优待、一次性补助金等。

第五节　社会组织法与社会事业法

社会组织法主要是规范各类社会组织的设立及行为的法律，包括《工会法》《社会团体法》《红十字会法》等。社会事业法则是调整社会保障和补充保障待遇供给机制的法律，包括慈善法、殡葬法、医疗卫生事业法、教育法、临终关怀法等。

以慈善法为例。《慈善法》第三条界定的"慈善活动"包括扶贫、济困、扶老、救孤、恤病、助残、优抚以及为救助自然灾害、事故灾难和公共卫生事件等突发事件造成的损害而提供的捐赠或服务。可以说《慈善法》是《社会救助法》《社会福利法》以及特殊群体权益保障法的有益补充。

在慈善法律体系中，《中华人民共和国慈善法》（2016年3月16日，第十二届全国人民代表大会第四次会议通过）是当然的综合性、基本法。以《慈善法》为基本法的配套制度体系以部门规章为主：主体制度有规范慈善组织主体资格认定的《慈善组织认定办法》（2016年8月29日，民政部令第58号）；行为制度包括规范慈善组织公开募捐行为的《慈善组织公开募捐管理办法》（2016年8月31日，民政部令第59号）、为保护慈善活动参与者的合法权益，规范慈善组织信息公开行为的《慈善组织信息公开办法》（2018年8月6日，民政部令第61号）、规范慈善组织投资行为的《慈善组织保值增值投资活动管理暂行办法》（2018年10月30日，民政部令第62号）等；慈善税收方面现行有效的只有《扶贫、慈善性捐赠物资免征进口税收暂行办法》（2001年1月15日，财税〔2001〕152号）和《中华人民共和国海关关于〈扶贫、慈善性捐赠物资免征进口税收暂行办法〉的实施办法》（2001年12月13日，海关总署令第90号，2010年修订）。因此，慈善法既是社会组织法的范畴，同时也是社会事业法的范畴。

第六节　小　结

　　构建完善的中国特色社会法律体系，是保障和改善民生的重要基石。本章意在为立法机关明确社会法立法框架，通过内部结构分析，为立法思路提供建议：从立法内容而言，劳动法、社会保障法、特殊群体权益保障法涵盖了从就业到抵御社会风险等重要民生领域，社会组织法和社会事业法则为人民群众参与社会治理，构建和谐社会关系提供了法律保障。不同内容的法律规范之间需结构合理、和谐统一，方可成为保障并增进民生福祉的安全网。从立法体例而言，既要通过综合立法保障立法内容的完整性，又要通过专项立法保证立法的灵活性，及时弥补综合性立法的不足。

第六章　国外社会法比较与借鉴 [①]

我国社会领域改革进入深水区，各种矛盾纷繁交织，如何以理论研究回应现实挑战，以学术成果服务大局就成为摆在社会法学人面前的重大课题。今天，社会法作为独立的部门法、社会法学作为独立的法学研究部门的地位已经确立，学科发展已经走上正轨。社会法治建设是社会事业走向规范化、体系化和常态化的必然要求，更是建设中国特色社会主义法律体系的题中之义。但无论是形成比较视野，还是构建本土理论，都需要漫长而艰辛的努力。要施展好这"关键一招"，迈好这"关键一步"，一方面需要发掘本土法治资源、提炼中国问题，讲好中国故事；另一方面也需要开放胸襟，充分汲取各国社会法治建设和社会法学发展的经验教训，把握国际大势，融入世界学术共同体。

建立社会法学的比较视野并非一日之功。改革开放以来，尤其是在进入21世纪后，维护社会和谐稳定和以人民为中心的理念深入人心，社会法治建设快速发展，社会法成为学界研究的热点，各类著作汗牛充栋，但系统性的比较社会法研究仍显欠缺。近几年来，得益于国际交流的繁荣与国内社会法学者的辛勤耕耘，这一现象有所好转，但总体上仍有待于全面深入地继续推进。

在比较社会法方面。笔者在 2018 年主编出版了《比较社会法学》和《比

---

① 本章内容在叶静漪主编的《比较社会法学》（北京大学出版社 2018 年版）一书的基础上进一步研究而成，刘冬梅、魏倩、闫冬、阎天四位青年作者，以及北京大学法学院硕士研究生王朕、博士研究生苏晖阳对本章有重要贡献，在此一并感谢。

较劳动法学》，通过系统性地梳理多个国家的社会法和劳动法制度，提炼各国发展的经验教训，为中国社会法学提供比较视域下的参考；2008 年主编出版的《瑞典劳动法导读》，不仅对瑞典劳动法的最新研究成果进行综合概览，还以相关判例为载体，对该国劳动法的法律体系进行深入剖析。田思路《日本劳动法研究》（2013）、阎天《美国劳动法学的诞生》（2018）、刘亚军《哈萨克斯坦劳动法律问题研究》（2018）、柯振兴《美国劳动法》（2014）、赵立新《德国日本社会保障法研究》（2008）等著作，都从国别研究的视角，深入地对某个国家的社会法相关制度、判例、学说、研究成果进行梳理。而阎天《反就业歧视法国际前沿读本》（2009）、贾俊玲《21 世纪亚太地区劳动法与社会保障发展趋势》（2001）等则对某些综合性问题进行了比较法视角的探究及分析。

在译著方面，王倩《德国劳动法》① （2016）、蔡人俊《荷兰劳动法》② （2018）、付欣《欧洲劳动法》③ （2016）、李坤刚等《日本劳动法》④ （2010）、《美国劳动法：案例、材料和问题》⑤ （2015）、沈建峰《德国劳动法》⑥ （2014）、刘冬梅，杨一帆《福利社会的欧洲设计》⑦ （2014）、倪斐《德国劳动法与劳资关系》⑧ （2012）、刘艺工《意大利劳动法与劳资关系》⑨ （2012）、陈融《英国劳动法与劳资关系》⑩（2012）等作品则通过引进国外知名专家学者经典著作，为国

① 参见 [德] 沃尔夫冈·多伊普勒：《德国劳动法》，王倩译，上海人民出版社 2016 年版。
② 参见 [荷] 安托内·T.J.M. 雅克布：《荷兰劳动法》，蔡人俊译，商务印书馆 2018 年版。
③ 参见 [比] 罗杰·布兰潘：《荷兰劳动法》，付欣、张蕊楠、高一波、陈洁译，商务印书馆 2016 年版。
④ 参见 [日] 荒木尚志：《日本劳动法》，李坤刚、牛志奎译，北京大学出版社 2010 年版。
⑤ 参见 [美] 迈克尔·C.哈珀：《美国劳动法：案例、材料和问题》，李坤刚、闫冬、吴文芳、钟芳译，商务印书馆 2015 年版。
⑥ 参见 [德] 瓦尔特曼：《德国劳动法》，沈建峰译，法律出版社 2014 年版。
⑦ 参见 [德] 汉斯·察赫：《福利社会的欧洲设计：察赫社会法文集》，刘冬梅、杨一帆译，北京大学出版社 2014 年版。
⑧ 参见 [德] 曼弗雷德·魏斯等：《德国劳动法与劳资关系》，倪斐译，商务印书馆 2012 年版。
⑨ 参见 [意] T.特雷乌：《意大利劳动法与劳资关系》，刘艺工、刘吉明译，商务印书馆 2012 年版。
⑩ 参见 [英] 史蒂芬·哈迪：《英国劳动法与劳资关系》，陈融译，商务印书馆 2012 年版。

内社会法学研究提供了宝贵的学术素材和思路参考。特别值得一提的是，2017
年11月《世界社会保障法律译丛》①的正式出版，这部书由中国社会科学院世
界社保研究中心用时8年，组织翻译了几十部外国社会保障法律，是我国第一
部全面完整引入国外社会保障法律的译丛，为中国社会保障立法和社会法学研
究提供了重要参考。

　　在学术论文方面，阎天②对美国劳动法的特征进行了反思探究；刘倩③
以福利国家理念政策的两难抉择作为切入，深入剖析了各国的制度政策；刘
冬梅④以联合国、国际劳工组织和世界银行为例，论述国际机制对中国社会保
障制度与法律改革的影响。刘丽⑤从本质出发，探究西方福利法治国的成因。
闫冬⑥、沈建峰⑦、何佳馨⑧、刘翠霄⑨等则从一些国家的具体问题出发，详细评
析和研究背后的逻辑与理念，并提出相应的启示和建议。另外，郑爱青⑩、田
思路⑪、吴文芳⑫、沈建峰⑬等学者对各国社会法的基本范畴、研究路径进行介

---

① 参见《世界社会保障法律译丛》(第一至第六卷)，中国社会科学院世界社保研究中心等翻译，
　　中国社会科学出版社2017年版。
② 参见阎天：《美国集体劳动关系法的兴衰——以工业民主为中心2016》，《清华法学》2016年
　　第2期。
③ 参见刘倩：《在失衡中平衡：福利国家理念政策的两难抉择及其对我国的启示》，《法学评论》
　　2016年第5期。
④ 参见刘冬梅：《论国际机制对中国社会保障制度与法律改革的影响——以联合国、国际劳工
　　组织和世界银行的影响为例》，《比较法研究》2011年第25期。
⑤ 参见刘丽：《论西方福利法治国的成因》，《法律科学（西北政法学院学报)》2011年第3期。
⑥ 参见闫冬：《英国劳动基准立法》，《中国劳动》2012年第12期。
⑦ 参见沈建峰：《德国劳动法院的历史、体制及其启示》，《中国劳动关系学院学报》2015年第
　　6期。
⑧ 参见何佳馨：《美国医疗援助保险的制度设计及其借鉴》，《比较法研究》2013年第1期。
⑨ 参见刘翠霄：《从英美看社会保障制度在经济社会发展中的重要作用》，《环球法律评论》
　　2010年第4期。
⑩ 参见郑爱青：《法国"社会法"概念的历史缘起和含义》，《华东政法大学学报》2019年第4期。
⑪ 参见田思路：《日本"社会法"：概念·范畴·演进》，《华东政法大学学报》2019年第4期。
⑫ 参见吴文芳：《我国社会法理论演进与研究路径之反思》，《华东政法大学学报》2019年第4期。
⑬ 参见沈建峰：《社会法、第三法域与现代社会法——从基尔克、辛茨海默、拉德布鲁赫到〈社
　　会法典〉》，《华东政法大学学报》2019年第4期。

绍与阐述。上述及未完全列举完毕的学者们的宝贵的研究成果，都为中国社会法学的比较法研究奠定了扎实的基础，提供了十分有益的帮助。

本章的内容就是站在中国社会法学问题的视角选择论题、学说、理论、素材并进行体系性梳理，通过对分属于大陆法系和英美法系的四个典型国家社会法发展脉络的把握，总结成果与不足，对照中国当代社会生活中的"殊相"进行系统阐发。因此，本章不仅是外国社会法制度的概览，更寄希望于打造社会法比较研究的全景式框架，为构建更为科学先进的中国特色社会法学和社会法治建设作出贡献。

第一节　德国社会法概况

德国社会法理论的发展，凝结于"福利社会国家原则"之中，其目标包含国家必须为社会成员提供"有人类尊严的基本生存保障"、社会安全和社会补偿，维护社会平等与社会公平，并促进共同富裕和社会成员对富裕的普遍参与。在社会福利制度充分发展的德国，劳动法和社会法之间的紧密联系来自现代福利制度的开端——雇佣劳动者社会保险，而随着社会保险制度辐射范围扩张至雇佣劳动者之外的全体社会成员以及其他福利制度如社会促进、社会救助的迅速发展，使得社会法和劳动法的联系日益弱化。

一、劳动法的发展：国家主义与妥协传统

19世纪中叶起，资本主义工业化带来了广泛的社会变革。劳动者面临着强大的就业压力与恶劣的生存状况。机器伤害、高强度、有害的劳动环境、失业等"社会风险"共同逼迫工人阶级走向觉醒。这一时期，工人缺乏系统组织，自由结社受到禁止，但也有旨在消除那些最恶劣虐待行为的保护性法律出

台。① 与此同时，工业化过程中出现了对"社会福利问题"的反思，进而形成以批判福利制度对于国家政治经济制度的依赖关系、主张消灭私有制和资本主义的马克思主义社会福利观② 与以平等为取向进行实用主义改良的"改良社会主义政策学说"③，指导工人运动的实践。

自 1848 年始，工人运动不断壮大、自由工会开始起步。较有代表性的除了政党性组织——社会民主党外，赫希和邓克创立了另一类工会。与前者不同，后者原则上接受资本主义经济制度，并试图将工人联合起来，增强在工作中的谈判力量。1871 年俾斯麦推动德国统一后，国家权力仍掌握在普鲁士贵族与官僚阶层手中，封建制度下尚未发育出自由主义基础，强大的国家主义传统使得新兴资产阶级面对工运压力也不得不妥协于帝国政府。工人运动对自由的追求被认为是工人势力在向整个社会渗透，鉴于此，当局认为社会主义工会已经对政治体制构成威胁，④ 并于 1878 年颁布《反社会党人法》进行镇压。但由于德国社会强大的妥协力量，几经反复博弈，19 世纪的最后十年里，社会主义工人运动的策略转变为承认资产阶级的统治地位并争取"参与民主"。这一转向使人们对集体协议的态度发生转化、对企业内部工人参与的功能与必要性有了新的认识，进而推动了 1891 年《北德意志联邦贸易法》立法，对企业内部的工人机构给予合法性确认。

魏玛共和国时期，早先为抵制工会影响力而成立的雇主协会完全承认了工会的地位，双方共同建立中央合作委员会，宣称集体协议是规定工作待遇的主要途径。《魏玛宪法》毫无限制地保障了结社自由，现行的劳动法基本概貌也

---

① 参见 [德] 曼弗雷德·魏斯、马琳·施米特：《德国劳动法与劳资关系》，倪斐译，商务印书馆 2012 年版，第 17 页。

② 参见钱宁主编：《现代社会福利思想》，高等教育出版社 2006 年版，第 62—66 页，转引自叶静漪主编：《比较社会法学》，北京大学出版社 2018 年版。

③ [德] 汉斯·察赫：《福利社会的欧洲设计》，刘冬梅、杨一帆译，北京大学出版社 2014 年版，转引自叶静漪主编：《比较社会法学》，北京大学出版社 2018 年版。

④ 参见 [德] 曼弗雷德·魏斯、马琳·施米特：《德国劳动法与劳资关系》，倪斐译，商务印书馆 2012 年版，第 18 页。

逐渐形成:如 1918 年《劳动时间条例》、1920 年《企业组织法》、1926 年劳动法院制度的建立、1927 年失业保险、安置服务制度的出台等。1929 年世界性经济危机爆发,失业率大幅上升,集体谈判遭受抨击。政府于是紧急对劳资关系施以干预,新成立的纳粹政府建立"德意志劳动阵线",一时间集体谈判、劳资活动被禁止,个别劳动法也演化为纳粹政府的政治工具。第二次世界大战后,联邦德国、民主德国并行不同的劳动法,联邦德国保留魏玛时期的集体行动的传统;而民主德国工会则变成实现社会主义政党和政府的目的的组织,以保障经济计划的完成。劳动法在民主德国的三个实用目的分别为完成计划、充分就业、对工人进行"社会主义道德观"的教育。[①]1990 年德国统一,双方在《货币、经济和社会统一条约》《联邦德国和民主德国关于建立统一德国的条约》中达成共识,将联邦德国集体劳动法的核心要素、个别劳动法移植到民主德国,辅助法律的配套制度也一并输送。[②]

20 世纪末至今,德国劳动法向前发展的推动力主要来自欧盟的法律与劳动力市场的新现象。如 2000/43/EG 号和 2000/78/EG 号欧盟指令的 2006 年《一般平等对待法》关于避免歧视的关切对各成员国立法产生了重大影响,欧洲劳动力市场近年来"告别标准劳动关系"走向非典型雇佣关系形式的现实需求、集体谈判对雇主的约束力下降也使得德国反思应当采用何种劳动关系模式规制劳资关系;[③]雇主与劳动者之间灵活兼安全的平衡目标、社会老龄化的劳动关系模式的选择、零工经济对劳动力市场的影响等,相继成为德国劳动法面临的新问题。

---

① 参见 [德] 曼弗雷德·魏斯、马琳·施米特:《德国劳动法与劳资关系》,倪斐译,商务印书馆 2012 年版,第 22 页。

② 参见 [德] 曼弗雷德·魏斯、马琳·施米特:《德国劳动法与劳资关系》,倪斐译,商务印书馆 2012 年版,第 24 页。

③ 参见 [德] 雷蒙德·瓦尔特曼:《德国劳动法》,沈建峰译,法律出版社 2014 年版,第 43 页。

二、社会保障法：福利社会国家原则的落实

如上所述，19 世纪中期德意志帝国成立后，劳动者在社会经济中的地位较低。生产活动中大量的风险没有规避的途径，教育、医疗、赡养等问题也无法通过自身解决，失业、工伤事故、贫困频频发生。这一时期，德国历史学派反思"自由竞争理论"，新历史学派强调对国家角色的重视，学界主流观点开始主张通过社会改良措施进行救济。例如古斯塔夫·施穆勒在劳动保护、劳资斗争和国家税收与财政方面进行了大量的理论探索，提出建立"劳工保险"[1]。社会改良论者、社会学家在这一时期也积极行动，倡导用在社会改良的方式改善劳工的劳动与生活条件，而不是对社会财产关系进行根本性变革（马克思主义社会福利观）。

对社会政策产生决定性影响的帝国首相俾斯麦，把社会保险——一种重点为具备自我预防能力的人群设计的保障制度——作为社会福利制度整体架构中的核心内容。[2] 俾斯麦意识到社会主义运动潜在的颠覆力，[3] 同时德意志帝国政治、社会结构上的不稳定也急需某种制度作为国家内部的黏合剂稳定市民社会。受此影响，19 世纪 60 至 70 年代，德国政府在扩大工人选举权、支持生产合作社、限制童工劳动、建立社区养老机构等方面采取了一系列措施。

19 世纪 80 年代，德国保险管理技术日臻成熟，但坚持自由主义观念的官员、学者、企业对雇主缴纳保险费义务的实施心存质疑。俾斯麦在长期与教会势力的斗争中认识到社会政策的推动是成为削弱教会影响力的唯一手段，同时社会上的矿冶企业因面临巨大的赔付压力，支持强制性社会保险的声音出现，也坚定了俾斯麦推行社会保险立法的决心。1881 年 11 月，俾斯麦

---

[1]　Gustav Schmoller, Die soziale Frageund der Preußische Staat, Preußische Jahrbücher, 1874, Bd. 3, Heft 4, 转引自叶静漪主编：《比较社会法学》，北京大学出版社 2018 年版。

[2]　参见 [德] 汉斯·察赫：《福利社会的欧洲设计》，刘冬梅、杨一帆译，北京大学出版社 2014 年版。

[3]　参见 Zöllner，S. 68，转引自叶静漪主编：《比较社会法学》，北京大学出版社 2018 年版。

向议会宣读"皇帝诏书"，宣布德国疾病与事故保险以及养老保险的实施计划，标志着以社会保险立法为基础的德国社会保障制度正式开始。① 此后，政府相继颁布《疾病社会保险法》《工伤事故保险法案》《老年人及伤残保险法》，奠定了德国社会保障制度的基础。德国在立足于本国传统与现状的基础上，在政治强人的推动下，基本完成了社会保险这一福利国家制度史上的重要创举。②

魏玛共和国时期，《德意志联邦宪法》大量列举公民的基本权利，特别是对经济、社会保障、劳动及文化教育等方面尤为重视。《公共救助法》《失业救济法》尽管短期效果并不理想，但对第二次世界大战后德国社会保障法发展影响显著。③ 联邦德国时期，执政党的大力推动"社会福利国家原则"。沿袭19世纪社会保障的传统、同时受到新经济自由主义学派和凯恩斯主义的影响，当局开始将普遍性的社会福利事业作为国家的社会责任。到20世纪70年代为止的这段时间，德国经济高速发展，在三大社会保险的基础上，社会保障不断扩张：1950年恢复养老保险制度；1957年改革养老保险制度、颁布《农民老年年金保险法》，将养老保险制度推广到农村；1961年实行住房补贴，同时制定《联邦社会福利法》；多次提高儿童津贴，规定公民从第一个孩子出生起每个月可领取儿童津贴等。④

20世纪70年代末，由于经济危机的影响，德国失业者增多、保险收入减少。为缓解财政问题，政府开始提高保险费率，医疗给付也由政府承担改为被保险人部分比例分摊制。80年代至今，德国社会保障制度不断改革和完善，尽管两德统一和随后前联邦德国制度向前民主德国的扩展使得国家保险制度覆盖的工作有所减少，但强制的长期照护保险仍被加入社会保险体系中。在2001

---

① 参见赵立新：《德国日本社会保障法研究》，知识产权出版社2008年版，第28页。

② 参见Franz-Xaver Kaufmanns, Sozial politisches Denken-Diedeut schetradtion, Frankfurtam Main, 2003, S.9, 转引自叶静漪主编：《比较社会法学》，北京大学出版社2018年版。

③ 参见赵立新：《德国日本社会保障法研究》，知识产权出版社2008年版，第35页。

④ 参见赵立新：《德国日本社会保障法研究》，知识产权出版社2008年版，第37页。

年养老金改革中，德国引入了一项新的国家补贴的积累型养老金计划，作为强制的现收现付制和企业养老金的补充，被称为新福利制度的引入时期。^①2003年以来，新的经济危机的背景下，社会政策被认为是维持稳定的重要因素，立法不断贴合现实需求进一步作出调整和回应。

第二节　日本社会法概况

日本社会法的发展，以第二次世界大战为分界点，分为战前（成立期）理论与战后（发展期）阶段。^②20 世纪 60 年代以降，社会法理论的基本建成，促进了劳动法、社会保障法的发展。日本劳动法受到外国多种法律制度的混合影响，形成了其合作型集体劳动关系和长期雇佣等特色制度，政府在劳动关系的转型中发挥重要的间接干预作用。

一、劳动法：稳定与合作的劳动关系模式

明治维新后，日本建立起以天皇为中心的集权体制。自上而下的资本主义改革带来了经济的发展，但日本社会阶层依旧是半封建半资本主义的混合体，农村存在地主和佃农、城市的财阀企业也出现了原生的劳动关系，契约自由、所有权绝对等古典市民法原理发展并不充分。工业化进程中，劳资对立使得劳动者受到残酷剥削。政府对改善劳动条件的早期工会组织和工人运动的镇压，

---

① 参见 ［德］沃尔夫冈·施罗德、塞缪尔·格里夫：《德国经济发展与社会保障体系建设：历史经验与未来方案》，《社会保障评论》2019 年第 1 期。

② 参见 ［日］丹宗昭信：《社会法理论的发展》，见 ［日］菊池勇夫编：《社会法综说（上）——劳动法、社会保障法、经济法》，有斐阁 1959 年版，第 24 页，转引自叶静漪主编：《比较社会法学》，北京大学出版社 2018 年版。

遏制了工会运动的发展。① 第一次世界大战结束后，经历了三次经济危机的日本，贫富分化、劳动问题的社会性进一步凸显。在强烈的国家主义传统下，当局通过对殖民地扩张、制造战争等借口转移国内矛盾，而垄断经济的发展却进一步加剧劳资冲突、失业问题更加显著。政府间或提出的进行工资保护立法、解雇补偿立法、劳动协约等构想也遭到资方的强烈抵制而无疾而终。这一时期劳动立法屈指可数，而学界在缺乏实证研究的基础上，依赖桥本文雄②、加古祐二郎、菊池勇夫③等先行者，艰难地引导社会法理论在日本生根发芽。第二次世界大战之后，日本社会迎来了民主化改革，从天皇主权向国民主权转换，社会运动也获得了解放，政府在构建劳资和劳动关系的法律框架方面发挥了重要作用，并逐渐摆脱了以往行政法的浓郁色彩。与此同时，学界形成实证法学、理论法学并行的研究思路，沼田稻次郎④、渡边洋三⑤等代表性学者对社会法的法律体系、定位等问题进行了热烈而充实的探讨。

第二次世界大战后，日本国内经济并不景气。通胀、失业、缺乏食物、生活条件恶劣等情况下，工会行动激进，甚至采取暴力行动，试图成为实现民主化的主力军。⑥面对恶化的劳动关系，联军政府开始直接干涉和控制劳工运动。另一方面，在国内舆论和联合国军总司令部的旨意下，当局也加快劳动领域的立法：集体劳动关系上，1946年《劳动关系调整法》制定实施，1949年《工会法》以美国《华格纳法》为蓝本重新修订；个体劳动关系方面，1947年《劳动基准法》《工伤事故补偿保险法》制定了劳动契约的基本规则与最低基准；劳动力

---

① 参见［日］荒木尚志：《日本劳动法》，李坤刚、牛志奎译，北京大学出版社2010年版，第115页。
② 参见［日］桥本文雄：《社会法与市民法》，该书初版为1934年岩波书店，国内引介多为1957年有斐阁再版。
③ 参见［日］菊池勇夫：《转换期中的社会经济法》，见《社会法的基本问题——劳动法、社会保障法、经济法的体系》，有斐阁1968年版。
④ 参见［日］沼田稻次郎：《市民法与社会法》，评论社1953年版。
⑤ 参见［日］渡边洋三：《现代法的构造》，岩波书店1975年版。
⑥ 参见［日］荒木尚志：《日本劳动法》，李坤刚、牛志奎译，北京大学出版社2010年版，第116页。

市场方面，1947 年《失业保障法》对就业安置、劳动力供给方面做了进一步规定。这些法律在 20 世纪后期虽经过多次修改，但基本框架与主要内容并未发生改变。①

　　20 世纪 50—60 年代的日本经济高速发展，工人自发地远离战争式的工会运动，私立部门工会逐渐转向温和派，劳资关系逐渐从对立转向密切沟通的合作，双方就"加强雇佣安定、通过联合磋商促进沟通、增产利益公正分享"的三原则达成共识。② 与此同时，为了应对劳动力不足的问题，日本政府实施了劳动力流动化政策，制定了《职业训练法》《障碍者雇用促进法》《雇用促进事业团法》等③ 巩固长期雇佣、终生雇佣的发展模式，增强工人主人翁意识。但 1973 年的石油危机对日本长期雇佣的传统影响巨大。为解决失业、裁员问题，日本先后通过《雇用保险法》《劳动者派遣法》《职业能力开发促进法》，以促进劳动者职业能力的提高、预防失业、创造雇佣机会，对于长期雇佣关系也作出灵活性调整。

　　1985 年至今，日本社会经济发生较大变化。如服务业经济化、电子信息化的发展带来的产业结构调整，临时工、派遣工、外包工带来的就业形态多样化，科技进步带来的劳动环境变化，急速高龄化进程等使得日本个别劳动关系中的终身雇佣制、年功序列制发生改变。对此，日本先后制定《男女雇佣机会均等法》《高龄者雇佣安定法》《短时间劳动法》，劳动审判制度也在 2006 年开始执行。就集体劳动关系而言，产业结构的变化导致工会的组织率下降，集体劳资纠纷数量减少，《劳资组合法》中的相关规定也需要进一步加以完善。④

　　综观日本劳动法的发展，政府在劳资关系的转变中发挥了积极的推动作用，通过间接引导的方式鼓动劳资双方建立合作型劳动关系。近年来，在个体

---

① 参见田思路、贾秀芬：《日本劳动法研究》，中国社会科学出版社 2013 年版，第 48 页。

② 参见［日］荒木尚志：《日本劳动法》，李坤刚、牛志奎译，北京大学出版社 2010 年版，第 157 页。

③ 参见田思路、贾秀芬：《日本劳动法研究》，中国社会科学出版社 2013 年版，第 17 页。

④ 参见田思路、贾秀芬：《日本劳动法研究》，中国社会科学出版社 2013 年版，第 235 页。

劳动关系方面，日本面临内外部结构性变革，企业工会主义无法解决宏观性质的问题。正如雇佣平等、和谐立法所表明的，日本政府通过所谓的"努力的义务"以及行政指导，采取了一套"软法"制度加以引导。这种间接指导的方式，既不同于国家主导型经济发展、也不同于专制主义，取得了相对良好的效果。①

二、社会保障法：国民自立、社会协作与参加型的社会保障

与欧美国家相比，日本社会保障长期处于落后状态，但其发展迅速并不断深化，最终形成了包括社会保险、社会救济、社会福利、公共卫生与保健、军人优抚、战争受害者救济在内的完整社会保障体系。② 日本社会保障法的发展一般要追溯到第二次世界大战之后，但社会保障的理念和措施在战前已经萌生。

明治维新时期，1874 年《恤救规则》对无劳动能力且无抚养者并处于极其贫困状态下的流浪者在一定期限内给予少额现金维持生计，实则是一种恩惠和家长主义色彩的有限救助措施，缺乏对于救助权利以及政府责任的认识。这一时期，民间志愿团体在社会救助中占据了很大比例。直到 1932 年《救护法》明确了国家进行公共救济的义务，但救济对象仍旧局限在老弱病残人群。吸收了"恩给制度""简易生命保险制度"的传统后，日本在 1922 到 1941 年期间陆续通过《健康保险法》《劳动者灾害扶助责任保险法》《国民健康保险法》，构成战前社会保障制度的雏形。③

日本社会保障的基本框架形成于第二次世界大战后西方民主观念的引入，在接受美国考察团《关于社会保障制度的建议书》意见的基础上，1948 年日

---

① 参见［日］荒木尚志：《日本劳动法》，李坤刚、牛志奎译，北京大学出版社 2010 年版，第 168 页。

② 参见崔万有：《日本社会保障研究》，北京师范大学出版集团 2009 年版，第 50 页。

③ 参见宋健敏编：《日本社会保障制度》，上海人民出版社 2012 年版，第 40 页。

本正式启动社会保障制度的程序。1950 年颁布的《生活保护法》将社会救助明确为国民所拥有维持最低限度的、健康文明的生活的权利，使其成为一项现代的社会保障制度，与《儿童福祉法》《身体障碍者福祉法》并称福利三法。这一时期，《失业保险法》颁布，与劳动相关的社会保险制度框架建立起来。政府不断充实医疗保险和养老保险，实现"国民皆保险"以落实宪法上的"生存权"理念。20 世纪 60 年代，社会保险建设从量的拓展转换为质的提高，表现为给付内容增多和水平提高。其间，政府还颁布了《智力残障者福利法》《老年人福利法》《母子福利法》，使第二次世界大战后的"福利三法"扩充到"福利六法"。

以石油危机为转折点，国家和地方出现严重的财政赤字，面对急剧的老龄化社会与人们福利需求加大，"福利的重新探讨"势在必行。日本政府机构的许多报告中都指出，在公共社会保障方面有必要提倡国民"自立、自主"，强调传统的家庭、企业、社区共同体的协作作用，并指出社会保障的过分充实会妨碍人们的自强精神和责任感的形成。[1]1982 年《老年人保健法》从医疗保障制度入手，旨在削减老年人医疗保障方面的支出；修改后的《国民年金法》引入基础年金，形成双层次的年金制度，以体现费用负担方面的公平。

20 世纪 90 年代后，日本社会保障支付的进一步改革伴随"财政再建"一并展开。[2]1995 年日本社会保障审议会出台《社会保障体制的再构建——面向可以安心生活的 21 世纪》，提出社会保障的基本理念是"保障广大国民健康安心的生活"，强调国民自立和社会协作是支撑社会保障制度的基础。因此，福利观念从为老、弱、病、残等人群提供保护措施，转变为"以人为本"，尊重老弱病残的自我意识，帮助其自立，即无障碍化的理念不断普及。这一时期《老年人福利法》《生理残疾人福利法》《老年人保健法》等八部社会福利方面

---

[1]　参见王伟：《日本社会保障制度》，世界知识出版社 2014 年版，第 7 页。

[2]　参见宋健敏编：《日本社会保障制度》，上海人民出版社 2012 年版，第 48 页。

的法律完成修订。① 与此同时，旨在建立起高效、互助、引入竞争机制和发挥民间力量的《护理保险法》颁布，减轻了政府和当代年轻人的负担，使日本社会保险的五根支柱得以矗立。

21 世纪以降，日本人口高龄化和少子化的问题越来越突出，可持续发展理念成为这一时期的发展主题。一方面政府不断强调国民通过自立实现"参加型的社会保障"；另一方面也在鼓励生育、改善育儿环境方面继续优化制度建设，并关注下一代的教育，以实现代际公平的综合体系。

第三节 英国社会法概况

在英国，社会法和劳动法的意蕴大致相同，社会立法即劳动领域的立法。英国政府、劳资关系和立法的历史演进呈现出从自由放任主义的结束到新自由主义模式的转换、司法调整的加强、紧贴社会实际的规律。② 而英国的社会保障制度经过了三百多年漫长的发展过程，由过去教会组织的救济贫民活动，小规模分散的福利措施逐步发展成为中央性质的、强制性且完整统一的社会保障体系，这既不是第二次世界大战的产物，也并非战后政府的突然创举，它有着深刻的历史渊源。

一、劳资关系调整：从集体放任主义到新自由主义的转换

与西欧其他国家发展模式不同，英国的劳资关系调整依赖于集体谈判。20世纪 60 年代以前的英国传统劳资关系体制奠基于这样的社会共识：国家的介

---

① 参见王伟：《日本社会保障制度》，世界知识出版社 2014 年版，第 9 页。
② 参见［英］琳达·狄更斯、聂耳伦编著：《英国劳资关系调整机构的变迁》，英中协会译，叶静漪审校，北京大学出版社 2007 年版，第 1 页。

入应该被限制到最小限度 ①。从 1870 年开始，英国立法者先后颁布《工会法》《劳资纠纷法案》《共谋犯罪和财产保护法》，为集体谈判的合法性背书并解除对于集体劳动活动的限制，豁免了工会组织开展政治性、经济性行为的责任，推动英国产业关系和劳动保护领域方面自由集体主义管制模式的形成。因此，早期劳资治理关系呈现出"回避主义"的特征以满足劳工运动发展的需要，自愿性谈判也意味着，规定雇佣关系中的工资、工时、健康和安全等事项的规范性立法重要性退居次席。另一方面，自由放任的治理模式下工会长期以来将国家法律视为行动的障碍，人们被认为有能力保护自己，劳资双方不希望国家介入劳动关系、也不依靠国家保障劳动合同的履行。这种立场反过来增加了国家对工会的敌意，英国法律和司法对待工会的态度不时出现反复，削弱集体行为的力量。

第二次世界大战后，面对产业运动及其造成的破坏，英国政府，尤其是撒切尔领导的保守党政府转而奉行社团主义的治国方略，邀请劳资双方代表参与政策制定、逐渐强化对于经济的直接干预，国会先后颁布《价格与收入法》和《劳资关系法》对劳资关系加以调整，对集体谈判模式作出规范性的顶层设计。虽然工党政府执政早期对集体谈判的态度有所摇摆，举措如创设劳动咨询、调解、仲裁服务局和中央仲裁委员会等，着力保障劳资双方谈判的合理预期，但受新自由主义思潮的影响，保守党政府执政期间，首相撒切尔夫人和梅杰所进行的经济和社会制度改革以及所颁布的劳动法律，使得劳资关系制度发生了根本的变化。② 新自由主义者主张，劳动法有利于劳动力市场的效率的提高；另一方面，劳动法也可以通过消解产业运动从而降低负面影响。工会的强势地位招致了不少人的不满，当局政府通过制定全国统一、合理的最低保障标准，来提高劳动力市场的灵活性、降低产业运动的主动性，包括《雇佣法》《工会法》《工会改革与雇佣权利法》《工会与劳工关系巩固法案》，对工会的集体活动施

---

① 参见 ［英］史蒂芬·哈迪:《英国劳动法与劳资关系》，陈融译，商务印书馆 2012 年版，第 38 页。

② 参见 ［英］琳达·狄更斯、聂耳伦编著:《英国劳资关系调整机构的变迁》，英中协会译，叶静漪审校，北京大学出版社 2007 年版，第 5 页。

加更严格的程序性限制。

千禧年前后工党重新执政，工会受限制的情况略有改观。当局认为劳资关系应立足于合作，政府应当鼓励社会伙伴关系的建立，并采取了不同于以往的"第三条道路"①。政府一手直接设定个体和集体权利，另一手通过保留一些前任政府限制产业行动的关键性条款来维持劳资和平。对于集体劳动关系，政府在宏观层面通过建立不同利益主体间社会伙伴关系和社会对话机制，实现多方社会团体共同监督劳资关系，减少劳资双方的对立；在中观层面，由劳、资、政组成三方机制，劳资双方通过第三方平台合理释放诉求、达成妥协来制定劳动方面的法律和政策，如英国的工会联合会、中央仲裁委员会等介入性、斡旋性平台的参与，这也是平等、民主融入经济伦理和社会正义在劳工领域的重要体现；而微观层面，企业内部的劳资沟通、企业民主管理、社会责任则成为西方国家协调微观利益冲突的三件法宝。易言之，在集体劳动关系领域，政府力图保护集体协商的权利和限制破坏性产业行动的发生。

对于个体权利，1998年《国家最低工资法》为覆盖英国各地区各经济部门的国家最低工资体制的建立奠定了基础。随着《欧洲人权公约》及1998年《人权法》在英国的生效更加声势浩大，对《欧盟社会政策协议》的认可促使英国成为《阿姆斯特丹条约》的成员国，反过来促进政府执行日益兴盛的欧盟调控立法②，使得英国个别劳动方面的法规渐成体系，底线性权利保护逐渐加强，并重视"衡平"观念的贯彻。这一观念在时间中全面覆盖了劳动合同、信息保护、工资制度、工时制度、解雇保护制度和反就业歧视制度领域，与集体合同互补互动、刚柔并济。这不仅体现了政府主动参与社会与经济管理的治国理念，还为权利至上的社会法原则提供了注脚。

---

① Kilpatrick C, "Has New Labour Reconfigured Employment legislation?", *Industrial Law Journal*, University of California Press, 2003, pp.135-163, 转引自叶静漪主编：《比较社会法学》，北京大学出版社2018年版。

② 参见［英］史蒂芬·哈迪：《英国劳动法与劳资关系》，陈融译，商务印书馆2012年版，第52页。

2001 年和 2005 年的再选举后，政府对劳资关系的立法和司法监管政策依然没有改变①，达到了最低权利保障途径的顶点，与笼罩在英国工厂中"欧洲化"氛围相协调。与此同时，自 2000 年以来，工党政府对《欧洲人权公约》的引入也在影响着英国劳动法的进程、程序、公平性和其他的具体条文设置。同时，受到了欧盟影响，英国劳动法对性别、宗教、年龄等问题的宽容度也在增强②。

二、社会保障法：从摇篮到坟墓

1601 年，英国政府颁布了历史上第一部具有社会保障性质的《济贫法》，以法律形式规定救济贫民的一些社会福利措施由教区的教会组织实施，对无劳动能力的穷人、老年人、病人、体能健全的穷人提供照顾或就业机会，并将分散化、应急化的济贫事务强化为政府对社会控制的职能。有学者认为，虽然"《济贫法》的具体形式和机制已经被废弃，但隐含在其中的观念和政策仍然根植于现行的法律和实践中"③。由于济贫工作管理不善，旧《济贫法》阻碍了劳动力的自由流动，造成财政开支过大。1834 年，政府又对《济贫法》作了修正，通过提供极差的保障待遇以及对领取救济金者的人格蔑视来降低救济金领取者数量，为社会提供了大量廉价劳动力、降低济贫税开支。④ 与此同时，随着国家济贫方式的多样化，工人自己也建立了各种名目的济贫自助机构，成员按规定缴纳互助基金，为遇到不测时提供经济帮助。

从 20 世纪初到第二次世界大战前，政府也开始对《济贫法》进行大刀阔斧的改革。20 世纪初社会主义思潮兴起，英国政府一方面受到工党组织的压力，另一方面还不得不面对产业结构改变带来的社会动荡。《1908 年老年养老金

---

① 参见 [英] 琳达·狄更斯、聂耳伦编著：《英国劳资关系调整机构的变迁》，英中协会译，叶静漪审校，北京大学出版社 2007 年版，第 7 页。

② 参见 [英] 史蒂芬·哈迪：《英国劳动法与劳资关系》，陈融译，商务印书馆 2012 年版，第 53 页。

③ [英] 内维尔·哈里斯：《社会保障法》，李西霞、李凌译，北京大学出版社 2006 年版，第 77 页。

④ 参见郑春荣编著：《英国社会保障制度》，上海人民出版社 2012 年版，第 29 页。

法》使得养老金的领取成为公民的一种权利，1911 年颁布《国家保险法》正式实施强制性的就业保险制度。[1]20 世纪 20 年代，《失业保险法》出台将 1911 年法案的覆盖范围进一步扩大，但由于失业人口屡增不减，使得工党政府不断修正过渡性保险金政策，经过一段时期的摸索逐渐形成运作良好的失业救济制度。

第二次世界大战爆发激发了英国人的爱国热情，并呼吁对新生活的渴望。1946 年出台的《贝弗里奇报告》对英国社会保障制度现状、问题和以往提供的各种福利制度进行了反思，并勾勒出战后社会保障计划的宏伟蓝图。该报告指出，贫困、疾病、无知、肮脏和懒散是影响英国社会进步、经济发展和人民生活的五大障碍，国家要采取措施解决上述问题。报告设计了一套"从摇篮到坟墓"的社会福利制度，提出国家为每个公民提供 9 种社会保险待遇以及全方位的医疗和康复服务，并根据本人经济状况提供国民救助。[2] 由此，在第二次世界大战结束至 1979 年期间，英国社会保障制度不断建立与完善。《国民保险法》《国民卫生保健服务法》《家庭补助法》《国民救济法》等一系列法律先后颁布，初步形成了一个覆盖全民、全国统一的社会保障制度。1948 年，英国正式宣布为福利国家，全国公民普遍地享受福利，国家负担起保障公民的重要职责。1965 年和 1975 年，英国先后对《国民保险法》等进行了大量的补充与修正，形成了福利型社会保障制度的基本框架。

1975 年至今，无论是保守党执政还是工党执政，都力图减轻政府责任和压力，如 1999 年《福利改革和养老金法》、2007 年《养老金法案》、2009 年《社会福利改革法案》等，强调政府、企业、个人共同参与解决社会风险和社会保障的问题。例如，社会保障基金的来源主要是国家的一般性税收，由国家卫生和社会保障部统一进行管理，对于减轻国民的负担，稳定社会秩序，调和劳资矛盾发挥了积极的作用。然而"普遍福利"的政策也带来了种种弊端：高福利支出使国家财政负担日趋沉重；各种额外津贴和补助培养了一部分人坐享社会

---

① 参见郑春荣编著：《英国社会保障制度》，上海人民出版社 2012 年版，第 41 页。

② 参见郑春荣编著：《英国社会保障制度》，上海人民出版社 2012 年版，第 45 页。

福利的懒惰思想；高福利导致劳动生产率下降和经济资源的浪费，提高了产品成本，严重地影响了社会经济的发展。

第四节　美国社会法概况

美国并不存在"社会法"概念与学科意义层面的"社会法学"，但社会法主要内容——劳动法与社会保障法——的研究"无名而有实"。宽泛的劳动法思想始于建国时期，历经形式主义与现实主义学派的交替发展，随着劳动法学逐渐脱离产业主义的统一轨道，在当下与外部的批判法学、法律经济学、新治理理论相互震荡，呈现出治乱交替与多元的发展趋势。而美国的社会保障制度自罗斯福新政确立，经历了发展的繁荣期后弊端开始显现。社会保险费用的不断提高间接导致了财政赤字和恶性通胀，改革的争议一直持续至今。

一、劳动法学的发展：治乱交替与多元震荡

在美国劳动法的发轫时期（19 世纪早期到 20 世纪），劳动争议主要围绕主仆关系法与集体劳动关系领域的共谋犯罪/侵权方面。法院继受英国曼斯菲尔德法官的工具主义，创制法律回应新生问题，[①] 以"费城鞋匠案"为代表，赋予了集体行动、谈判以法律内涵，并融入产业和平与工业发展的社会政策。内战之后，法律形式主义盛行，企图通过普世原则与形式逻辑建构法律体系的观念，使得劳动法学开始成为专门的学问。但形式主义学派对待工人运动态度封闭、对不符合形式"完美"的司法判例加以摒弃，也让这一时期劳动法学研究

---

① 参见［美］格兰特·吉尔莫：《美国法的时代》，董春华译，法律出版社 2009 年版，第 5—11、36—37、52—53、60 页。［美］莫顿·J. 霍维茨：《美国法的变迁：1780—1860》，谢鸿飞译，中国政法大学出版社 2005 年版，第 1—42、385—386 页。

逐渐与实践脱节。20世纪初到第二次世界大战间，现实主义法学开始对形式主义法学发难，其核心诉求是主张恢复法律的社会政策维度、法律应该积极回应现实的劳资冲突。学者指出，形式主义的运作是服务大于资本的，加剧了劳资关系的紧张，其法律结构与现实脱节，同时批评劳动关系的各个法律部门共同前设的形式平等与契约自由。这一时期，现实主义者与旧制度经济学人的主张为1935年《国家劳动关系法》（"华格纳法"）的出台奠定了重要基础；而从战后延续到20世纪70年代，法律过程主义在智识上开始反驳激进的法律现实主义，推动了美国劳动法学走向成熟。面对战后工运，劳动法受到法律过程学派的支配，警惕现实主义中的激进观念。为追求劳资自治下的多元利益的共同促进，学者重申美国法律的自由民主道德基础，并将这一道德基础转化为对劳资自治权的程序控制。以阿奇博尔德·考克斯为代表的劳动法学者与法院紧密互动，解读《国家劳动关系法》，进而塑造出一系列维护劳资自治的程序性规则，这些主张被概括为"产业多元主义"。理想的产业多元主义框架下，集体协议占据自治关系的"宪法"地位，劳资协商即是立法过程，自愿仲裁与国家劳动关系委员会分别扮演司法和行政机关的角色。一方面，劳资自治就是微观民主，以合意之治代替劳方或资方单方面的"专制"；另一方面，劳资自治就是微观宪政，以宪法之治代替了劳方或资方单方面的"人治"。

20世纪80年代，美国劳动法学产生裂变。以互联网、生物科技为代表的高新技术带来的第三次产业革命深刻影响着劳动力市场，新兴职场以短期雇佣、分散用工、扁平化内部劳动力市场为基本特征，产业多元主义所依附的"福特式工厂"的用工模式与基本承诺——集体而非个别劳动关系、劳资自治而非外部干预、劳资双赢而非零和博弈 ①——受到冲击。另一方面，雇主和右

---

① 关于20世纪70年代以来美国劳动关系的变化，参见 KatherineV. W.Stone，From Widgets to Digits: Employment Regulation for the Changing Workplace，New York: Cambridge University Press (2004); Katherine V. W. Stone & Harry Arthurs (ed)，Rethinking Workplace Regulation: Beyond the Standard Contract of Employment，New York: Russell Sage Foundation (2013)，转引自叶静漪主编：《比较社会法学》，北京大学出版社2018年版。

翼政府对工运、集体谈判保持敌对态度，产业多元主义的共识遭到挑战，主流学者所鼓励的劳资共赢、和谐自治的愿景对劳资双方的吸引力大幅下降。20世纪 60 年代，工会和集体合同在全体劳动力中的覆盖水平不断降低，个体化的劳资关系占据了劳动力市场的绝对主流，国家直接干预个别劳动关系的立法接踵而出，如《同酬法》第七篇、《残疾美国人法》和《家事和病假法》等。联邦法院也一改回避直接干预、将问题留给劳资自治的姿态，强势介入个别劳动关系。虽然诸如维勒等主流产业多元主义的学者对既有劳动法体系抱有信心，屡次动议国会修法进一步赋予工人私下秘密结社权，减少用人单位对工会破坏、干预的机会，重塑劳资自治在职场想象的重心，但最终由于党派倾轧不了了之。主张"法律即政治"的左翼批判法学研究者，指出产业多元主义阉割掉了《国家劳动关系法》中的革命力量，让劳工安于通过工会代表自己的利益、让工会安于通过约束成员的基金行为来换取资方让步和国家的不干涉，让其他形式的劳工组织陷入法外边缘之地。产业多元主义与其说是法律，不如说是一种意识形态的骗术和阶级斗争的麻醉剂。[1] 与左翼的批判法学相对，居于右翼的法律经济学者、特别是早期介入讨论的芝加哥学派法律经济学家，如波斯纳[2]和爱泼斯坦[3]认为：工运和劳动法衰落都是好事，因为集体劳动关系本身就破坏劳动力市场对于人力资源的配置，是没有效率的，因此产业多元主义的命运不容乐观。

　20 世纪 90 年代到 21 世纪初，产业多元主义、批判法学、法律经济学继

---

[1]　参见 Katherine Van Wezel Stone, The Post-War Paradigm in American Labor Law, 90, YaleL. J. 1509 (1981): Karl E. Klare Judicial Deradicalization of the Wagner Actand the Origins of Modern Legal Consciousness, 1937-1941, 62 Minn. L. Rev. 265 (1978), 转引自叶静漪主编：《比较社会法学》，北京大学出版社 2018 年版。

[2]　参见 Richard A. Posner, Some Economics of Labor Law, 51U. Chicago Rev.988 (1984), 转引自叶静漪主编：《比较社会法学》，北京大学出版社 2018 年版。

[3]　参见 Richard A. Epstein, In Defense of the Contractat Will, 51U. Chicago L.Rev. 947 (1984); Richard A. Epstein, A Common Law for Labor Relations: A Critique of the New Deal Labor Legislation, 92 YaleL. J. 1357 (1983), 转引自叶静漪主编：《比较社会法学》，北京大学出版社 2018 年版。

续裂变。产业多元主义开始进行自我修正，通过分析第三次科技革命下的新型劳资关系下，雇员更期待跳槽的机会、培训的机会、创新的空间和平等的对待，劳资双方对于对方都有了新的预期——"新心理契约"①。工运的衰落并非雇主大举抗法的后果，而是产业多元主义所立基的劳资合意发生变化。劳动关系中资强劳弱的格局依旧，劳动者仍然需要团结起来，才能实现与资方的实质平等，其核心在于探寻新的劳工团结形式和劳资关系治理结构，并以法律促进和保障之实现劳资实质平等和利益双赢。而综观 20 世纪 90 年代至今的产业多元主义劳动法研究，学者们对于工会以外的劳动组合、特别是所谓劳工中心倾注了极大热情，也提出自反式规制②与其他"新治理"③手段恢复美国工运及产业多元主义的理想。而这一时期，批判法学式微，但偏右翼的劳动法律经济学则要繁荣得多。一是在新制度经济学内部出现立场分化：年轻一辈学者如道—施密特等放弃了自由放任的观点，④而试图论证国家有限干预劳资关系的正当性；二是在新制度经济学外部，出现了行为法律经济学，⑤更加关注个人的偏好、非理性因素对于法律的影响。这样一来，到 21 世纪初期，整个劳动法律经济学都一改自由放任色彩，转而寻求国家干预与私法自治的平衡。

① Katherine V. W. Stone, The New Psychological Contract: Implications of the Changing Workplace for Labor and Employment Law, 48 UCL. A. L. Rev.519 (2001)，转引自叶静漪主编：《比较社会法学》，北京大学出版社 2018 年版。
② 关于自反式规制，参见 [美] 马克·巴伦伯格：《劳动法学的过去和未来》，阎天译，见《北大法律评论》2014 年秋季号，转引自叶静漪主编：《比较社会法学》，北京大学出版社 2018 年版。
③ 关于新治理手段在劳动法上的应用，参见 Cynthia Estlund, Regoverning the Workplace: From Self Regulation to Co-Regulation, New Haven: Yale University Press (2010): Orly Lobel, The Fall of Regulation and the Rise of Governance in Contemporary Legal Thought, 89 Minn. L. Rev. 342 (2004)，转引自叶静漪主编：《比较社会法学》，北京大学出版社 2018 年版。
④ 例如 Kenneth G. Dau-Schmidt, A Bargaining Analysis of American Labor Law and the Search for Bargaining Equity and Industrial Peace, 91Mich. L. Rev.419 (1992)，转引自叶静漪主编：《比较社会法学》，北京大学出版社 2018 年版。
⑤ 关于行为法律经济学在劳动法学上的应用，参见 Cass R. Sunstein, Human Behavior and the Law of Work, 87 Va. L. Rev. 205 (2001)，转引自叶静漪主编：《比较社会法学》，北京大学出版社 2018 年版。

二、社会保障法：波浪式的改革推进

20世纪30年代美国社会保障制度建立之前，老人及其配偶的退休保障问题主要依靠家庭、私人募捐、赠予等方式解决。济贫措施以及有限的政府援助使得早期的社会保障范围狭窄并带有歧视性。

而美国社会保障法的建立与解决经济大萧条中大量失业人口密切相关。面对经济危机，罗斯福政府开始全面探索并建立社会保障制度并颁布1935年《社会保障法》，其内容以失业保险、老年保险制度和社会救济为主，[①] 旨在"增进公共福利、通过建立一个联邦的老年救济金制度，使一些州得以为老人、盲人、受抚养的和残疾儿童提供更为可靠的生活保障，为妇幼保健、公共卫生和失业补助法的实施作出妥善安排，该法成为美国社会保障制度的立法基础"[②]。

1935年《社会保障法》遵循权利与义务相对等的原则，在筹集资金上采用了多元的筹资模式，强调个人和企业责任，概言之，尽可能不干预市场力量发挥作用。[③] 因而该法确立的自我维持、自我发展的宗旨，也使得美国社会保障制度随着经济社会的不断调整，远离了福利陷阱。[④]1939年，《社会保障法》得到进一步修改，规定向老年人按月发放养老金，并把老年人的遗属和赡养的子女纳入这套社会保障体系之中，使得美国社会保障计划演进为"老年与遗嘱保险"（OASI）制度，[⑤] 这一时期现收现付模式的改革进一步完善了美国社会保障体制。

20世纪40年代到70年代中期，得益于战后经济的发展，美国社会保障制度在1935年《社会保障法》的基础上不断扩大。政府试图实施全方位、高水准的全民保障计划，以刺激消费，加快经济发展，加上开展文化教育和职业

---

① 参见杨玲：《美国、瑞典社会保障制度比较研究》，武汉大学出版社2006年版，第13页。

② 陈蒙蒙：《美国社会保障制度研究》，江苏人民出版社2008年版，第27页。

③ 参见杨玲：《美国、瑞典社会保障制度比较研究》，武汉大学出版社2006年版，第14页。

④ 中国社会保险学会、中国社会科学院世界社保研究中心、中国证券投资基金协会组织翻译：《美国社会保障法》，中国社会科学出版社2017年版，第3页。

⑤ 李超民编著：《美国社会保障制度》，上海人民出版社2009年版，第3页。

培训缓和社会矛盾。这一时期的改革主要表现为 1945—1953 年杜鲁门政府新政、1953—1961 年艾森豪威尔政府的现代共和党主义、1961—1963 年肯尼迪政府的"新边疆"、1963—1968 年约翰逊政府"伟大的社会"政策。杜鲁门时期，政府加大对就业领域的干预，颁布《就业法》促进就业、实现最大限度的就业与工资保障。同时，还致力于扩大失业救济、老年退休金及遗族抚恤金的享受对象，提出医疗保障目标并进行《希尔 - 伯顿法案》和《全国牙科研究法令》等相关立法。艾森豪威尔政府时期，当局一方面推进社会保障的规模和范围，建立老年遗族残疾保险、通过国防教育立法、解决公共卫生保障问题；另一方面更加强调地方、私人承担社会保障的责任。20 世纪 60 年代，肯尼迪政府将扩大社会保障作为应对经济衰退的组成部分，颁布《特别未成年儿童援助法案》和《公共福利修正案》，除了在医疗保障、教育保障、住房政策外，这一时期的反贫困战略也将社会保障和解决现代化社会出现的丰裕与贫困问题相联系，使得社会保障体系的安全阀作用更加明显。为了实现消除贫困问题的构想，约翰逊政府不仅将社会保障与解决贫困相联系，而且将其作为实现"伟大社会"的重要组成部分，扩大与完善社会保障制度成为反贫困战略的重要内容，旨在消除工业化国家的贫困现象。自 1964 年起，美国在医疗照顾援助、医疗保障、教育、住房和基本食品保障政策的完善外，提出重振落后地区政策，各方面的保障措施使得美国成为名副其实的"福利国家"。[①]

20 世纪 70 年代中期以降，美国社会保障制度的弊端开始显现：社会保险费用不断提高，政府财政负担加重；人口老龄化程度加深；医疗保险问题突出、效率低下。从尼克松到特朗普政府，都将社会保障改革作为政府重要目标，在保持社会保障"安全阀"的作用下，同时也对于解决费用过多、过度干预、缓解社会保障开支上作出了不断尝试，但关于美国社会保障的争议依旧持续至今。

---

① 李超民编著：《美国社会保障制度》，上海人民出版社 2009 年版，第 4 页。

第五节 经验总结与对策建议

上述四国社会法的发展各有特点且形成了一些经验，总结如下：

德国国家主义传统以及资本主义工业化及其引发的工人运动，与其 19 世纪晚期采取的社会保险有着重要的联系。在当时自由主义、社会主义和保守主义等主流思潮冲突下，融合妥协形成了具有国家自我特征的独创原则——福利社会国家原则。通过把"社会福利待遇"和"福利社会干预"嵌入市场经济的一般性过程，形成了一个社会中平等与自由的最佳关系，而随着社会保险制度辐射范围扩张至雇佣劳动者之外的全体社会成员以及其他福利制度如社会促进、社会救助的迅速发展，社会法和劳动法的联系日益弱化。纵观德国社会法学的发展，可以总结以下几点经验：坚持部门法的理念，注重基础理论建构；坚持理论与实践相结合，从社会矛盾和社会政策出发，注重解决实际问题；坚持本土资源，又将自身的成功经验向其他国家传播；坚持集体自治的基本理念，在政府管制与集体自治之间寻求平衡；注重形成自身的学术传统，在机构设置、人才培养中加强学术传承，形成本国特色。

日本社会法理论产生的社会背景是世界大战前后的经济危机，法学教育上的竞争和哲学进步的影响使得日本社会法的发展有了以下几点经验：坚持保持开放心态，善于学习西方先进经验与哲学理论；注重发挥领军学者和机构的作用，形成学术传统和国别特色；紧密围绕社会政策、社会热点展开理论研究，注重解决社会矛盾；强调社会法学理论体系化和内在一致性，结合时代特征探索创新立足于本国社会文化传统，充分利用民族文化的积淀和遗产。

英国社会法的发展利弊并存，社会法学的发展也在全面解析社会发展的情况下形成。个别劳动关系既有可能来自正式的立法，也有可能出自集体谈判的成果。对待集体谈判的态度、在规范性法律与辅助性法律之间寻找平衡决定了英国劳动法乃至社会法发展的脉络。英国社会法学立足于社会现实，服务于社会政策；较好地处理本国法与外国法、特别是作为超国家法的欧盟法的关系，坚持"理念先行"原则，维护社会法学研究的基本立场。

美国社会法学经历了曲折的发展历程，也形成了宝贵的发展经验：实现法律形式主义和法律现实主义二者之间的平衡，做到协调发展；敢于面对社会发展领域最尖锐的问题回应性立法，并理论联系实际；根据社会发展逐步丰富社会法学科内涵，形成学科边界，确立学科独立地位。

综上所述，我们认为上述各国经验对我国社会法发展具有以下几点启示：

第一，坚持部门法理念。社会法是独立的部门法，其独立性的证成在于基本理论。这不仅在大陆法系国家已达成共识，即使在不强调部门法划分的英美法系诸国，社会法的专门性、专业性和独立性也获得了普遍承认。为此，应注重基本理论的体系化，处理好总论与分论的关系，在坚持体系稳定的同时保有开放性。

第二，处理主要矛盾。政府管制与劳资自治之争，是社会法制度层面的主要矛盾；现实主义与形式主义之争，是社会法理念层面的主要矛盾。两大矛盾贯穿在社会法的各个领域，着力研究的过程就是不断探索最优解的道路。例如，劳动力市场存在失灵问题绝不是彻底导向政府管制、取消自治空间的理由；也不能因为法律内在的形式主义要求，就彻底对现实背过脸去，放弃发展空间。

第三，注重实践导向。社会法学不应在微观上被实践变化牵着走，而应当在宏观上把握社会潮流，与社会改革形成呼应，进而对社会发展产生引领作用。社会法因社会问题而产生，是社会政策的法制化。社会法学要立足社会现实，回应社会热点，剖析社会冲突。理论与实践相结合应是社会法学研究的基本立场。

第四，培育学术传统。学术组织是学术研究的平台，是学术交流的媒介，是学者的栖身之所，更是人才的培养之基。社会法学这门年轻的学科需要与其他成熟的部门法齐头并进，需要形成独立的学术传统，加强学术积淀。为此，应当注重组织建设和人才培养，发挥领军学者和重要学术机构的作用，同时借力于政界和实务界，为学科的发展提供巨大推进力。

第五，加强对外交流。社会法学要妥善处理本土资源与外国经验教训的关系，汲取各国学者的有益创见。同时，对外交流是双向度的，除了吸收借鉴之外，富有中国特色的社会法学也要走出国门，发挥对他国和国际组织的辐射作用。

就立法层面，本章提出完善我国劳动与社会保障法的如下两点思路。

第一，回归社会立法的理念。总结各国社会法的发展经验，就社会中弱势群体如劳动者、老人、残障人士等，我国社会法应以服务型的理念，帮助克服影响人民生活、经济发展和社会进步的障碍，并提倡国民"自立、自主"，强调传统与市场、企业的协作作用。

第二，完善社会法的立法体系以实现社会治理现代化。社会保障法律体系是由《社会保险法》《社会救助法》《社会福利法》《慈善法》等内容构成的法律体系，目前我国《社会保险法》部分内容与实践脱节，执行力和操作性急需加强；社会救助与社会福利方面立法存在低位阶法律规范运行的情况；社会福利方面存在法律缺位、稳定性欠缺等问题。社会治理现代化要求我们在立法层面，通过法律做好顶层设计以保障公民基本社会权利的实现，并对我国不断出现的少子化、老龄化、农民工养老、边疆民族地区社会救助工作等问题作出立法回应，并强化社会保障法律的实施。而在劳动法领域，应进一步重视《劳动合同法》的适用性问题、劳动基准的设置、劳动争议处理法律的完善，高位阶的《劳动监察法》更是约束劳动法各项措施能够贯彻落实的重要途径，与此同时，工会法律监督、少数人就业保障、反就业歧视、劳动争议等问题同样亟须立法的回应。

综上所述，中国社会法学发展向好但仍任重道远，在向未来进发的路上，在研究不断向深向精的征程中，应当坚持部门法理念，处理主要矛盾，注重实践导向，培育学术传统，加强对外交流，并完善社会法的立法体系。这既是本章研究的基本结论，更是对中国社会法未来的美好展望与希冀。

第七章 德国《社会法典》及其借鉴

社会保障制度体系的建设以立法建设为基础和核心内容。从世界范围来看，各国一般都通过立法践行社会保障制度，但是仅就社会法的法典化而言，尽管很多国家都有名为"社会法典"，或者"社会保障法典"的立法规范性文件，但是实则均为对现有社会立法的汇总，称为"社会立法汇编"更为合适。而采用罗马法系"潘德克顿"法典编纂模式，即将个别事项共通的部分拿出来形成总则，进而总结出基本原则来指导分则立法和司法适用的抽象化的手法，在世界各国极为罕见，目前仅有德国的《社会法典》可堪为典范。这种立法模式运用提取公因式的方法，从一国的社会保障事项中概括总结出社会权利和法典基本任务，并确立基本原则，由此统一了整个社会保障的法律体系。整体而言，法典化模式的优点多于缺点，可为我国未来社会立法所借鉴。

第一节 德国的社会立法与法典化之优劣

"社会"一概念具有多重含义，对社会法内涵与外延的认识也存在多种观点。德国采用了最狭义的社会法概念，即将社会法限定为社会保障法，并由此将这种社会法体系化，形成了社会法典，仅就法典化的可能性而言，这种对社会法的界定是最为明智的，因为一方面在公私法二元体系下，整体上可归于公法或者私法的法律领域才可以抽象出基本任务与基本原则，形成"总则—分则"结构的法典；另一方面社会保障事务之间存在着多项共同点，相互协调与配合才可以尽最大可能地发挥社会法的整体功能，这对于社会保障执法和司法而言非常重要。

一、社会立法

社会立法是市场经济从自由竞争阶段进入垄断阶段之后的产物。19 世纪末期，自由竞争导致了经济垄断，反过来限制了自由竞争，国家开始动用宏观调控的手段来干预市场经济，反映在法学领域，源自罗马法传统的泾渭分明的公、私法二元体系受到了质疑和抨击，越来越多的法学家主张用公法手段限制和约束私法关系，就此形成了经济法学科。反映在劳动就业和社会保障领域，资强劳弱的态势越演越烈，政府不干预劳动力市场的理念逐渐被社会政策学派的主张所取代。国家不断运用立法和行政手段实施人口政策、劳动就业政策、社会保险政策，环境保护政策，旨在于加强社会保障，改善社会福利，稳定社会秩序，使社会各组成部分之间协调发展，促进社会进步，由此形成的法律部门被称为社会法，[①] 但是，社会法包含的内容如此宽泛，以至于学界对其内涵的界定五花八门。

（一）社会法与社会政策

社会法是"通过解决社会性问题，旨在实现特定的社会性目的之法"，而什么是特定的社会性目的，只能从对历史的考察来确定描述。[②] 正如德国法史学家施托艾斯（Michael Stolleis）所言，今天的社会法"体系"是一个受到历

---

① 参见邓伟志主编:《社会学辞典》，上海辞书出版社 2009 年版，第 474 页。

② 参见乌尔里希·贝克尔:《社会法：体系化、定位与制度化》，王艺非译，《华东政法大学学报》2019 年第 4 期。

史阶段影响的文化、政治和法律的安排。其并不是人为创造出来的，可以超越社会现实的一座立法体系，而是在一百多年的实践中为了解决社会问题，一块砖接着一块砖垒起来的法律大厦。因此，很难从中发现太多的体系化逻辑。很多无法解释的现象只能从"特殊的历史背景中"寻找答案。① 这表明了，在德国，社会法并不是一个与公法、私法并列的"第三法域"概念，即使存在个别类似的观点，如基尔克（Otto von Gierkes）、罗斯勒（Hermann Roesler）等 19 世纪对通过"社会法假说"来归纳并划分社会、团体、企业中越来越频繁的人与人之间的关系的法学家的观点，以及努斯鲍姆（Arthur Nussbaum）、辛兹海默（Hugo Sinzheimer）、拉德布鲁赫（Gustav Radbruch）等将社会福利措施的整体归纳为"社会法"的观点等，② 那也是"倒因为果"的一种归纳式总结，并不能呈现出太多的法律逻辑，而由于作为"第三法域"的社会法缺乏与公法和私法并列的法律规制方法，因此在面对具体问题时又不得不求助于传统的法律工具，最终"主体缺场而成为见诸于沙滩上的金字塔"③。

社会法与社会政策联系密切，社会法就是社会政策的法律成文化，这是德国社会法理论界的通说。德国社会法学家、联邦养老保险基金会联合会前主席卢兰（Franz Ruland）认为，社会政策的终极目标是成为社会法，而社会法需要在对社会政策理解的基础上去解释。④ 社会政策（Sozialpolitik）一词以及相关的社会法概念何时产生，存在很多的观点，例如有学者经考证提出，在 1810 年的一份文献索引"关于战争负担与战争损害"中就曾出现过社会法的称谓，该文献称"所有向国家之整体或国家之部分所要求的，而国家之整体或国家之部分必须给付的那些东西，都必须由所有人共同给付"来源于社会法的一般原则，该原则系源于"生活共同体"的理念产生。诸如此类考证至少还可

---

① 参见 M. Stolleis, Geschichte des deutschen Sozialrechts: Ein Grundriß, Oldenburg: Lucius & Lucius, 2003, S.2。

② 参见汉斯·察赫：《福利社会的欧洲设计》，刘冬梅、杨一帆译：北京大学出版社 2014 年版，第 93 页。

③ 张世明：《中国经济法历史渊源原论》，中国民主法制出版社 2002 年版，第 125 页。

④ 参见 F. Ruland, Sozialpolitik und Sozialrecht, in NZS, 2012, S.321f。

以包括罗斯勒将"社会之法"称为"关于社会性自由之规则","社会法旨在使人在与他人的共同生活中仍保有自由"等提法。[1]

但是,德国实定主义的社会法概念,即《社会法典》意义上的社会法却来源于社会政策,通说认为,社会政策起源于19世纪70年代德国学者为应对劳资冲突激化而设立的"社会政策学会",而第一次给社会政策以明确定义的是德国财税学家——阿道夫·瓦格纳(Adolf Wagner)。他认为,社会政策运用立法和行政手段,调节财产所得和劳动所得之间的分配不均问题。第二次世界大战之后,经济学和政治学的发展为社会政策贡献了许多有益的内容,社会政策学科逐步发展成为独立的应用型社会科学学科,与此同时,实定主义的社会法也发展成为一个独立的法律研究领域。

值得一提的是,调整财产所得和劳动所得的公权力手段多种多样,并非只有社会保障一种方式,个人所得税制度和劳动关系制度等都可以实现这个目的,尤其是劳动法,在很多文献中都被认为是社会法的组成部分之一。德国实定主义的社会法之所以没有包括劳动法,是源于历史的原因:在社会政策诞生的19世纪70年代,德国尚不存在系统化的劳动法部门,作为劳动法核心内容的集体劳动法到了20世纪的20年代的魏玛共和国才逐步发展起来,《魏玛宪法》中写入了保障工人结社自由和工会自由活动的条款之后,德国才颁布了第一部重要的劳动法——《企业代表会法》,确认了工会的合法地位,并规定了20人以上的企业建立工会的义务,此前各邦虽然也颁布过零星的劳动法规范,如1839年普鲁士《在矿山和工厂雇佣青少年劳动者条例》禁止雇佣9岁以下童工,1853年又提高到12岁,1878年北德意志地区甚至建立了国家工厂监察制度,劳动法逐步在公法的基础上起步,[2]但是个别劳动合同法一直在私法的体系内发展,并没有能够获得相对独立的地位。20世纪初颁布的德国《民法典》对雇佣的规定十分保守,对劳动者提供倾斜性保护的条款寥寥无几,只有对危

---

[1]　参见乌尔里希·贝克尔:《社会法:体系化、定位与制度化》,王艺非译,《华东政法大学学报》2019年第4期。

[2]　参见雷蒙德·瓦尔特曼:《德国劳动法》,沈建峰译,法律出版社2014年版,第29页。

机身体和健康的保护以及无过错的劳动受阻,特别是生病时的工资继续给付的规定,作为现代个别劳动法核心内容的解雇保护制度几乎没有提及。① 也就是说,在 19 世纪 70 年代俾斯麦社会立法运动时期,德国并没有成体系化的劳动法,因此作为社会法制度来源的社会政策主要指向的是国家强制的调整劳资双方经济地位的社会保险,编纂社会法成文法显然不可能超越所在的历史阶段。

当然,采用相对狭义界定的社会法概念在客观上有利于社会法典的编纂,因为劳动关系法包含了大量的私法规范,难以与整体上更加偏向公法规范的社会保障法相容在一部法典中,而采用缴费筹集和自治管理经办的社会保险基金与以课税为主线的公共财政资金也有诸多不同,所以将社会保险法与财税法置于同一部立法中也不合时宜,也许当时的德国社会法学者并没有意识这个问题,因为目前尚没有任何文献可以证明,狭义的社会法概念是立法者一种有意识的选择。

(二) 社会法的四种类型

正如德国社会法学家、社会法与社会政策马普研究所创始所长察赫(Hans Zacher)教授所言,在当今福利社会国家,重新定位"社会法"的概念,对国家、社会和法律都具有崭新的意义。② 社会法或称社会保障法来源于福利社会国家政策似乎已经在各类文献中达成一致,但是如何实现福利社会国家在法律中的定位,或者说这种国家类型下究竟包含了哪些政策内容,尚不存在统一的答案。某些法律被冠以社会法的名称,但是却与这种福利社会国家毫不相干,例如社会组织法;也有的法律通过其他特殊方式达到了社会政策的目的,但是

---

① 德国法学家安东·门格尔(Anton Menger)、基尔克(Gierke)等对《民法典》过于保守的立法理念提出了批评,后者甚至主张要在私法中加"几滴社会主义的油",但是并没有对立法产生实质的影响。参见 H. Benöhr, Fast vier TropfensozialenÖls. Zum Arbeitsrechtim BGB, in G. Köbler,Wirkungeneuropäischer Rechtskultur : Festschrift für Karl Kroeschellzum 70. Geburtstag, München: C.H. Beck, 1997, S.17ff。
② 参见汉斯·察赫:《福利社会的欧洲设计》,刘冬梅、杨一帆译,北京大学出版社 2014 年版,第 88 页。

却不被归属于这个法律部门，例如税收减免方面的法律。通过对低收入者减免税赋也可以实现与福利待遇之间的替换，也有的国家尝试着把这些领域发展成一个共同的整体，这个整体就是"社会法"想要表达的东西。

察赫教授曾经把世界各国对社会法的定义以及内涵和外延的界定归纳为四种类型，分类的标准是社会法的功能与任务。①

第一种是实用主义的社会法。这个社会法概念依托并服务于社会法典，即社会法就是对《社会法典》的解释和适用，这个概念的使用与民法典等同于民事法律，刑法典等同于刑事法律一样，其产生和发展秉承着法学研究的本体论——法律解释论，虽然研究范式最为主流，但是由于缺乏对社会法基础理论的探究，往往容易陷入碎片化的权责义分析，难以为司法机关创设新的法律制度提供指导。确切地说，实用主义的社会法仅仅是一种社会法的研究范式，由于其所依托的德国《社会法典》本身就是历史发展的产物，为应对各个时期特定的社会问题编纂而成，因此这个社会法概念无法回答作为法律部门的社会法在整个法律体系中的地位和作用；更为严重的是，理性论据与主观臆断的情形混杂在一起，在主观臆断隐蔽得比较好的情况下，可能性容易被合理地解释为必然性，曲解与滋生假象的危险就会增大。② 因此，实用主义的社会法虽然最符合法学研究本体论的思路，但是还需要辅之以其他意义的社会法理念才能提供研究的工具。

第二种是由社会政策实现的功能决定的社会法。这种社会法将实用主义的社会法概念中的理性成分剥离出来，社会政策涉及的各个法律部门被汇聚到一起。正如前文所述，社会政策系财税学界对工业化带来的就业和社会福利差异作出的一种应对策略，第二次世界大战之后，德国基本法又将公法学倡导的给

① 以下内容参见汉斯·察赫：《福利社会的欧洲设计》，刘冬梅、杨一帆译，北京大学出版社2014年版，第88页。察赫教授将社会法区分为四个层次（Ebene），但是笔者不主张这样的提法，层次的暗含高低有别的旨意，这四个社会法的内容各有所指，并无孰高孰低之辩，理应处于并列且平等的地位，因此这里采用"类型"取代"层次"。
② 例如，社会法被理解为社会治理的法，那么就会否认社会保险的政府经办模式与商业保险机构经办模式，从而只将德国的社会组织分散经办模式作为社会保险的唯一选择。

177

付行政(Leistungsverwaltung）升华为"福利社会国家原则"（Sozialstaatsprinzip），社会政策就是该宪法原则的实施手段。在此意义上，社会法的任务被描述成为通过对全体社会成员有人类尊严的生存照顾保障，消除或者限制劳方对资方的从属性关系来直接或者间接地实现经济生活中的平等和自由。社会政策自身的完整性和逻辑上的自洽性赋予了社会法统一的立法理念，有学者把这种理念总结为扶权着重社会扶弱和社会福利等，亦未尝不可。① 社会政策的社会法和实用主义的社会法可以相互补充，在前者的语境中，劳动法被明确属于"社会法"，后者的法律部门（如社会保险法、社会救助法）被归于社会法名正言顺。但是，社会政策的社会法仍然可以被归入公法或私法，其只是公法或者私法任务和技术在劳动就业和社会保障领域的实际应用，因此，法学界往往对这个意义上的社会法呈现出两种认识，传统的私法或者公法学界对社会法关注不够，有些人认为作为公法或者私法的特别法即可（尤其是作为特别行政法或者特别民法），② 无须特别探讨；也有学者本能地认为这个领域有着与传统法律不同的地方，交由社会法学界自己解决即可，无须浪费传统法学的研究资源，传统法学研究应当关注市场经济中带有共性的问题。③

第三种是实证主义决定的社会法概念。实证主义试图创建一个受社会政策目的决定的社会法概念，社会政策旨在对社会中经济与服务上的保障和通过集体满足个人生理与经济生存的尽可能平等发展的期望，其手段是多种多样的，包括减轻生活困顿、维持现有生活水平、提供发展机会与帮助、创建更加平等的再分配程序以及机制保障、消除与控制人身从属性等，劳动就业政策和社会保障只是其中的一部分，财政税收政策、环境保护政策、教育资助政策、健康政策等都可以包含在内，这里的社会法就相应地包含劳动法、

① 参见汤黎虹：《社会法基本理论》，法律出版社 2017 年版，第 27 页。

② 参见沈建峰：《劳动法作为特别私法：〈民法典〉制定背景下的劳动法定位》，《中外法学》2017 年第 6 期。

③ 参见梁慧星：《合同法的成功与不足》，《中外法学》2000 年第 1 期；娄宇：《民法典的选择：劳动合同抑或雇佣合同——〈德国民法典〉第 611a 条修订的教义学分析与启示》，《法律科学》2019 年第 4 期。

社会保障法和社会安全法，如此多的法律部门整合到一部立法中是更加不现实的。

第四种是对法律发展、社会变迁、意识到这种变迁并作出反应的深化的社会法。在 19 世纪早期，德国尚未完成统一，公权力未到之处甚多，社会自治的传统和社会内部相互作用的复杂多样性被法律和以法律为依据的行政实践组织起来。公司法、商法、行业法、水法、矿山法、建筑法，尤其是地区性公共事务法对社会的整合发挥了特殊的作用，这些法律被称为"社会法"，罗斯勒以及基尔克等学者即持有这种观点。按照这种观点，公法涉及的是公权力与公民之间的关系，私法涉及的是单个个人、法人之间的关系，社会法涉及的是个人与集体以及集体与集体之间的关系，但是这种社会法规范的仍然是私人之间的法律关系，在调整手段上依然偏向于私法，而且股份法、行业法、合作社法、水法等也体现不出太多的"社会福利性"，社会法被增添了更多的法律领域，但是却丢掉了原本最核心的部分。

察赫教授在归纳总结了各种类型之后似乎也没有能够得出放之四海皆准的社会法概念。他感叹道，恐怕很难再在法律中发现可与社会法名称变迁相比较的现象了，至于何时何地才能使用这一概念，需要对顺应法律发展和社会变迁的社会政治制度和法律体系的特征、各种实际反应极其自觉性之间的相互依存性进行多重推导。

笔者的体会是，一方面，如果将社会法理解为宪法社会国家原则的具体化，那么其实现方式具有多样性，公法、私法乃至集体治理意义上的社会法的手段均可运用；另一方面，作为社会治理方式创新意义上的社会法又广泛存在于私法和公法领域中。社会法为公法和私法的发展提供了契机，可能在传统法律部门之内构成了一定的例外，但是这种例外尚难以构成新的原则，大概通过发展传统法律技术即可应对新的挑战。只有实用主义的社会法对社会法的成文化（或者更确切地说，法典化）以及法律解释学的发展最具有现实意义，这也可以说是察赫教授对德国社会法类型化考察的结论带给我们的最大的启发。

（三）实用主义的社会法与社会法典

实用主义的社会法的重要表现形式就是将社会保障制度成文化。从世界范围来看，各国一般都通过立法践行社会保障制度，学界也将"立法先行"作为社会保障制度的重要特征之一。① 原因主要表现在四个方面：第一，社会保障，尤其是社会保险制度需要平衡多个代际人群之间的权利和义务关系，因此应当具备可持续性和可预见性，制度一旦成型之后不可以朝令夕改，这与法律追求的稳定性特质相契合；② 第二，社会保障制度建设需要公民、国家、社会组织等多方主体的参与，多元利益的冲突在所难免，而民主立法的过程为协调各方利益提供了程序性的保障，由政府立法转向代议机关立法是各国社会保障事业发展的必经之路；第三，社会保障，尤其是非缴费型社会保障项目需要国家财政的投入，与立法权相比，行政权和司法权都不具备决定财政支出的合法性，因此作为宪法基本权利的社会权利一般只能通过立法权来实现；③ 第四，社会保障事务具有高度专业化的特征，社保行政机关的执法行为难以为司法审查所涵盖，因此明确的社会保障立法对于简化公民社会权利的内容和实施路径而言尤为重要。

一般认为，法律系统化的方式有两种，汇编法律和编纂法典。汇编法律系按照一定的顺序和标准将现行法律法规汇编成册，其没有改变原有的法律，也没有创设新的法律，只是按照时间顺序或者调整的法律关系、发布的机关层级等将现有法律法规汇集成册，汇编法律的主体可以是个人、非官方机构以及官方机构；法典系对某一现行的部门法进行编纂而制定的系统性立法文件，法典化的程度代表了现行部门法系统化的程度，在编纂法典的过程中不仅可以整合现有的法律，还可以创设新的法律来查漏补缺，以期按照公认的基本原则将某一部门的法律法规形成具有内在联系的、和谐的统一体，编纂法典是国家重要

---

① 参见郑功成：《社会保障学》，中国劳动社会保障出版社 2005 年版，第 67 页。

② 参见娄宇、于保荣：《我国社会医疗保险法治建设的若干问题与解决思路》，《兰州学刊》2016 年第 9 期。

③ 参见胡敏洁：《论社会权的可裁判性》，《法律科学》2006 年第 5 期。

的立法活动，因此只能由立法机关完成。法律系统化的目的是方便查阅和适用法律，以及通过解释法律来填补单行法律法规存在的立法漏洞，汇编法律可以实现前一个功能，编纂法律可以实现两个功能。对于不承认先例判决法律效力的大陆法系国家，编纂法典的优势十分明显。

社会保障领域法律法规的系统化十分重要，不但总结了前一个历史阶段的立法状况，而且可以开启下一个阶段的立法工作，一个国家成熟的社会保障法典体现了该国社会保障制度的体系化程度和制度的完善程度。正如前文所述，实用主义意义上的社会法具有统一的逻辑，对编纂社会保障法典具有重要的指导价值，然而，由于社会保障涉及的主体多样，关系复杂，从中抽象出来能够获得社会共识的基本原则亦非易事，再在基本原则的框架下通过立法机关和司法机关创设新的制度更是难上加难，因此世界各国鲜有成功编纂社会保障法典的案例，德国《社会法典》大概是可供考察的唯一样本。

二、法典化之优劣

以法典为主要的法律渊源是大陆法系最显著的特征之一，大陆法系国家的法典编纂源于罗马法传统。罗马皇帝优士丁尼（公元 527—265 年）在位时期，组织编纂了《罗马法大全》（也译作《国法大全》），其中的"学说汇纂"（Digesta）将历代罗马著名法学家的学说著作和法律解答分门别类地汇集、整理、摘录，入编的内容即具有法律效力。"学说汇纂"的英译名为"潘德克顿"（Pandekten），因此后世法学家对此的研究被称为"潘德克顿法学"，按照这个法学理论构建的法典体系也就被称为"潘德克顿体系"。"潘德克顿"法学最重要的主张是为法典建立了高度抽象化的总则，指导分则立法，由此形成一个逻辑严密和完整的法律体系，在一定程度上，法律由于拥有清晰完整的理性思维而具备了科学性。

公认的"潘德克顿"体系代表之作是 1900 年颁布的德国《民法典》。其采用了五编制的结构模式，由总则、债权、物权、亲属、继承五个部分构成，第一编"总则"写入了以提纲挈领的方式将同统摄全局、贯彻始终的规则以及以提取公因式（vor die Klammer）的方式抽离出来的基本原则，就此各编不再是孤立、机械的合并，而是围绕着总则共同构成了一套严密的私法基本法体系。

德国《民法典》在法学界崇高的地位源于其规定的事项具备市场经济的基础性，事实上，其并不是唯一的"潘德克顿"式法典。19世纪末至20世纪，理性主义席卷欧洲大陆，在抽象思维和归纳思维的影响下，各个法律部门都在试图总结以往的单行立法，颁布法典。在社会保障领域，1911年，德国威廉二世政府将俾斯麦社会立法时期颁布的各类社会保险法编纂成为《帝国保险法》，这是一部涵盖全面且具备"总则—分则"结构的法典。第二次世界大战之后，20世纪70年代开始编纂的德国《社会法典》也可以被视为《帝国保险法》在实质上的延续。

（一）社会保障立法模式

各国社会保障立法模式受到法系归属、文化传统、历史进程、经济和社会发展水平等因素的影响，呈现出多种形态。目前，世界主要国家的社会保障立法模式有三种：

第一，单行立法模式。在这种模式下，社会保障制度建设呈现出为经济和社会服务的显著特征：每当工业化社会出现一种风险，就由政府相关部门出台一部法案，及时提交代议机关通过并颁布，主要代表国家是英国。英国16世纪初的《伊丽莎白济贫法》、20世纪中叶的《国民保险法》和《国民救助法》、21世纪初的《社会保障反欺诈法》等都出于应对社会问题、缓解社会压力的立法目标而出台并实施。

第二，法律汇编模式。在这种模式下，社会保障制度作为国家和社会法律制度的一个重要组成部门被加以强调，社会保障法作为国家治理的"工具化"作用突出，以美国和法国为主要代表国家。以美国为例，其《社会保障法》分为社会保险、社会福利和社会救助三个部分，整体编入《美国法典》（*United States Code*），这部法典共分50余卷，划分的标准是国民经济和社会的各个领域与调整对象，除了前六个总领性标题外，其余标题按照字母的顺序进行排列，各个部分之间并无逻辑关系，甚至合同之债与侵权之债可以共存于一卷之中，该法典编纂的目的只是服务于法律应用，无法产生体系化与解释工作的规范科学研究。事实上，将其名称译为"美国法律汇编"（United States Law Compilation）更为合适，相应地，美国《社会保障法》实质上也是一部"社会保障法律汇编"。

这种模式的另一代表国家是法国，法国官方立法机构编纂了《社会保障法典》（*Code de la sécuritésociale*），虽然亦含有"总则编"（Généralités），但是并没有抽离出来基本原则，只是将各编社会保障项目中涉及的基本概念做了交代，例如社会保障经办机构的法律地位与职能（Organisation de la sécuritésociale）、社会保险基金收入与支出的法则（Objectifs de dépenses et de recettes）、社会保障争议解决的程序（Contentieuxgénéral et technique de la sécuritésociale）等，① 法国司法部相关机构每年都会根据最新的立法修订更新这个汇编，以达到方便查阅和适用的目的。

第三，法典模式。在这种模式下，社会保险、社会福利、社会优抚、社会救助等实体法律制度以及社会保障行政程序和社会法院诉讼程序作为独立的法律部门，由总则中发挥着社会保障制度"公因式"作用的基本概念和基本原则所统领，这种模式以德国为代表。德国作为现代社会保障制度的"母国"，自 1969 年起，将自 18 世纪 70 年代以来颁布的各类社会保障单行法编纂成为一部基本法——《社会法典》，这部法典秉承着罗马法系国家潘德克顿传统的法律编纂理念，正如德国的社会保险制度一样，此法典模式亦为很多国家所仿效。

按照前文对法律系统化类型的总结，此三种模式可以分别归入法律汇编和法典编纂两种模式：单行立法模式秉承着实用主义理念，分别就特别事项立

---

① 参见 https://www.legifrance.gouv.fr/affichCode.do?cidTexte=LEGITEXT000006073189&dateTexte=20190817（访问日期：2019 年 8 月 17 日）。

法，基本上不做归纳和抽象，因此没有实现法律的系统化；法律汇编模式对相关的社会保障制度做了一定的梳理，虽然也有的汇编采用了"法典"的称谓，但是距离法典编纂模式的法典尚存在距离；采用法典模式的国家往往与该国其他的法典采用一脉相承的"潘德尔顿"体系，运用高度抽象的逻辑思维将各项社会保障制度糅合成一个整体。

（二）法典化的优势与劣势

优势和劣势可以视为一个硬币的正反面，法典编纂的优势往往就是非体系化立法或者法律汇编模式的劣势，反之亦成立。在讨论这个问题之前必须明确的一点是，某一种模式并不存在绝对的优势或者劣势，优或劣往往是立法技术作出的一种价值判断，这是不考虑某个国家或者地区的经济、文化、传统等社会现实作出的一种中性的判断。借用德国《民法典》的立法理念来概括言之，法典是一种工具主义意义上的相对的形式理性，维持着法典作为一个逻辑上可以自洽的有机体存在着，并可以通过法官法的解释获得长久的生命力，① 如果抛开这种系统论层面上的考察，碎片化的立法也未必就不能很好地解决问题。

单行立法模式带有典型的"问题导向式"立法的特征，针对性较强，由于无须考虑体系上的自洽，立法成本较低，但是缺点亦很明显：单行法纷繁复杂，难以形成统一的体系，由此一是为司法机关的解释适用造成了困难，当然，这种困难在现代互联网检索技术日益发达的条件下得到一定的缓解，再加之英美法特有的法官造法和先例判决制度也可以减轻司法机关应对新型案例的难度，但是简单移植到大陆法系国家仍然会面临水土不服的困境；二是部门编纂法律草案造成了法律概念不一，表述差异较大，这不仅为法律的统一适用制造了障碍，而且"法出多门"造成的"多龙治水"现象也在所难免；三是体系不完整不利于他国进行学习和借鉴，这对塑造国家形象和提升文化软实力亦有

---

① 参见 H. Böhm, chter "Auftrag oder, verdeckte" Arbeitnehmerüberlassung?-Beispiele gelungener Kasuistik und misslungener Legaldefinitionen, in NZA 2017, S.494ff。

诸多负面的影响。

法律汇编模式的优点是实用主义色彩鲜明，概念和表述通俗易懂，易为公众掌握，也方便了行政机关执法，但是缺点亦很突出：首先，在现代技术条件下，简单的法律汇编已经失去了检索的作用，虽然与法典编纂相比，这种形式上的汇编节省了成本，但是并未增加经济收益，因为"如果不能在功能定位上清楚，还不如解构为一个个政策理念清晰的单行法，对裁判者和被规范者而言，同样随手上网检索可得，反而更加实用"；[1] 其次，将功能不一的社会保障法律制度汇总到一起仍然无法形成内在逻辑统一的体系，在缺少"总则—分则"的立法结构时无法解读出立法理念和法律原则对具体制度设计的指导性作用，以及制度之间的逻辑关系，这样的法典看似规整，实则仍然是碎片化的制度堆砌。

在现代社会中，法典的检索功能被不断弱化，"解法典化"的倾向在法学界也一度甚嚣尘上，但是法典模式的优势依然存在。除上述原因之外，法典模式的优点还表现在，一是高度抽象和概括的法典总则体现了法律人的智慧和价值，在应对不断发展变化的社会实践方面发挥着不可比拟的优势，这对于不认可先例效力以及排斥法律实用主义功利化的大陆法系国家而言十分重要；二是在基本原则的指引下，在一定范围内展开法律续造也变得不那么遥不可及，德国社会法上的形成请求权、社会救助时效等制度就是这方面的成功例证。[2]

当然，法典模式强调法乃法律人之法，一方面，"技术中立"的倾向明显，对于社会环境、经济制度的关注度不高导致了法律的工具性作用发挥不够；另一方面，由于追求理性主义和抽象化思维，法典采用的法律术语以及文字表述上的佶屈聱牙，也在客观上导致公众的接受度不高，这些还需要通过发挥单行法的优势来克服，相对而言，与作为法学家之法的民法相比，涉及公众切身利益的社会保障法在这方面表现得可能更为明显，因为民法是从市场经济交易行

---

[1]　对法律汇编模式的批评，以及对新技术时代的法典模式的探讨详见苏永钦：《走向新世纪的私法自治》，中国政法大学出版社 2002 年版，第 81 页。

[2]　有关于德国社会法院对形成请求权的法律续造参见娄宇：《公民社会保障权利"可诉化"的突破——德国社会法形成请求权制度述评与启示》，《行政法学研究》2013 年第 1 期。

为中抽离出来的一般规则，系模型化的法律规则，在实践中还可以佐以民事特别法以修正，而社会保障法自身即已是特别公法（行政法）或者特别私法（民法），由此以一个抽象化的规则去赋予另一个抽象化规则以具体含义，其难度可想而知。

整体而言，社会保障制度的三种立法模式各有利弊，除了历史传统、法治环境等因素的作用之外，政治力量的对比以及决策者的态度也非常重要。例如，在法典化传统浓重的德国，始终也没有编纂出一部劳动法典，一般认为，劳资的充分参与导致了意见难以统一，立法者避重就轻的选择导致了劳动领域的单行法和法官法盛行。① 相比之下，社会保障事业的机构均为公权力主体或者准公权力主体，在一个体系之内达成一致意见的可能性远高于劳动法。

第二节　德国《社会法典》的演进历史

德国是现代社会保障制度的"母国"，亦是社会保障制度法典化模式的母国。该国社会保障制度的发展史就是一部社会保障法典的编纂史，立法者在某一个时期建立起若干项社会保障制度之后，都会有意识地适时汇总整理，形成一部相对较为完整的法典。德国的社会保障立法始于19世纪的俾斯麦社会立法运动，《社会法典》的编纂工作始于20世纪70年代，至2005年《社会法典》的最后两册——第二册"寻找工作者的基本保障"和第十二册"社会救助"最终颁布，②《社会法典》的编纂持续了三十多年的时间。

---

① 参见雷蒙德·瓦尔特曼：《德国劳动法》，沈建峰译，法律出版社2014年版，第32页。
② 德国法典的分则一般被称为"编"（Buch），例如德国《民法典》采用五编制，即总则编、债法编、物权法编、亲属法编、继承法编，这是对罗马法"潘德克顿"体系的继承，各编放置的顺序具有法律逻辑，德国《社会法典》也采用了"Buch"的称谓，但是除了"总则—分则"的编排以外，各分则之间并不遵循法律逻辑，因此套用《民法典》的译法不合理，为了以示区别，这里采用另一个称谓"册"。

一、俾斯麦社会立法

在 1871 年德国统一之前，德国在社会救济、官吏供给以及社会保险方面早就存在各种零星的法律。由于中世纪的社会救济大多由教会等宗教组织实施，因此社会保障法归属于教会法的范围，1867 年，北德意志联邦建立，首先统一了社会救助立法，国家法的因素越来越多地取代了教会法；[1] 由于社会保险往往由同行业工会组织实施，在本行业职工中开展，如作为医疗保险雏形的"一分钱钱盒"制度，因此并没有大规模的国家立法。[2] 1881 年起，统一之后的德意志帝国陆续颁布了《疾病保险法》《工伤事故保险法》《老年人与伤残保险法》三部法律，开创了社会保障制度的先河。由于德意志帝国当时的首相是奥托·冯·俾斯麦（Otto v. Bismarck），他是这场社会保障立法运动主要倡导者和实施者，因此史称"俾斯麦社会立法"。

俾斯麦社会立法运动既有对现实的考虑，也有对历史传统的传承。19 世纪 70 年代，统一之后的德国面临着内忧外患的局面，在第二次工业革命的影响下，产业工人队伍不断壮大，劳资矛盾严重，工人运动风起云涌，周边的国家对新生政权虎视眈眈，英、法、奥匈帝国都不愿意看到在欧洲的中心地带出现一个强大的对手，而且作为后进的资本主义国家，俾斯麦政府的财力非常有限，不可能负担起全体国民的福祉开销。一方面，当时的讲坛社会主义者主张社会改良，认为可以通过社会政策和社会立法解决劳工以及相关的社会问题；另一方面，德国工人组织一直延续着源于欧洲 16 世纪的行业公会传统，通过互助会自保的方式抵御疾病、工伤等风险，新生的德国政权创造性地通过立法确认了这

---

[1] 参见 S.Muckel/M. Ogerek, Sozialrecht, München: C.H:Beck, 2011, S.2。

[2] 19 世纪初，高风险职业的雇员自愿向行会内部一项特定基金捐助，形成所谓"一分钱钱盒"（Büchsenpfennig），当同事患疾病或工伤时，由此基金支付医疗费用。由于捐助系自愿行为，这种基金的规模一般都很小，是一种自发的、松散的组织，无独立的法人资格，加之不同行业的基金对疾病补偿的范围和方式相差甚远，因此，这种基金抵御疾病风险的能力并不高，公平性也欠佳。详见 M. Stolleis, Geschichte des Sozialrechts in Deutschland: Ein Grundriß, Oldenburg: Lucius & Lucius, 2003, S.11ff。

一劳工自保传统，并强制雇主也要通过分摊缴费加入这一风险共担体系中来。

由此，国家只需要负担强制参保的职能，公共财政不负担或者只负担少量的补贴，劳资双方共同承担起了工人群体的风险预防成本。施托艾斯教授对此总结到，劳资缴费并进行"有组织自救"的方案正合俾斯麦政府之意，这种在没有实现个人自由的前提下缩短国家和个人的距离的设计带有一定的妥协色彩，正是作为德国社会保险法基本原则的"自治管理"（Selbstverwaltung）的本质内涵。①

自治管理原则大致有两层含义：第一，经办的自治。社会保险事务的经办管理由作为自治行政主体的公法法人——基金会（Kasse）实施，参保、给付以及与基金会日常行政相关的事务不受公权力干预，由参保人群体通过代表大会和董事会的机制完成，经办费用从保费中提取。② 第二，基金财务的自治。社会保险待遇几乎都从缴费形成的基金中给付，政府的职能仅限于通过侵害行政的方式构建参保保障的机制，公共财政几乎不进行补贴。事实上，俾斯麦政府建立的是一个缴费型的社会风险分担机制，一方面，养老保险基金的筹集采用完全积累制，缴费率并不高，只有 1.7%—2%，而且由劳资各承担一半，退休年龄定为 70 岁，最低缴费年限 30 年，这样确保了较高的养老金水平，稳定了参保职工的待遇预期；另一方面，当时的人口结构趋于年轻，男性的平均寿命只有 37 周岁，女性更低，能够坚持到领取养老金的雇员人数并不多，而且当时的法律规定，参加工人运动的雇员无权参保社会保险，俾斯麦以此方式实现了让工人"本分劳动"的目的。③ 自治管理原则下的社会保险立法正好符合了基尔克等学者对社会法"把社会自治和社会内部相互作用的复杂多样性有效组织起来"的功能的界定，也是后世将俾斯麦模式的社会保险立法称为社会法

---

① 参见 M.Stolleis, Geschichte des Sozialrechts in Deutschland: Ein Grundriß, Oldenburg: Lucius & Lucius, 2003, S.64ff; 71ff。

② 参见 M.Jestaedt, Selbstverwatung als "Verbundbegriff" in Die Verwaltung 35（2002），S.293。

③ 参见 M.v. Miquel, Sozialversicherung in Diktatur und Demokratie: Begleitband zur Wanderausstellung der Arbeitsgemeinschaft - "Erinnerung und Verantwortung" der Sozial ver sicherung sträger in NRW, Essen: Klartext,2007, S.17f。

的重要原因。[1]

二、《帝国保险法》与魏玛时期的社会立法

1911 年开始，德国威廉二世政府将这三部法律合并为《帝国保险法》
(Reichs versicherungs ordnung，缩写为 RVO)，[2] 这是一部涵盖全面且具备"总
则—分则"结构的法典，其不仅是将已经被实践证明行之有效的三项社会保险
制度汇总在一起，并阐明了社会保险经办机构之间和与参保人之间的法律关系
以及统一了行政程序，而且还形成了总则，其中规定了经办机构的法律地位、
人员组成、财产归属和社会保险行政机关的法律地位和人员组成，以及与之相
关的监管办法和程序，此外还规定了社会保险法上一些通用概念，如期限、缴
费、给付、法律援助等的含义。该法律表述严谨、结构完整，被德国法律史学
权威专家施托艾斯称为"20 世纪欧洲法典化时代立法艺术的高水平代表之作"，
这是连德国《民法典》都未曾获得过的赞誉。[3]

当然，这部法典亦非完美，首要表现是其没有确定社会保险的基本原则和
基本理念，欠缺一根把三项社会保险制度贯穿起来的红线，不但社会立法缺少
了统一的部署，而且也为法律适用制造了障碍，法官难以通过对基本原则的解
释创设具体的社会保险制度。随着实践的深入，这些缺陷会表现得越来越明
显，尤其是第一次世界大战之后，德意志帝国威廉二世政权被推翻，魏玛共和
国建立，这个政权更加强调"国家与社会分离"，并首次将"社会公正和社会
安全"确立为公共政策指导思想，更多的社会保障法律法规被制定出来，新法
与旧法的协调问题越来越突出。例如，1927 年，魏玛政权颁布了《失业介绍

---

[1]　参见娄宇：《社会保障法请求权体系之架构》，中国政法大学出版社 2017 年版，第 176 页。

[2]　也有的译作"帝国保险条例"，但是德文 Ordnung 一词意为规则或者制度，"Verordnung"
　　才是政府颁布的规范性法律文件，译作"条例"才合适。这里统一译作"帝国保险法"。

[3]　参见 M. Stolleis, Geschichte des Sozialrechts in Deutschland: Ein Grundriß, Oldenburg: Lucius &
　　Lucius, 2003, S.132ff。

和失业保险法》，正式建立了失业保险制度，这个保险项目规避工业社会中劳工的何种风险？秉承何种社会保险的统一立法理念？与上述三个项目之间如何有效衔接？大陆法系单行式列举立法模式的缺陷显露无遗。不过由于魏玛共和国的历史很短暂，1933年德国进入了纳粹统治时期，国家财政支持的、官僚体制运行的全面国民福利制度在实质上取代了社会保险，这些缺陷并没有过多地暴露出来。①

三、《社会法典》

第二次世界大战之后，德国恢复了纳粹时期停滞的社会保险制度。通过20世纪50—60年代的社会保障制度实践，自1969年起，德国将自18世纪70年代以来颁布的各类社会保障单行法编纂成为一部社会保障领域的基本法——《社会法典》。

最早颁布的《社会法典》分编是"第一册——总则"，1976年1月1日起正式实施，之后不久颁布了"第四册——社会保险总则"，1977年1月1日起正式实施，紧接着颁布的是"第十册——社会保障行政程序和数据保护"，两个部分分别于1981年1月1日和1983年1月1日起正式实施，其他各分编多颁布于20世纪90年代，进入21世纪之后，又颁布了"第二册——求职者的基本保障"和"第十二册——社会救助"，由此形成了两个总则统领其他10个分则的结构。

表7.1 《社会法典》各分册名称、实施时间、主要内容

册	名称	实施时间	主要内容
一	总则	1976年1月1日	《社会法典》的整体构建、概念和程序条款
二	寻找工作者的基本保障	2005年1月1日	对15周岁至法定退休年龄的有工作能力，但无生活来源的人群以及家庭成员的资助
三	就业促进	1998年1月1日	联邦劳动局的给付

---

① 参见 B.Schulin:Einführung in Sozialgesetzbuch mit Sozialgerichtsgesetz, München: Beck-Texte im DTV, 2019, S.XIff。

续表

册	名称	实施时间	主要内容
四	社会保险总则	1977年1月1日	社会保险法的基本概念以及社会保险基金会（法律组织形式、经办程序、财务预决算办法）
五	法定医疗保险	1989年1月1日	组织、参保权利和义务、各类主体的法律关系
六	法定养老保险	1992年1月1日	组织、各类养老金的申领办法
七	法定事故保险	1997年1月1日	工伤、职业病的给付
八	青少年救助	1990年10月3日（新联邦州）1991年1月1日（旧联邦州）	对青少年及其监护人的给付
九	残疾人康复与社会分享	2001年7月1日 2018年1月1日最新修订	消除对残疾人的歧视、促进残障人士的自决权和平等参与社会生活的权利
十	社会保障行政程序与数据保护	1981年1月1日 1983年1月1日	社会保障行政程序、数据保护、各类给付主体的合作和法律关系
十一	社会照护	1995年1月1日	组织、参保权利和义务、各类主体的法律关系
十二	社会救助	2005年1月1日	功能、给付类型、计算方法

另外，根据《社会法典第一册——总则》第68条的要求，以下社会福利（也包括家庭政策）和社会补偿方面的单行法也要在合适的时机编入《社会法典》。

表7.2　即将编入《社会法典》的内容

名称	领域	颁布日期
联邦教育促进法	教育福利	1971年7月1日
联邦优抚法	二战伤亡人群的优抚	1950年10月1日
军人优抚法	军人优抚	1956年4月1日
暴力侵害补偿法	对各类犯罪造成的人身伤害进行补偿	1976年5月16日
住房福利法	住房福利	1971年1月1日
联邦子女抚养金法	子女抚养金	1996年1月1日

德国《社会法典》的编纂进程呈现出以下特点：

第一，重视总则对分则的统领作用，在同一规划下立法。立法者首先确定社会保障的功能、基本原则、基本概念等，写入两个总则，先于分则颁布，总则和分则的颁布时间相隔超过十年之久，这样保障总则的基本理念能够有充分的时间供社会保障机关和公众理解和接受，便于贯通进分则的具体制度设计之中，由此将整个社会保障制度形成一个井然有序的整体。

第二，确定各项社会保障制度的功能，为未来的立法留足空间。在《社会法典》编纂之初，立法者就确定了承担社会预防功能的社会保险各分则、承担社会补偿功能的社会优抚分册、承担社会援助和促进功能的社会救助和社会福利各分册三大板块，之后的工作就是依照这个板块分门别类地编纂法律。这非常类似化学元素周期表的编制工作：自然界的元素看似毫不相关，但是按照相对原子质量由小到大排列，就可以统一化学性质相似的元素，随着科学的发展，元素周期表中未知元素留下的空位可以先后被填满，由此有助于人们探索未知的领域。德国立法者在总则的指导下，历经 30 多年的探索，在 2005 年完成了《社会法典》的编纂工作，形成了井然有序的社会保障制度体系。

第三，"抓大"不"放小"，但是有轻有重，先大后小。德国立法者并没有尝试一次性地把所有的社会保障制度放进社会法典，其遵循的顺序是：总则——社会保障程序法——社会保险法分则——特殊群体（残疾人）保障法——社会救助法——各类群体的福利法和优抚法，由此呈现出三个趋势：先程序法，后实体法；先社会保险法，后其他法；先基本法，后特别法。此立法顺序克服了社会保障领域常见的单行法过多，架空基本原则的缺陷，先颁布的上位、基本法设定了框架，后制定的单行法、特别法只能在这个框架内设计，最后再把各类单行法一部一部地放入法典。

第四，注重各分册之间以及分册与特别法之间的联系，避免重复立法，统一制度设计。法典的优势在于将具有公因式性质的制度提取出来，特别立法只涉及本领域的特别问题，由此一方面可以防止特别法"立法爆炸"的现象，节省立法资源，另一方面也可以统一法律适用，推动各社会保障立法形成一个统一的体系。例如，《社会法典第一册——总则》中包含了对所有社会保障给付范围的共同规定、待遇给付的基本原则、给付领取人的参与等，全面统括了其他各分册，又如《社会法典第十二册——社会救助》没有列举不同的救助项目，而规定了带有共性特征的收入计算方法、各救助机构的权限、不同救助项目之间的衔接办法等，节约了各救助项目分别立法的成本。

与民法、刑法等传统法律部门相比，社会保障法是一个非常年轻的法律领域，其法典化进程也不过持续了 150 年左右的时间。应当说，罗马法系的法典化传统为社会保障法提供了理论积累，但是德国创造性地将潘德克顿体系应用到社会政策的法治化领域，形成了目前这部体系完整的《社会法典》。在这个过程中，传统和创造力缺一不可。

第三节　德国《社会法典》的主要内容

按照德国社会法学界的归纳，《社会法典》除了两部总则，即第一册"社会法总则"和第四册"社会保险法总则"，可以按照社会保障制度的功能分为三个板块。第一大板块承担的是社会预防功能，包括第三册"就业促进"、第五册"法定医疗保险"、第六册"法定养老保险"、第七册"法定事故保险"、第十一册"社会照护"；第二大板块承担的是社会补偿功能，包括军人优抚法（尚未编入）、联邦优抚法（尚未编入）、暴力侵害补偿法（尚未编入）；第三大板块承担的是社会援助和促进功能，包括第二册"寻找工作者的基本保障"、第八册"青少年救助"、第九册"残疾人康复与社会分享"、第十二册"社会救助"、联邦教育促进法（尚未编入）、住房福利法（尚未编入）、联邦子女抚养金法（尚未编入）。抛开尚未编入的分册，现行《社会法典》包含的实体法内容可以划分为三大部分，分别为总则、社会保险、社会援助和促进，再加上作为程序法内容的社会保障行政程序和个人信息保护规则，共有四个部分。

一、总　则

两部总则的篇幅不大，分别只有 71 个条款和 121 个条款，但是全面包含了社会保障和社会保险的基本原则和基本法律制度。

（一）社会法总则

《社会法典》第一册——"社会保障总则"颁布于 1975 年，系最早颁布的《社会法典》分册。虽然德国之后又相继颁布了第五册——"法定医疗保险"(1988)、第十一册——"社会照护保险"(1994)、第七册——"法定事故保险"(1996)、第三册——"就业促进"(1998) 等分册，但是第一册包含的基本原则和一般规定仍然可以统领各册，尤其可以作为各类社会保障给付的统一适用法则。

该册第 1 条规定了《社会法典》的基本任务；第 2—10 条规定了社会权利，但是作为统括性规定，无法构成请求权基础，其仅仅表明了立法者的一种政治立场，这与德国《基本法》中社会国家原则条款类似，若公民希望获得某项社会保障给付，只能在《社会法典》的各分册中寻找依据。

第二章题为"指导性规定"，其含义为国家为公民获得社会保障给付提供指引和向导，而非与强制性规定相对应的概念。第 14—16 条规定了公民的社会保障信息权，依据联邦社会法院的判例，如果国家怠于履行信息提供义务，则有责任恢复到如果正确履行义务，公民应当处的状态，此权利被称为社会法上的恢复形成请求权。

第 18—29 条以列举的方式规定了社会保障给付的类型，但是具体的规范效力还依赖各分册中的规定。

第 30 条确定了重要的"属地给付原则"，即住所和长期居住地才是给付的决定性要素，如果在各分册中没有偏离性的规定，则适用本原则。

第 31—37 条规定了其他重要的给付原则，例如年满 15 周岁拥有独立申领社会保障给付的行为能力等。第 38—59 条规定了给付请求权的诉讼时效、权利的抵押、转让、放弃、冲抵、继承等内容，这些内容基本上承继了民法中的对应法则，个别地方也存在例外。

除了第 60—67 条规定的零星的社会分享义务之外，在《社会法典》第一册中基本上不存在给付申领人义务的规定，这是因为《社会法典》专设了独立的第四册——"社会保险总则"来处理这些问题，由于第四册的存在，很多德国学者也认为，所谓的第一册——"社会保障总则"实质上是非缴费类社会保障项目，如社会补偿、社会救助等项目的总则。①

（二）社会保险法总则

《社会法典》第四册"社会保险法总则"包含了社会保险的基本原则和一般规定，因此主要应用于医疗保险、工伤事故保险、养老保险、社会照护保险等领域，以及在一定范围内适用于《社会法典》第三册的就业促进以及与之相关的失业保险领域。

该册第 4—6 条规定了社会保险权利义务的适用范围，"就业"（包含从属就业和自主从业，德语 Beschäftigung）是一个重要的概念，除非欧盟法和德国参加的国际条约有例外规定，否则该法典范围内的就业人群都享有权利、履行义务，而非就业人群，只有住所和常住地在法典范围内才遵守权利义务条款。

第 7—13 条界定了社会保险法意义上的"劳动关系"，由于社会保险建立在雇员缴费义务的基础上，因此这些条款非常关键。原则上，劳动关系应当具有"雇主指令依赖性"和"用工制度依存性"的特点，值得一提的是，灵活就业作为就业的特殊形态也有缴费和强制参保的义务。《社会法典》中的就业关系不同于劳动法上的劳动关系，二者在大多数情况下重合，建立了劳动关系的劳动者也是就业者，拥有在社会保险制度中参保和权利和义务，但是两种关系却分别拥有独立的内涵与外延，也就是说，就业关系中的某些人群虽然没有建立劳动关系，但是也拥有同样的权利和义务；处于劳动关系中的人群也有可能不是就业者，不被强制参保社会保险。一般而言，劳动关系强调的是人格从属

---

① 参见 R.Waltermann, Sozialrecht, Heidelberg：C.F.Müller, 2018, S.77。

性，就业关系强调的是经济从属性，前者意味着雇员的工作流程由雇主安排，受雇主监控，系非自主性劳动（unabhängige Arbeit），后者意味着就业者对单一工作安排者的经济依赖性（wirtschaftliche Abhängigkeit），即主要依靠这份工作的收入生活，大多数非自主性劳动都会产生经济依赖性，但是拥有经济依赖性的工作未必建立了劳动关系。①"社会保险法总则"创设了"就业关系"一概念，将社会保险的强制参保关系与劳动关系"解绑"，为建立全民社保体系提供了立法依据，也为社会法学界开展教义学解释和法律续造创造了条件。②

按照 2003 年颁布的《劳动力市场改革法》的要求，小微工作，即工作时间短或收入低的工作可以免除劳动者的缴费和缴税义务，但是雇主需要按照优惠的比例缴费和缴税。这些新规定体现在本册第一章第三节和第三章之中。另外，小微工作在法定医疗保险和法定养老保险方面也有特殊的缴费和参保规定，散见于《社会法典》相关册的规定之中。

本册第 18a 等条规定了退休金记发的办法，第 18f 等条规定了公民社会保险数据保密办法。第 20—28 条规定了社会保险费的征缴办法、计息办法以及缴费请求权和相关的诉讼时效等。

本册第四章主要是对医疗保险、照护保险、工伤事故保险、养老保险经办机构的规定。从法律性质来看，这些机构系享有高度自治管理权的公法法人组织，其按照公司治理结构运营社会保险事务，参保人代表组成的大会系机构的最高决策机关；按照分散经营和有序竞争的原则，参保人还可以自由选择经办机构参保，由此，自治管理构成了德国社会保险经办的基本法则。就业促进和失业保险经办机构与上述机构不同，因此规定在《社会法典》第三册中。

本册第 67—80 条的基本内容是社会保险基金的管理和运营。整体来看，在自治管理原则的要求下，德国政府只负责基金安全保障的法律监管，具有公法法人主体资格的社会保险经办机构负责基金的专业运营。第 91—119 条是对

---

① 参见 BSGE36, 161（163f.）；52,152（155f.）.；BSGE 41,24（25f.）；vgl. BSGE 68, 236（240）。
② 参见娄宇：《平台经济从业者社会保险法律制度的构建》，《法学研究》2020 年第 2 期。

社会保险行政机构及其职能的规定。

二、社会保险

社会保险板块由六册组成，分别对应社会保险制度的失业保险、医疗保险、养老保险、工伤保险和社会照护保险五个险种。

（一）就业促进与寻找工作者的基本保障

失业一直被认为是工作意愿不足所致，俾斯麦社会立法也没有将失业保险列入其中，陷入贫困的失业者一般被作为社会救助的对象。进入 20 世纪，随着世界范围内经济危机的爆发，德国立法者逐渐认识到经济周期对就业状况的重要影响，魏玛共和国时期颁布了零星几部就业促进法案，纳粹时期又全部被普惠式的国家福利制度取代。第二次世界大战之后，1969 年，德国首次在失业保障方面出台了《就业促进法》（*Arbeitsförderungsgesetz*），为失业者全面建立了职业培训、上岗培训、职业中介等制度。1997 年，这部法律正式被编入《社会法典第三册》。

该法第一部分"基本原则"中将克服失业、缩减失业时间和平衡就业培训市场和劳动力市场的供求关系作为就业促进法律制度的目标，将提高就业培训市场和劳动力市场的透明度、提升职业和区域的灵活度、增加就业者的求职和工作技能和改善性别差异带来的失业状况作为基本手段。该法的另一引人注目之处是建立了地区性的就业促进机构和联邦层面上的就业促进机构，前者以州联邦劳动局（Landesarbeitsämter）和地区性劳动局（Arbeitsämter）为代表，后者系联邦劳动局（Bundesagentur für Arbeit）。各级劳动局系自治管理的公法法人，主要负责提供职业中介、就业咨询等积极的就业促进措施，所需经费从失业保险基金中提取。

如前所述，德国立法者一直认为失业现象在正常的经济条件下不会普遍出现，因此对失业的保障主要体现在实施积极的就业促进政策方面，向失业者发放直接的救济很大程度上依赖社会救助，因此为寻找工作者提供的基本保障与社会救助制度有着密切的联系。《社会法典第二册——寻找工作者的基本保障》的颁布与修改实现了"哈茨"系列改革措施的法治化，据此法律，为寻找工作者提供基本保障的目的是实现有尊严的生活，主要立法手段是提升寻找工作者自主就业的能力，克服性别差别带来的就业能力差别，主要措施是发放失业金 I 和失业金 II。工作期间有缴失业保险的人，失业后可以领失业金 I，资金来源于缴费，长期失业者可以领取失业金 II，资金来源于国库，金额以"补贴到可以度日"为标准，实际性质为社会救助，领取失业金 II 者必须接受"合理可期"（zumutbar）工作要约的义务，也有接受各级劳动局安排培训的义务，无正当理由拒绝者会被处罚。

（二）医疗保险

医疗保险是社会保险最古老的分支，但是由于医疗事业方面急剧增加的开支，它在早期乃至现代一直都是改革的对象。《社会法典第五册——法定医疗保险》自 1989 年 1 月 1 日实施以来，已经进行了超过 100 次的修改。这意味着，差不多平均两个月就要进行一次修改。最重要的修改点如下：

由于各类缩减费用法不能够实现持久的效果，立法者在 20 世纪 80 年代末期实施了一项法定医疗保险的结构性改革。第一个阶段的措施是 1988 年 12 月 20 日颁布的《健康—改革法》（*Gesundheit-Reform Gesetz*），该法将医疗保险法作为第五册纳入《社会法典》中。所有主要职业为自由职业的劳动者被免除了保险义务，增加了退休人员保险义务的前提条件并且规定，退休人员必须自己支付超过医疗保险基金会的一般平均医疗支付标准以外的医疗费用。除此之外，还削减了大量的给付费用，主要包括牙医治疗费用、住院费用和疗养费用。另一项重要的改革措施是引入了包括药费、治疗费和救济金在内的固定费用的规定。

1992 年 12 月 21 日颁布的《健康结构法》（*Gesundheitsstrukturgesetz*）是医疗保险改革第二阶段的措施。该法所规定的节省费用措施在社会政策学界和法学界引起了很大的争议。值得一提的是，对医师的职业准入限制、住院疗养费用的支付以及药费、救护费和救济金支出的预算方案。

医疗改革第三个阶段的措施是 1997 年 6 月通过的关于法定医疗保险的自治和责任自负的两部法律（*Erste und Zweite Gesetze zur Neuordnung von Selbstverwaltung und Eigenverantwortung in der gesetzlichen Krankenversicherung*），这两部法律主要为保障法定医疗保险费用的筹集作出了贡献，扩大了自治的可能性。这主要涉及了一些规章给付以及给付者与其联合会组织签订的合同。除此之外，还允许医疗保险基金会在其规章框架内自行制定有关参保人费用自付、费用报销和提高现有加付数额的规定。为了提高医保质量和节约开支，医疗保险基金会可以在医护、康复和预防给付方面推行试验性的阶段性改革措施。

其他大范围的修改还包括 2003 年 11 月 14 日颁布的《法定医疗保险现代化法》（*Gesetz zur Modernisierung der gesetzlichen Krankenversicherung*），其中包括了协议管理方面的系列修改。

2007 年 3 月 26 日颁布的《加强法定医疗保险竞争法》（*Gesetz zur Stärkung des Wettbewerbs in der gesetzlichen Krankenversicherung*）要求所有医保基金会执行统一的费率，参保人可以选择任意一家基金会参保。为了平衡各基金会的收支，建立了一项全国性的健康基金（Gesundheitsfonds），每一个预算年度结束时，由该基金为亏损的基金会支付补偿。

近两年来，《社会法典》第五册最大的改革是增加了医保基金会与定点机构的集体谈判规则，以及谈判过程中的争议调解程序和发生个案争议时的仲裁程序，主要是为了应对医保支付领域新引入的"按病组付费"制度（DRGs）。

第五册——"法定医疗保险"是《社会法典》中修订最多的分册，这主要源于德国社会医疗保险制度正处在持续的改革之中。正如德国社会法学者 Muckel 所言，每一项落后于当前医疗保险法基本特征的描述都是在一定程度上的冒险：很快它就会像记录过去的老照片一样褪色。①

---

① 参见 S. Muckel/M. Ogerek, Sozialrecht, München: C.H:Beck, 2011, S.58。

(三) 养老保险

养老保险制度源于俾斯麦社会立法。第二次世界大战之后，德国立法者将《帝国保险法》中各类职业的参保条款整合在一起，同时基本上保留了该法对养老保险基金会的规定，再加上 20 世纪 60 年代逐步确立的现收现付制筹资模式，共同构成了法定养老保险的基本制度框架。1992 年，《社会法典第六册——法定养老保险》正式颁布，这是德国重新统一之后颁布的第一部《社会法典》分册，因此同时适用于新联邦州，前民主德国地区的职工和退休人员都被纳入统一的养老保险体系之中，这对在前联邦德国地区运转良好的养老保险制度提出了严峻的挑战，当时也引发了较大的社会争议。① 这不仅仅是德国特有的问题，在所有社会制度转型的国家中都会存在着此类新旧体制协调的问题，其中必然存在妥协和牺牲，如何说服既得利益者并给予合理的补偿考察着立法者的智慧。当然，从实施的效果来看，法定养老保险法基本上获得了社会公众的认可。

从立法结构来看，《社会法典第六册——法定养老保险》与其他分册都不同，其不含有总则，分别按照参保人范围、待遇支付的类型和范围、退休的法定条件、养老金的计算方法、特殊人群和特殊情况下的养老金补贴、参保人的信息权利、经办机构、养老保险基金的管理、缴费的计算和申报程序、数据保密的顺序事无巨细地规定了各类事项；只是在个别项目中规定了基本原则，用于指导立法和司法，这些项目包括养老金的计算方法、旅居国外的缴费办法、筹资、缴费计算、新联邦州的过渡办法五项。

这表明，德国法定养老保险的制度设计尚难以形成统一的理念，例如养老保险制度究竟要实现什么目标？由于德国没有建立低缴费的全民养老保险制度，不缴费者一般通过与缴费者的亲属关系（主要是夫妻关系）加入统一的养老制度中去，因此法定养老保险制度要追求较高的工资替代率，很难界定基本

---

① 参见 H. Zacher, Ziele der Alterssicherung und Formen ihrer Verwirklichung, in: ders. (Hrsg.) , Alterssicherung im Rechtsvergleich, München: C.H.Beck, 1991, S. 99 ff。

保障与较高的养老待遇之间的界限，基本原则只能存在与缴费和待遇计算相关的个别具体事项中。这样的立法结构由法定养老保险的制度设计理念决定，很难说是立法技术的优劣，但是却为新的立法和司法创设带来了诸多障碍，很大程度上，德国养老保险领域的改革还只能依靠立法者。

（四）工伤保险

19世纪的工业化运动为欧洲产业工人带来了前所未有的职业伤害风险。1871年，成立不久的德意志帝国即颁布了《帝国第三者责任险法》，历史上首次将雇主对雇员的工伤事故责任作为了责任保险的对象。1884年，德国又颁布了《工伤保险法》，将社会保险作为工伤损害的主要救济途径，传统的民事侵权责任被社会化的工伤保险责任所取代。1911年，工伤事故保险被编入《帝国保险条例》，此后，所有雇员都被要求强制参保。第二次世界大战之后，幼儿园儿童、在校学生等无业人群也被逐步纳入这个社会保险险种之中，传统雇员工伤保险发展成为涵盖所有社会成员的工伤事故保险。1997年，《帝国保险条例》中的工伤事故保险条款被整体纳入《社会法典》中，作为该法典的第七册。

《社会法典第七册》首先规定了工伤事故保险的参保人群，所有从事非独立性劳动的雇员都被要求参保，献血者、器官捐献者、志愿者、救护人员、学生、幼儿园儿童等也要加入这一保险项目。与法定医疗保险不同的是，雇主作为资方的代表，原则上没有参保义务。

工伤事故保险的给付对象是工伤和职业病，以及事故预防措施。给付的手段除了与法定医疗保险重合的作为实物给付的诊断、治疗、药品以外，还包括护理，且以护理优先。部分或全部丧失劳动能力者可以获得抚恤金、病假工资、抚恤退休金等形式的现金给付。工伤事故死亡者的遗属及其子女可以获得遗属退休金和遗孤抚养金等形式的现金给付。

工伤事故保险经办机构主要是行业联合会和农业行业联合会、联邦和州的事故保险基金会、地区性事故保险联合会以及消防员工伤事故基金会。

工伤事故保险原则上实行行业差别费率和风险等级浮动费率，雇主承担全部缴费。

工伤事故保险是俾斯麦社会立法运动中第一批建立的社会保险险种，也是德国各项社会保险险种中是稳定的，被认为是最能够实现可持续发展的险种。自《帝国保险条例》中的相关条款被编入《社会法典第七册》之后，该法律基本上没有经历过结构性的修改。

（五）社会照护保险

1994 年 5 月 26 日，德国颁布了《照护保险法》（*Pflege-Versicherungs gesetz*），德国目前五大社会保险险种的最后一种——社会照护保险就此建立。这部法律随后被命名为"社会照护保险法"，整体编入《社会法典》，作为该法典的第十一册。

社会照护保险制度在德国颇具争议，尤其受到了来自经济界的质疑，他们认为过重的缴费负担将损害德国的国际竞争力。在经历了长期的社会讨论之后，立法者于 2008 年 5 月 28 日颁布了《护理保险结构改革法》（*Pflege-Weiterenntwicklungs gesetz*），这部法律规定了缴费率的动态调整、改善重疾患者的给付待遇等内容，随后也被纳入了《社会法典第十一册》。

由这两部法律组成的《社会法典第十一册》构成了德国社会照护保险制度的主体内容。这一册共分为十章。第一章规定了社会照护保险制度的基本特征和立法的基本原则，如全民保险、家庭照护优先、预防康复优先等；第二章规定了自愿参保人范围、照护等级和等级确定程序；第三章规定了强制参保人范围，确定了社会照护保险与法定医疗保险挂钩的基本原则；第四章确定了给付的基本原则和给付项目，整体思路是家庭照护采取实物给付和现金给付相结合的原则，提高机构照护现金给付的比例；第五章规定了照护基金会的组织形式和联合会组成的各类事项，照护基金会一般采用与医保基金会相同的组织形式；第六章确定了社会照护保险的筹资原则、缴费方式、照护基金会财政平衡制度等，社会照护保险的缴费基本上与法定医保相同；第七章规定了照护基金会与照护给付机构之间的法律关系，尤其是定点给付机构的确定、服务协议的签署、给付经济原则的审查标准和给付水平保障等内容；第八章规定了照护费用的结算问题；第九章规定了数据保护、统计以及相关的法律责任；第十章规定了商业照护保险的基本原则以及商业保险参保人的权益保护问题。

德国通过社会保险与强制性商业保险相结合的模式实现了对境内 8200 万人口长期护理风险融资的全覆盖，从各类效果评价来看，这个制度目前运行良好，取得了重大的社会改革成就。《社会法典第十一册——社会照护保险》作为这个制度的立法保障，可以说是功不可没。

三、社会援助和促进

社会援助与促进涵盖了社会救助和社会福利两部分。前一部分规定在《社会法典第十二册——社会救助》和《社会法典第八册——儿童和青少年救助》两个分册中，社会福利主要针对残疾人，规定在《社会法典第九册——残疾人康复和社会分享》分册中。

作为非缴费型社会保障项目，社会救助是最早出现的，但却是成文化最晚的项目，也是最后被编入《社会法典》的。直到 1924 年，德国才首次颁布了社会救助法——《帝国救助条例》（*Reichsfürsorgepflichtverordnung*），第二次世界大战之后，1963 年，联邦政府颁布了《联邦社会救助法》，法院才能够正式审理社会救助请求权案件，直到 2003 年，德国才正式将社会救助法放在《社会法典》中，虽然《社会法典第二册——寻找工作者的基本保障》颁布的时间更晚一些，但是考虑到后者是为了顺应"哈茨改革"的法治化要求才颁布的，原本就不在立法计划之中，因此，可以说社会救助是德国最后实现法典化的社会保障项目。

由于《社会法典第四册——社会保险法总则》已经为社会保险规定了基本原则和基本制度，因此《社会法典第一册——社会法总则》实际上就是社会救助法的总则，而且由于社会保险经办遵循的是自治管理的原则，《社会法典第十册——社会保障行政程序和数据保护》实际上也只适用社会救助，类似的情况也存在于《社会法典第九册——残疾人康复和社会分享》之中，应当说，社会法的一般法则适用于非缴费型社会保障项目。

按照第十二册和第八册的规定，社会救助法遵循八项基本原则，第一是保障人的尊严原则，社会救助是宪法尊严保障原则的具体实施制度；第二是需求保障原则，社会救助不关注产生困顿的原因；第三是现实原则，社会救助不对过去曾经出现过的或者将来有可能出现的困顿发放待遇；第四是个人化原则，社会救助只对个人和家庭发放待遇；第五是尊重受救助者意愿原则，应当尽可能按照受救助者的合理愿望发放待遇；第六是职权原则，受救助者不需要提出申请，行政机关在必要时应当主动实施救助；第七是属地原则，受救助者应当在所在地区接受救助；第八是次要原则，社会保障项目，尤其是社会保险项目可以发放待遇的，社会救助不支付，《社会法典第十二册——社会救助》以及《社会法典第八册——儿童和青少年救助》各条款可以视为这些原则的具体化。有德国学者认为，社会救助法是《社会法典》中基本原则指导具体立法最好的典范。①

承担社会促进功能的残疾人保障法被编入《社会法典》也历经了三十多年的时间，社会保障学界和理论界对于是否以及如何建立一个统一的残疾人保障制度一直存在争议，残疾人保障法是否能够构成《社会法典》的一个组成部分以及这个法律领域与其他社会法部门存在何种关系也难以达成一致的意见，很多人主张通过单行立法的方式建立残疾人保障制度。立法者最终选择了法典编纂的方式确立了这一制度，但是在给付机关方面做了妥协，其他社会保障项目，尤其是医疗保险、社会照护保险、养老保险和就业保障的给付机构同时也是残疾人保障的机构。

《社会法典第九册——残疾人康复和社会分享》就此分为两个部分。第一

---

① 参见 B.Schulin: Einführung in Sozialgesetzbuch mit Sozialgerichtsgesetz, München: Beck-Texte im DTV, 2019, S.LVIIff。

部分（第 1 条至第 67 条）明确了残疾人的定义，同时按照"预防优先"原则和"残疾人保障优位"原则设计了相关制度，前者要求减轻和避免残疾，后者要求残疾人保障待遇要高于其他社会保障项目。由于该法的立法者没有选择建立独立的给付机关，因此承担给付职能的其他社会保障项目机关是依据其他《社会法典》分册确立的程序来决定残疾人保障待遇发放的。第二部分可以视为劳动私法的一部分，主要规定了企业在保障残疾人就业方面的义务以及可以要求的相关权利。

四、社会保障程序和个人信息保护

《社会法典第十册》规定的是社会保障行政程序和相关领域的信息保护。该法分两个阶段颁布：第一个阶段是在 1980 年 8 月 18 日，颁布了第 1—85 条；第二个阶段是在 1982 年 11 月 4 日，颁布了第 86—116 条。所有的条款都适用于《社会法典》以及其他社会保障单行法。

第一章规定了社会保障行政程序。该章首先规定了地域管辖、各行政机关之间的职务互助等事项；之后是行政程序的一般规则（第 8 条及以下条），包括行政程序的参与人、授权、职权调查原则、参与人听证、期间、期限、公证；其中比较重要的条款是规定了社会保障行政行为的第 31 条及以下条，涉及了保障公民合法权益附款的适法性、行政行为的明确性要求和形式要求、告知公民寻求法律救济的义务等；最为重要的条款是规定了行政行为存续力的第 39 条及以下条，这些条款规定了瑕疵行政行为的撤回、非瑕疵行政行为的废止以及不法给付的偿付义务；该章最后还规定了社会保障领域的公法合同（第 53 条及以下条）、寻求法律救济义务的程序（第 62 条及以下条），以及相关的费用、送达和强制执行等事项（第 64 条及以下条）。立法者希望通过这一系列的制度设计保障公民的社会保障信赖利益。

第二章规定了社会保障领域的信息保护。第 67 条及以下条是关于个人以及企业和商业方面的社会保障信息保密的规定；第 86 条及以下条规定了社保障给付提供者及其联合会组织、其他法律提及的公法组织密切合作的义务，以及通过相关行政机关和第三人（主要的雇主）的合作将信息保密工作委托给其他提供者的可能性；这方面最重要的条款首推第 94 条，该条款包含了给付提供者及其联合会组织通过预算为残障人士提供康复服务的规定。

第 102 条及以下条是对给付提供者之间偿付请求权的规定，尤其是对无管辖义务的给付提供者的临时给付请求权以及多个负管辖义务的给付提供者的给付请求权。

第 115 条及以下条规定了给付提供者对第三方（尤其是针对雇主和对保险事故负主要责任的肇事者）的求偿请求权和返还请求权。

第四节 借 鉴

德国《社会法典》秉承着罗马法系国家潘德克顿传统的法律编纂理念，正如德国的社会保险制度一样，这种社会保障的立法模式亦为很多国家所仿效，虽然鲜有成功者，但是综合来看，应为我国社会法理论界与实务界奋斗的终极目标，我们在当前的单行立法时代有意识地为法典编纂做好准备。除了上述法典化的优点之外，我国至少还有两项国情也可作为支持此观点的理由。

第一，随着民法典的编纂工作逐渐进入尾声，我国正在迎来一个法典化的全新时代。2014 年，党的十八届四中全会作出了"编纂民法典"的伟人决定，2017 年，第十二届全国人民代表大会第五次会议通过了《民法总则》，结合之前颁布的《合同法》《物权法》《侵权责任法》，我国的民法典已经初具雏形。2018 年，第十三届全国人大常委会第五次会议对《民法典各分编（草案）》进行了审议，目前正在公开征求意见。大陆法系的国家都以能不能制定法典来衡量国家法治成熟的程度，可以预见《民法典》在未来二至三年之内颁布之后，并将带动其他领域的法典编纂工作，这对于编纂社会保障法典而言是一个千载难逢的契机。

从德国的经验来看，其《民法典》1900年颁布之后，立法者就在着手编纂社会保险法法典，中间经历了纳粹时期的社会保险制度停滞之后，新德国政府随即启动了《社会法典》的编纂工作，历经三十多年的时间，此法典终于完成。我们可以得到这样的启示，社会保障制度虽复杂且变动频繁，但并非不可以由人的理性所掌握。抓住法典化的时代契机，编纂一部有中国特色的社会保障法典，理应成为所有社保人的伟大理想。

第二，编纂社会保障法典有利于提升社会制度自信，并通过输出提升国家的文化软实力。习近平同志提出，国家治理体系是在党领导下管理国家的制度体系，社会领域的体制机制、法律法规安排是其中重要的组成部分。制度软实力是文化软实力的重要来源，这是因为文化软实力的政治基础和力量源泉是制度，制度优势巩固了文化自信，而且制度本身也构成了文化软实力，制度的感召力、制度价值的影响力就是文化软实力。

从德国的经验来看，其社会保障制度之所以能够作为"文化出口产品"，不仅由于俾斯麦立法建立了世界上最早的社会保险制度，而且在相当大的程度上也应当归功于《社会法典》的影响力。这部法典提升了德国民众对社会保障制度的自信和对法治文明的自信，同时对外也塑造了良好的国家形象。我国也有必要编纂一部社会保障法典，向全世界输出有中国特色的社会保障制度设计，同时将弘扬时代精神、立足本国又面向世界的当代中国文化创新成果传播出去。

我国在社会保障领域已经有《社会保险法》《军人保险法》《残疾人保障法》等几部基本法律，在社会保险、社会优抚、社会促进方面形成了基本立法框架，再加上即将颁布的《社会救助法》，中国特色的社会主义社会保障法律体系已经初具雏形。我国目前面临的立法基础情况与德国20世纪70年代编纂《社会法典》之时非常类似，如何在权衡各种模式下的优缺点之后作出合乎中国国情的社会保障法立法模式，不仅考验着决策者的智慧，更考验着决策者的政治决心。

第八章　国外慈善立法概要 *

　　社会法是调整社会领域各种社会关系、保障与实现民生福祉各种权利的法律法规的概称。在我国，作为与其他六大法律部门共同构成中国特色社会主义法律体系的一个独立的法律部门，社会法主要调整包括公益慈善、劳动关系、社会保障和特殊群体权益保障等方面的社会关系。从世界范围来看，许多国家都通过立法对慈善活动与慈善事业进行规范。但不同的国家采取的立法模式不同，有的是集中立法，即制定慈善基本法，如英国、俄罗斯、新加坡等国；有的采取分散立法，即多种法律中分别含有相应的适用于慈善事业的规范，如美国、德国、日本等。不论是何种立法模式，对慈善组织、慈善活动、慈善监管的规范与税收支持政策都是立法的核心内容。

---

　*　本章原稿是 2014 年 6 月 28 日向全国人大《慈善法（草案）》起草小组提交的报告。修改稿《国外慈善法的规律、特点及启示》发表于《教学与研究》2014 年第 12 期。

第一节　各国慈善法律的名称及体系

一、集中立法的国家

国家	慈善基本法	辅助法
英国	《慈善法》（英格兰和威尔士 1601 年制定，2011 年修订通过）、《慈善和信托投资法》（苏格兰 2005 年制定）、《慈善法》（北爱尔兰 2008 年制定）	《托管人管理法》《慈善信托法》《娱乐慈善法》等
俄罗斯	《慈善活动和慈善组织法》（1995 年制定，2003 修订）	《非营利组织法》《社会联合组织法》《市政慈善委员会法》《莫斯科慈善活动法》等
新西兰	《慈善法》（2005 年制定）	《关于慈善收费、表格及其他事项的管理办法》《慈善法案生效法令 2006》《宗教、慈善及教育信托法》《慈善拨款法》《医疗和慈善机构法》《慈善信托法》《未分级社团注册法》《联合社团法》等
新加坡	《慈善法》（1983 年制定，1994、2006、2010 修订）	《社团法》《受托人法》《公司法》《合作社法》《所得税法》《慈善事业收费管理办法》《惠益外国的捐赠管理办法》《募捐申请管理办法》《大型慈善事业管理办法》《慈善机构注册管理办法》等
乌克兰	《慈善与慈善组织法》	《民间社团法》等
亚美尼亚	《慈善法》	《公共组织法》《财团法》等

资料来源：根据国内外文献资料综合整理。主要参考文献为：1. 金锦萍：《外国非营利组织法译汇》，北京大学出版社 2006 年版。2. 金锦萍：《外国非营利组织法译汇（二）》，社会科学文献出版社 2010 年版。3. 李林：《国外慈善立法的有关情况》，《人民政协报》2012 年 9 月 7 日。4. 吴艳君：《国际慈善立法比较研究》，中国社会科学院研究生院，2011 年。

二、分散立法的国家和地区

国家	慈善相关法
美国	《国内税收法典》《非营利法人示范法》《统一非法人非营利社团法》《慈善目的信托受托人监管统一法》等
加拿大	《宪法》《所得税法》等
瑞典	《基金会法》《所得税法》《经济协会法》《会计法》《贸易登记法》等

国家	慈善相关法
德国	《德国基本法》《德国民法典》《德国结社法》《税收基本法》《公司所得税法》《贸易税法》《遗产与赠予税法》《不动产税法》《增值税法》《机动车税法》《所得税法》《德国巴伐利亚州财团法》等
法国	《非营利社团法》(1901)、《慈善发展法》(1987年制定，1990年改)、2003年《法国慈善、社团和基金会法》《新经济法案》《税法》《税法管理条例》《新环保法》等
日本	《日本特定非营利活动促进法》《关于一般社团法人以及一般财团法人的法律》(简称一般法人法)、《关于公益社团法人以及公益财团法人认定等法律》(简称公益法人法)、《伴随实施关于一般社团法人以及一般财团法人的法律以及关于公益社团法人以及公益财团法人认定等法律、有关相关法律完善等法律》(简称相关法完善法)、《日本民法典》《通商产业大臣管辖的公益法人的设立及有关监督的规则》《公司所得税法》《所得税法》《消费税法》等
韩国	《非营利民间团体支援法》(2000年制定，2013年修)、《非营利民间团体支援法实行令》(2000年发，2013年修)、《非营利法人的人员处罚相关法》《韩国民法典》《私立学校法》《企业所得税法》《个人所得税法》《税收减免法》《地方税法》等
印度	《社团登记法》《慈善和宗教信托法》《国外捐助法》《所得税法》《印花税法》等
巴西	巴西第9790号法律（公益性民事社会组织法）
阿根廷	《宪法》《阿根廷民法》《基金会法》《商务公共注册条例》等
以色列	《奥斯曼组织法第121号》(1909)、《1922—1947年国王枢密院令》《慈善捐赠条例1924》《慈善捐赠条例（公共信托）1947》《慈善监管法》(1947)、《非营利组织法》(1980)、《公司法》(1999)、《信托法》(1979)、《遗产法》(1965)
匈牙利	《公益组织法》
捷克	《公益法人法》
波兰	《公益活动及志愿制度法》
南非	《南非1997年非营利组织法》
加纳	《受托人法》(1962年制定，1993年修订，主要适用于非法人社团)、《公司法》(主要适用于有担保的有限公司)、《税务局法》《国税法》《增值税法》(1998)、"NGOs/CSOs战略伙伴国家政策草案"
坦桑尼亚	《非政府组织法》(2002)；《社团法》(1954)；《信托法》(1956)；《公司法》(2002)；以及相关财税立法等

资料来源：根据国内外文献资料综合整理。主要参考文献为：1. 金锦萍：《外国非营利组织法译汇》，北京大学出版社2006年版。2. 金锦萍：《外国非营利组织法译汇（二）》，社会科学文献出版社2010年版。3. 李林：《国外慈善立法的有关情况》，《人民政协报》2012年9月7日。4. 吴艳君：《国际慈善立法比较研究》，中国社会科学院研究生院，2011年。

第二节　各国慈善立法的基本框架

一、各国慈善立法（含集中、分散立法）规范的基本内容

章节	名称	内容
第一部分	总则	目的、定义、适用范围、法律原则
第二部分	慈善委员会	基本管理体制
第三部分	慈善组织	界定、成立终止条件、组织形态、活动范围
第四部分	慈善活动	慈善资源的来源、慈善资源的管理（商业活动、信托）、慈善资源的分配、慈善资源的监督 慈善资源的来源包括：创始资产、募捐、捐赠、政府资助及其他；慈善信托部分包括：慈善信托的定义；受托人任职资格；受托人的特别权利和义务；慈善信托监察；慈善信托终止时的财产处分；其他法律适用等
第五部分	慈善促进	税收优惠、财政支持和其他鼓励表彰措施（税收优惠的标准、程序往往内容全面，乃至单独成章）
第六部分	慈善监管	监管主体、监管环节、监管制度、监管手段（多个主体、多个环节、不同方式进行不同程度的监管） 监管主体包括官方、半官方或官民结合；监管环节包括登记、资格认定、运营监管、募款管理、税务调控等；监管制度包括透明规范的报告制度、内部治理制度、信息公开制度、基金监管制度；监管手段包括内部自律，国家行政、法律、经济和政策调控等多管齐下，公众和社会的舆论、道德、经济、伦理习俗、宗教等多种
第七部分	相关法律关系	与公法、私法、社会法以及国际法的关系：包括与宪法、社团法、税法等公法的关系；与基金法、捐赠法、信托法、民法、公司法等私法的关系；与社会保障法等社会法的关系
第八部分	附则	概念界定；生效日期；杂项及其他内容

二、部分国家的慈善法框架

国家	俄罗斯	英国（英格兰和威尔士）	新西兰	新加坡	乌克兰
法律名称	慈善活动和慈善组织法	慈善法	慈善法	慈善法	慈善与慈善组织法
内容框架	第一章总则 第二章慈善组织的成立程序和终止活动的程序 第三章慈善组织实施活动的条件和程序 第四章慈善活动的国家保障 第五章最后规定	第一部分"慈善"和"慈善目的" 第二部分慈善规则 第一章慈善委员会 第二章慈善法庭 第三章慈善组织的注册 第四章近似原则的适用 第五章法庭、委员会的协助和监督 第六章非公司慈善组织账目的审计和检查 第七章慈善公司 第八章慈善股份有限组织 第九章慈善信托等 第十章未登记慈善组织的权力 第三部分慈善、仁慈或博爱机构的筹资 第一章公开慈善募款 第二章筹募基金活动 第三章财政辅助 第四部分杂项和总则	第一章慈善委员会 第二章慈善机构 第一节慈善机构的注册 第二节慈善机构的责任、质询、申诉及其他诸项事务 第三章杂项及对其他法案的修改 第一节与委员会相关的杂项 第二节关于2004年所得税法的修改 第三节对1994年税收管理法的修正 第四节对1986年不动产和赠品法案的修改 第五节杂项募集行为的管理	第一章序言 第二章慈善委员会 第三章慈善机构的注册和质询 第四章慈善机构的财务会计、报告和收益 第五章小型慈善 第六章法庭、慈善委员会的监督与协助 第七章对慈善机构资金筹集行为的监管	第一章总则 第二章慈善组织 第三章慈善活动的物资财产保障 第四章国家支持与监督 第五章国际慈善活动 第六章最后条款

第三节　各国慈善立法的核心内容

一、慈善法的目的：基于公益，造福社会或特定群体

俄罗斯《慈善活动和慈善组织法》的目的在于通过实施慈善活动造福整个社会或特定范畴的公民。坦桑尼亚《社团法》颁布的目的是赋予基层社区组织或类似组织以满足其公共和其他共同需求（除政治目的之外）的权利，《信托法》和《公司法》分别用于规范信托机构和公司的成立以及慈善组织利润的非分配性。《非政府组织法》是国家出台相关 NGO 政策的产物，其目的在于进一步理顺、规范 NGO 的登记注册程序，提升 NGO 的工作效率，从而最大限度地为国家发展作出贡献。以色列的系列慈善法律为慈善事业提供实质性法律依据，包括对慈善机构的鼓励和约束。

二、慈善的定义：无私利、公益、慈善目的

英国法律规定，慈善是为公众利益服务的具备慈善目的的事业。俄罗斯的慈善是指公民和法人不图私利地将包括资金在内的财产转交给他人或法人的志愿活动以及不图私利地完成工程、提供劳务和给予其他帮助方面的志愿活动。乌克兰将慈善定义为个人和法人对接受者给予资源的无私的物质上、财政上、组织上以及其他方面的善意的帮助和支援。以色列法律认为对穷人的赠予并不被认为是慷慨、仁慈的行为，而仅仅是公正与正直的表现，是一种给予穷人应有权利的表现。

三、慈善组织：从事规定领域活动，具有公益性目的非政府、非商业组织

（一）界定

俄罗斯将慈善组织定义为，通过实施慈善活动造福整个社会或特定范畴公民的非政府、非商业性组织。英国在2006年的《慈善法》将慈善组织界定为服务于公共利益的志愿组织。2011年修法后的界定是：慈善组织是为慈善目的而建立，并且在司法权方面接受高等法院管辖的组织。乌克兰将以进行慈善活动是社会或某类人群获益为主要目的的非政府组织界定为慈善组织。美国认为收入无须缴税，而且其捐助者因捐款而获得税收减免的组织都是慈善组织。新加坡2006年修订的《慈善法》中正式将公益性机构界定为从事法律规定领域的事业的组织（规定领域——列举）。坦桑尼亚的"慈善机构"是指从事社区救助活动但不以营利为目的的组织实体，具体而言往往是指非政府组织。根据《非政府组织法》的规定，非政府组织是指具有自主性、非政治性、非营利性等特征，并以促进经济社会文化发展、保护环境、倡导公共利益等为目的的组织实体；也包括一些宗教组织或信仰倡导机构，但不包括贸易组织、社交机构、运动俱乐部、政党或以社区为基础的组织。比利时法律规定，以慈善为目标、注册办公地在比利时、不旨在通过工业或商业活动为组织成员谋取自身利益的组织。

以色列对慈善组织的要求如下：成员不少于7人，且成员之间大部分没有亲缘关系或赠予关系；公共机构的受托人之间也不存在亲缘关系；公共机构以公共利益为运营目标，其资产和收入均仅用于公共利益；公共机构需根据财政部制定的法规对其资产、收入和支出状况编制年度报告。公共利益包括宗教、文化、教育、科学、健康、福利、体育或其他财政部认定的情况。

（二）慈善组织的主要目的与业务范围：多为列举式（正面清单）

英国在2011年修订的《慈善法》中将慈善组织的主要目的与业务范围归

结为 13 项，包括促进教育、宗教、健康或挽救生命；促进公民或社区发展；促进艺术、文化、遗产或科学；促进业余体育；促进人权进步、冲突解决或调节、宗教、种族和谐、平等和多样性；促进环境保护或改善；帮助年轻、老年、疾病、残疾、经济困难或其他弱势群体；促进动物福利；促进皇家军队提高效率，或警察、消防队、救援服务或救护服务的效率提高；法律规定的其他任何目的。实现这些目的的活动不限地域，即不局限于英国之内。慈善组织的服务范围限定在社会服务、教育、文化娱乐、社区发展、宗教、资助型基金会、童子军和青年俱乐部、法律及其宣传、田园式村屋、环境、家庭、研究、就业及培训及伞状组织。

美国认为慈善组织的目的为扶贫、发展教育、传播宗教、推进科学发展、减轻政府负担、通过下列手段增进社会福利——缓解邻里紧张关系、消除偏见和歧视、保护法律赋予公民的人权和公民权利、防止社区恶化和青少年犯罪。

瑞典慈善组织的业务范围包括：提高儿童的教育及照料，为教育和教授活动做贡献，促进科学领域的研究工作，促进北欧合作，增强瑞典军事或其他当局之间的防卫联系。

新加坡受英国影响较大，其慈善业务范围有：减少贫困、促进教育、传播宗教和其他公益目的，包括提升健康，促进公民关系或社区发展，促进艺术、文化、传统和科学的发展，环境保护和促进，老幼弱贫等特殊人群境况的改善，动物保护，体育等。

以色列法律规定只要以公共利益为运营目标，其资产和收入均仅用于公共利益的业务都可以是慈善。

巴西不但规定了公益性民事社会组织服务范围的正面清单，还明确规定了即使符合法律规定的服务范围也不得成为公益性民事社会组织的法人和非法人组织清单。

（三）组织形态：多样化

许多国家采取非营利组织认证制，即对非营利组织进行更为严格的标准认证，认证通过即可成为慈善组织。

英国的慈善组织可以是有担保的有限慈善公司、慈善信托、非法人社团、慈善法人组织（CIO）、王室特许机构、行业互助组织以及免登记的微小慈善组织。非法人社团一般就指协会或俱乐部，是小型的、会员制的、很少有甚至没有资产和职员的慈善组织；慈善法人组织是一种新型慈善组织，只需在慈善委员会进行登记而不需要接受双重管理。此种组织是 2006 年慈善法有意放宽法律框架而为慈善组织量身定做的，赋予慈善组织和受托人有限的责任保护和独立的法人资格但不受公司法及公司管理局的约束与管辖。但管理细则被一拖再拖，一直没出台；王室特许机构一般是指由英国女王特设的特许机构，仅限于大学、学校以及特别出色的文化机构或其他专业组织。前三种（有担保的有限慈善公司、慈善信托、非法人社团）占英国慈善组织的 99%。

美国慈善组织的形式可以是公共福利非营利组织和互助性非营利组织，如社团、社区基金和基金会。德国的慈善组织可以是社团法人（协会）和财团法人（基金会）。俄罗斯的慈善组织包括社会组织、基金会、事业单位及其他组织。日本将慈善组织成为公益法人，包括公益社团法人和公益财团法人。新加坡慈善组织的形式包括有担保的有限责任公司、非法人社团、公益性机构等。在加纳，可认证成为慈善组织的非营利组织包括有担保的有限公司、非法人社团、境外非营利组织的分支机构或办事处。坦桑尼亚的慈善组织包括非政府组织、信托、社团、公司。比利时的慈善组织包括非营利协会、国际非营利协会、私人基金会和公益基金会。阿根廷的慈善组织包括民间社团、基金会和其他 NGO（信托机构、非法人团体、社会企业、合作社）。以色列的组织形式有非营利组织、慈善企业和公益捐赠组织。乌克兰认可的慈善组织包括会员制慈善组织、慈善基金、慈善机构、其他慈善组织（如联盟等）。

以上国家的慈善法律对慈善组织设立、运行和终止、内部治理、决策机制和外部监管都会有相应规定。

四、慈善组织资金来源：创始基金、捐赠、财政资助及各种合法的收益和所得

美国的慈善组织分为公募和私募两种类型。公募主体为公共慈善机构，包括教会、学校、医院和医学研究组织；私募主体为私人基金会，是指由一个家庭、一家商业机构、数名核心捐赠者或捐赠基金投资收入来资助的基金会。在德国，政府支持是慈善组织的主要资金来源，此外还有社会捐赠等。俄罗斯慈善组织的资金包括创始基金、会费、捐赠、非商业性业务所得、引资活动所得、企业家活动收入、各级财政预算资金、经营性活动所得、志愿者劳动及其他未禁止的来源。坦桑尼亚规定，获得注册登记的 NGO 有权从事法律所认可的筹资活动。政府通过免税的形式对从事某些领域（如扶贫、教育、饮用水供应、基础设施建设等）的 NGO 进行资助。

在比利时，单笔超过 100000 欧元的捐赠需要政府通过法令形式予以批准。个人捐赠者最多可以用捐赠物抵扣他们应纳税收入的 10%，最多不超过 365950 欧元。机构（企业）捐赠最多可以抵扣 5% 的总收益，最多不超过 500000 欧元。NGO 通常免收公司税，只缴纳法人实体的税，且一般不被视为增值税纳税人，除非它在比利时进行了经济活动；同时，NPO 每年需要对所有组织资产价值的 0.17% 缴纳一笔遗产替代税。

在以色列，当非营利组织的收入超过 300000 新谢克尔时，要求其财务报告中精确编制每一笔超过 20000 新谢克尔的国外捐赠。慈善企业在认证时也需要报告其财务状况，以及每一位在该年度对慈善公司捐赠额超过 20000 新谢克尔的捐赠者的身份。NPO 的捐赠者将获得相当于捐赠额 35% 的课税扣除，在每一纳税年度课税扣除额最多不超过应税收入的 30% 或 4208000 新谢克尔（现被建议上调至 7500000 新谢克尔）。根据《收入税法（1961 年新版）》第 9 部分第 2 条，NPO 除商业收入以外的收入将被免除税赋。同时，NPO 还被免除地方税和增值税（即当 NPO 购买商品或服务时，不需要对增值税支付它得到任何退款）

阿根廷的捐赠者可以获得税收减免，只要其捐赠被用于医疗救助、科学研究、政党的经济、政治和社会研究、教育目的。许多慈善组织被免除财产税和／或增值税。通常是免除个人所得税和总所得税（income tax and gross income tax），只要收入只用于慈善目的，且不直接或间接分配给它的成员、创建者和董事。

五、慈善组织活动范围的特别规定

在慈善组织的活动方面，各国规定松紧不一，多数国家规定除了公益性活动外，慈善组织还可以从事合乎规定的商业活动，但必须为公益性，目的也只能为扩大慈善能力；除英国和瑞典提到慈善活动可用于促进军事外，其他多数国家均规定不得参与政治活动。

英国慈善团体能够进行商业活动，但限制在追求公共利益的前提下，目的是增加慈善能力。在美国，慈善组织可以进行商业活动，但须维护慈善机构的非营利性，对危及慈善意图的私人基金会的投资征收特种营业税。慈善信托以实现社会慈善事业为目的，并以全社会或部分社会公众为受益人的信托才是慈善信托。慈善信托企业应为不特定的大多数人服务，不能服务于个别人。俄罗斯的慈善组织有权融资并从事非商业活动，有权实施与其宗旨相符的企业家活动，为扩大慈善能力可成立经营性公司，但禁止与他人合作。坦桑尼亚有许多地区性和国际 NGO，它们所涉及的领域包括性别、人权、环保、倡导和参与式发展、经济社会文化发展等。

六、慈善促进

各国均有税收优惠政策，但力度不一，一般对捐受双方都有减免，美国减免力度最大，新加坡、瑞典等国较小。一些国家或地区规定只有现金捐赠才能免税；除税收优惠外，一些国家或地区还通过福利预算拨款和政府购买服务等方式支持慈善组织和慈善活动，政府资助甚至是慈善组织的主要资金来源，如德国、比利时、中国香港等。

俄罗斯明确规定了国家权力机关和地方自治机关对慈善活动的支持，支持措施包括对慈善活动参与人的权利和合法权益的保障、向社会宣传慈善活动的社会重要性、依法依律提供税收优惠和其他优惠、向慈善组织提供物质技术保障和财政拨款、按招标原则购货、在国家或地方财产非国有化和私有化过程中根据无偿原则或优惠原则将国家或地方的财产转交慈善组织所有、组建支持慈善活动委员会等。美国的免税政策包括慈善机构和捐赠者两方面。慈善机构免缴所得税（高达35%）；向慈善组织赠予财物的个人和组织分别可享受高达总收入50%和应缴税收入10%的税收减免。免税的范围包括所得税、营业税、财产税等，税收优惠政策的幅度大，覆盖的税种多。德国慈善组织享受的直接税收优惠包括公司所得税、贸易税、遗产税、赠予税、不动产税、增值税、机动车税、彩票税等；慈善组织和捐助人、志愿者享受的间接税收优惠包括慈善捐赠的税收优惠、"账面价值优惠政策"、兼职收入的税收减免等。捐赠者最高可扣除5%的税前收入。根据英国2006年慈善法的规定，年收入超过5000英镑的慈善组织必须注册，在进行登记后可以免缴直接税负，并且还可以从相当数量的间接税种中解脱出来。税收优惠包括适用中央的所得和资本利得税、遗产税、社会保障税、印花税法规，以及地方的增值税、关税、保险费税、气候变化税法规。与此同时，注册登记后的慈善组织还可以自动享受有关财政优惠政策。新加坡规定只有给新加坡境内的公益性组织的现金捐赠才可以免税（所得税和财产税）。这意味着，给境外慈善组织或一般慈善组织而非公益性机构的捐赠都不享受免税。只有登记认可的公益性机构享受税收优惠，非公益性的一般慈善机构不享受。在瑞典，个人捐赠可以获得一定的收入税收减免。帮助贫困人口和促进科学研究的，接受捐款的机构需要有税务当局提前批准。税收减免仅限于现金捐款，并且捐款者必须一次最少捐助200克朗，或者一年最少2000克朗。税收减免相当于捐款额度的25%，一年最大税收减免1500克朗，即相当于一年捐款6000克朗。坦桑尼亚政府通过免税的形式对从事某些领域

（如扶贫、教育、饮用水供应、基础设施建设等）的 NGO 进行资助。比利时 NGO 通常免收公司税，只缴纳法人实体的税，且一般不被视为增值税纳税人，除非它在比利时进行了经济活动；同时，NPO 每年需要对所有组织资产价值的 0.17% 缴纳一笔遗产替代税。阿根廷的许多慈善组织被免除财产税和 / 或增值税。通常是免除个人所得税和总所得税（income tax and gross income tax），只要收入只用于慈善目的，且不直接或间接分配给它的成员、创建者和董事。根据以色列《收入税法（1961 年新版）》第 9 部分第 2 条，NPO 除商业收入以外的收入将被免除税赋。同时，NPO 还被免除地方税和增值税。

七、管理与监督：监管体制各有不同，但都注重监管的有效性与服务促进

制定综合性慈善法的一些国家建立了慈善委员会，它不在政府序列，对议会负责，其主要职责就是慈善团体的注册者和管理者，如英国和新加坡。

英国实行以慈善委员会的监管为核心的慈善监管制度。英国慈善委员会与苏格兰慈善事务专员公署签署了合作协议以保证政府监管标准的统一，避免政府与慈善委员会的双重管理。慈善委员会有 5 个主要职能：注册、责任(审查)、控制（力求近似原则）、支持和执行（制定运行方案、委托受托人等）。慈善委员会是慈善部门的独立合作伙伴，用权力维护在慈善概念和法律中的可信性，并且促进慈善团体中好的标准的建立，其全部使命是维护慈善团体公信力。工作中心为：鼓励慈善团体中好的统治，管理和财务管理的标准，强调预防工作而不是调查和执行。同时，慈善委员会结合高等法院，皇家检察总长、遗嘱事务署、国内税务署、地方政府这些机构共同作用，形成了一整套完整的慈善监管体系。慈善委员会的主要工作不是行政监管，而是为民间慈善组织、慈善活动提供信息、咨询和其他方面的支持性服务，包括网站信息服务、指导性文献服务、专业咨询服务、情况通报服务、热点服务等。事实上，英国慈善委员会 80% 以上的工作力量都投放在此类支持性服务上。在慈善组织注册后，必

须及时告知慈善委员会自身注册登记事项的变动，如注册章程内容的变更，每
年举行年度全体会议日期的变动，录入数据库信息的变动如更换通信地址、电
话号码或电子邮件，填写年度报表，提交财务状况文件。与此同时，英国对慈
善组织"抓大放小"，按照规模进行分类管理，即在管好大型慈善组织的基础
上，放松对小型慈善组织的规制，以促进社区慈善的发展。1993 年的慈善法
就规定，年收入 1000 英镑以下的慈善组织可免于注册。到 2006 年法律修改
时，进一步提升到年收入 5000 英镑以下的慈善组织均可选择免于注册。另一
方面，对于过去免于注册的一些大型慈善组织则加强监管。比如，著名的牛津
大学、剑桥大学、大英博物馆等，过去属于免注册的慈善组织，现在如果年收
入超过 10000 英镑，且没有相应的公共监管机构，则必须到慈善委员会履行注
册手续，接受其监管。

几经修改后的新加坡慈善组织的管理权限集中于慈善委员会，慈善委员会
履行对慈善机构的注册和管理职能，慈善机构承担信息披露及报告、审计之义
务。慈善委员会的另一职能是向慈善专员提供建议，包括涉及慈善理事会和慈
善法的所有问题、慈善组织和行为的规范、慈善部门的自律水平。慈善理事会
的成员来自新加坡社会的各行各业，包括金融、法律和企业部门。在新加坡，
慈善组织有许多种形态，有担保的有限公司、信托企业、社团、基金会等，只
要满足法定的非营利组织成立的条件就可以。但是，若不进一步登记成为公益
性机构（IPC），就不能享受各种税收减免。成为 IPC 的要求更为严格。外国
或国际 NGO 组织在新加坡享有中间待遇（in-between treatment）。慈善委员会
通过慈善组织管理代码来监管所有慈善组织。

德国采取登记制。登记的目的在于确认其公益性。相关慈善法律以监管财
团法人为主要核心，成立财团法人须先取得所在州相关行政主管部门的许可，
财团法人每年将其资产负债表等相关文件提交财政部门审查，财政部门每三年
进行一次财务审查，确保财团法人的运行与其章程规定一致。德国慈善立法更
侧重的是公权力的介入，设立专门机构参与管理，依据完善的立法体系，体现
了大陆法系的立法特点。

美国采取备案制。通过税收调节和监督促使慈善机构自我管理，国内税务局通过慈善机构提供的年度报告信息、审计慈善机构的财务和经营状况及评估给违规慈善机构的处罚或罚金三种方式来监督慈善机构的运作。同时，通过公司法来规范慈善组织的内部管理。美国慈善组织的设立从程序上需要具备公司章程和内部治理程序文件。

瑞典则设有三个机构对慈善活动进行监管。瑞典募捐管理机构（SFI）负责分配和管理"90账户"，取得"90账户"即意味成为资质合格的慈善组织。瑞典募捐委员会（SFC）是慈善组织的行业联盟组织，职责在于促进有道德的、专业的慈善行为，并进行慈善活动的质量认证。慈善评级机构（CR）则代表捐赠者监督善款的有效利用和慈善活动的执行过程。

在坦桑尼亚，只有NGO所从事的活动符合公共利益，财政预算部门才对NGO的活动进行免税，但是免税的项目和领域均要求非常严格。每个NGO每年需提交一份与自身活动相关的年度报告，并向公众、政府部门、理事会以及其他利益相关者公布。公众有权随时审查NGO在登记机关所提交的任何文件。

以色列对非营利组织的监管方式包括派遣调查员对管理委员会、办公室人员、审计委员会和金融业务进行调查；要求非营利组织提交各种文件。每个接受本国资金的非营利组织都需要由相应管理机构进行一年一度的认证，同时还要报告其财务状况。慈善企业由外部的捐赠登记处（Registrar of Endowments）和内部的董事会根据公司法的有关法规进行监督。捐赠登记处的捐赠册向公众开放，供每一个需要者查阅。

八、法律责任

在美国，无论是解散还是合并，慈善机构都必须保证其资产按照章程的规定用于慈善目的，或按照捐赠人意愿使用。国税局要求慈善组织提供年度报告信息，对慈善组织的财务、经营状况进行审计；对慈善机构进行评估发现违规的，依法给予处理。主要手段包括三种，责令限期改正，处以罚金，取消免税资格。对慈善组织而言，最严厉的法律责任莫过于取消其免税资格，实质上相当于判处该慈善组织"死刑"，因此在一般情况下很少使用。通常做法是允许慈善组织对其行为进行纠正，并缴纳一定数额的罚金。另外，根据美国《国内税收法典》的相关规定，符合免税条件的组织，向任何利益冲突人（个人或组织）提供超额利益的，都将受到惩罚性税收的处罚：该慈善组织将被课征相当于超额利益 10% 的惩罚性税收；收到超额利益的利益冲突人则将被课征相当于超额利益 25% 的税金，而且如果利益冲突人不能及时改正此类违规交易的，还须缴纳所获利益 200% 的税金。

俄罗斯明确规定对不符合条件的机构不予登记或解除资格。为获得法律规定的优惠，慈善组织故意歪曲其财务行为的，被视为向税收机关隐瞒收入和逃税行为，依法追究其法律责任。

英国慈善委员会有权查处慈善组织的不当管理行为，并采取措施对此类行为加以纠正。无论出于何种原因导致特定慈善组织停止活动或解散的，须经慈善委员会注销。慈善委员会曾在一年期间注销 5000 多个慈善组织。英国社会组织未获得认证从事慈善募捐的，其行为将被视为过错犯罪，根据具体情节对其处以不同数额的罚金。当地、短期的募捐行为，可以不按此规定执行。在英国，慈善组织向公众或慈善委员会提供虚假信息的，也被视为犯罪行为。

新加坡对慈善组织、慈善活动违法行为的法律责任追究非常严厉。应注册登记而未注册的慈善组织，将被处以 5000 新元以下的罚款，或不超过一年的监禁，或者两者并罚。

韩国于 2014 年专门颁布《非营利法人的人员处罚相关法》，若慈善组织的事业计划书中有虚假记录，或通过不正当手段获得捐款等资金时，处以 3 年以下有期徒刑或 1000 万韩币以下的罚款；若捐款用于事业计划书确定范畴以外的活动，给予 1 年以下有期徒刑或 500 万韩币以下的罚款。

九、其他相关法律规定

美国宪法中明文规定公民有结社自由、自愿参与慈善活动的权利,是美国公民慈善行为的基本法律依据。而公司法和税法对慈善的具体规定和执行作出了贡献,公司法对慈善机构内部监督和运行机制作出规定,税法则在制定外部激励和监管体制。

坦桑尼亚的《非政府组织法》与《信托法》《公司法》是相互依存又相互独立的关系,尽管新颁布的《非政府组织法》用于规范此类组织的登记和运作,但并不表示上述法律就此废除,除了要履行《非政府组织法》所规定的条件和获取运行资格证之外,《信托法》《公司法》依然有效。如果一个 NGO 登记为社团,其不需要获得法人资格;如其需要获得法人资格,该社团就需要根据《信托法》的规定成立信托委员会。如果 NGO 登记为信托机构、基金会或者公司,将自动获得公司法人资格。虽然《社团法》和《信托法》均适用于NGO 的登记注册,但从历史角度来看,这两部法律有着各自特定的目的。《社团法》颁布的目的是赋予基层社区组织或类似组织以满足其公共和其他共同需求(除政治目的之外)的权利,《信托法》和《公司法》分别用于规范信托机构和公司的成立以及慈善组织利润的非分配性。

第四节　各国慈善立法的基本特点

俄罗斯《慈善与慈善组织法》的特点在于有明确的国家责任和国家界限:规定了慈善活动的国家保障,包括国家权力机关和地方自治机关对慈善活动的支持方法与手段以及对慈善活动的监管等,同时也用两条五款的篇幅规定了国际慈善活动的实施,包括实施国际慈善活动和外国及国际组织及人士在境内的慈善活动。对慈善资产及其管理有明确的规定。慈善组织的活动范围较宽,允许其进行经营性活动。

美国慈善的发展与发达在很大程度上应归功于美国关于慈善的法制建设。因势利导、顺势而为是美国慈善立法的主要特点。在经历了由英国法向美国法的转变之后，美国的慈善立法变得更宽松、更灵活，充分体现了美国的创造性和开放性。美国慈善组织成立门槛低、违法成本高、惩罚严厉，其运行市场特色明显。慈善机构内部治理依公司法，美国法律并不禁止慈善组织进行商业活动，甚至不限制慈善组织开展商业活动的范围。慈善组织从事商业活动受到的唯一限制就是这些与慈善目的不相关的商业收入应当缴纳所得税。联邦税法是美国慈善法体系中最为重要的一部法律，它所确立的激励、公平和监管原则对于促进和规范美国慈善的发展起到了至关重要的作用。需要说明的一点是，虽然美国在联邦层面上没有统一的慈善法，但一些州却制定了州慈善法。

数百年来，英国慈善法经过无数次修订已趋于完善，其明显的立法特点便是逐渐完善。同时，英国慈善立法通过专门章节设立慈善事业的最高管理机构——慈善委员会。慈善委员会是依据法律设立的独立行使职权的机构。慈善委员会独立于政府，直接受议会领导，其定位是制定明确的法律政策促进慈善事业发展。

德意志民族的自治性在社团立法中一如既往地得到体现。作为一个联邦制国家，德国运用地方自治性强的特点，强化社会团体在法律范围内的自治意识，以地方立法的方法，运用公众舆论监督来制约社会团体的违法行为和活动。

新加坡对慈善组织的监管以严格著称，慈善组织良好的声誉得益于此，慈善事业的发展潜力也受限于此。慈善组织须依据《社团法》《慈善法》分别进行登记，即具有慈善目的的民间组织必须在负责慈善事务的官员处提起登记申请，否则将构成违法。在其严格的规定下，受托人的义务繁重、慈善组织必须有当地代表（新加坡人或永久公民）的要求扼杀了一些不熟悉地方社区网络的新生力量。新加坡《慈善法》的其他特色在于：对小微慈善进行专门规范；在2010年新修订的版本中，特意提出要加强对捐众的保护以维护公众信心；新加坡将慈善组织分为一般慈善组织和公益性机构，公益性机构的成立条件更为严格，但享有更多的税收减免，对捐赠者来说更有吸引力；设立有专门的慈善专员，其在教育部、卫生部、人民团体、体育委员会及信息文化部五个部长的帮助下负责全国慈善领域的监管。行政上，慈善专员可得到社区发展、青年和体育部下设的慈善部门的协助。

在韩国，一部支援法、一份总统令、一部处罚法和 26 个部门条例构成整个韩国非营利机构运行的法律体系。其特色在于专门出台了一部《非营利法人的人员处罚相关法》，并制定了 26 个由检察院、教育部、国防部等部门所管的非营利法人的成立及监督相关条例，对非营利机构进行"条条管理"，这种管理体制下，缺少一个高层次的宏观协调机构，给宏观决策增加了难度，也很容易产生部门意识。

从日本慈善性非营利组织立法的历史变迁看，其经历了立法碎片化向立法整合化的演进过程，并且这种立法统合工作仍在进行中。此外，就日本慈善性非营利组织立法的相关内容看，1998 年日本施行的《特定非营利活动促进法》专门详细规定了慈善组织、慈善活动及其税收优惠等问题，弥补了过去分散立法模式的不足，使日本慈善立法模式开始逐步走向综合立法模式。此外，日本立法非常明显地体现了培育和尊重非营利组织的立法理念，这不仅体现在立法目的中，还体现在具体的立法制度内容中。日本慈善组织相关立法的另一个明显特点是，立法内容规定极其细致、具有很强操作性。

第五节　国外慈善立法的共性及启示

总体上看来，宽松的设立条件、规范的治理结构、清晰的税收优惠和严格的监管制度是慈善事业持续健康发展的四个要素，从几个主要国家慈善法及法律体系发展的脉络看，这也是其努力追求的目标。

一、各国慈善事业的发展与发达在很大程度上应归功于慈善法制建设

多数国家的慈善法确定了慈善的自愿原则、民间性原则、公益性原则和非营利性原则。慈善法的立法宗旨和价值取向在于促进慈善事业的发展。慈善法对于慈善组织的规制和慈善行为监管的目的是维护慈善事业的公信力，从而在制度层面保障慈善事业的健康发展，而不是限制慈善事业的发展。

二、慈善及慈善组织的界定有一个演进过程，且界定范围趋向宽泛

英国、新加坡等国在最初的慈善法中都没有对慈善组织或公益组织进行明确界定，但在后来的修订中对慈善行为的范畴、慈善组织的活动范围、慈善主体的地位和责任等都进行了正式、详细的规定，主要目的是强化慈善行为和慈善组织运行的规范性，并加强对其的监督。与此趋势有不同的是，随着社会的发展，法律对慈善组织的设立门槛有所降低，慈善范畴的界定趋向宽泛，慈善组织的种类趋向多样化，但慈善的公平正义性和慈善组织的公益性一直是不渝的追求。传统的慈善法把慈善局限为救灾济困、传播宗教、发展教育等爱心活动，慈善与公益存在着明显的区别。随着社会的发展，慈善与公益事业活动的领域越来越出现趋同现象，两者在品性、功能及表现形式等方面具有高度的相似性。在当今世界各国的慈善法律实践中，是否符合公共利益逐渐成为衡量慈善组织是否合格的重要标准。

三、慈善法是一个法律体系

慈善事业的健康发展需要基本法，也需要相关法配合进行。国外慈善立法实践表明，即使在采用集中立法模式的国家，调整慈善活动的法律也不仅仅是一部慈善法，而是以慈善基本法为基础，辅之以其他配套法律，形成慈善法律体系。随着社会组织数量的增多和影响力的增加，越来越多采取分散立法的国

家也在酝酿出台集中综合的《慈善法》基本法，以更好地统筹规范慈善组织和慈善活动，促进慈善事业发展，且这一趋势越来越明显。我国《慈善事业法》的制定是集中立法的典型体现，但仅一部《慈善事业法》并不能解决慈善事业发展中的所有问题，还需要其他相关法的配套。

四、各国立法内容大体相同

尽管采用集中立法模式的国家的慈善法的框架结构并不完全一致，但大都包括总则、慈善组织、慈善活动、慈善管理、慈善监督、慈善促进等内容。我国的慈善立法在吸收、借鉴国外慈善立法的先进经验时，必须充分考虑我国的国情和立法传统。建议我国的慈善事业法的框架按总则、慈善组织、慈善募捐、慈善捐赠、慈善信托、慈善服务（含志愿服务条款）、慈善促进、监督管理、法律责任、附则共十章进行设计。

五、组织立法和税收优惠立法是慈善法律体系的主要内容

慈善组织是慈善活动的主要主体，税收减免则是现代慈善活动的主要魅力和动力所在，因此，这两方面的法律规范往往构成一国慈善法律体系的主要内容。分散立法的国家几乎都有针对慈善组织或非营利机构的专门立法，且在相关的税法中对慈善组织的税收政策作出明确的规定，如德国和日本。即使在采用集中立法模式的国家调整慈善活动的法律及法律体系中，诸如慈善活动、慈善监管等有关慈善组织的规定和慈善税收优惠也是关键问题。一般看来，集中立法国家的慈善基本法中只对慈善税收优惠做原则性规定，具体内容则由相关税法作规定。

六、两种管理体制

各国慈善机构的管理体制主要分为二种：一种是纳入政府管理系列进行行

政监管；另一种则是由特定的法定机构进行管理，受议会领导。例如，英国和新加坡都设立有专门慈善委员会（特定的法定机构）统一管理慈善组织，但具体的职能和管理方式又各不相同。英国慈善委员会独立于政府，直接受议会领导；同时，慈善委员会结合高等法院、皇家检察总长、遗嘱事务署、国内税务署、地方政府等机构共同作用。新加坡在慈善委员会之外特设立了由五位部级长官辅助行事的慈善专员。统一的慈善组织管理和协调机构有助于慈善组织整体上的有序运行，也有利于维护慈善组织良好的形象。

七、对慈善组织进行分类管理

许多国家从成立条件、规模、适用法规、税收优惠、运行规范和监督方式等多方面对慈善组织进行分类管理。在分类管理的原则下，一些国家承认非法人慈善组织的合法性，非法人社团与法人型慈善组织共同构成慈善组织，在慈善事业的发展中共同发挥作用，但在权利能力、行为能力和税收优惠等方面有明确的区别：获得法人资格的慈善组织需要进行登记，而对非法人组织则一般没有登记的要求；政府在税收优惠、购买服务和提供补贴方面给法人型慈善组织予以特别支持；在透明度、内部治理和信息公开等方面，对法人型慈善组织实施更严格的监管。分类设置、分类管理更有利于发挥各类社会资源的慈善力量，对法人组织和非法人组织加以界定和区别对待也是非常必要的。

八、多数国家建立了立体化的慈善监管体系

以多个主体、多个环节、不同方式进行不同程度的监管，用以规范慈善事业的发展，防止慈善的滥用，保障慈善的公信力，促进慈善事业的健康发展。监管主体包括官方、半官方或官民结合；监管环节包括登记、资格认定、运营监管、募款管理、税务调控等；监管制度则包括透明规范的报告制度、内部治理制度、信息公开制度、基金监管制度等。其中，信息公开包括了公示认证或

登记材料、公开慈善行为和慈善活动记录以供公众查阅、公开财务信息、公开年度报告以及法律规定的其他需要公开的所有信息等，具体要求各国不一，公开方式多样化。

九、允许慈善组织开展一些经营性活动，并给予适当减免税待遇

英国、美国、俄罗斯、日本等许多国家立法都允许慈善组织开展一些经营性活动，只是规定经营项目要与慈善组织的宗旨有必然联系，取得的收入不能超出一定规模且不得在会员中分配也不得用于私人利益。不仅如此，还有些国家对慈善组织开展经营性活动的收入给予税收优惠。国家通过立法允许慈善组织开展与其宗旨相关的经营性活动，并在税收方面给予适当优惠待遇，不仅可以给慈善组织注入活力、扩大其慈善能力，还会对促进慈善事业发展产生积极作用。是否允许慈善组织开展经营性活动的唯一判断标准就是其是否与慈善组织的宗旨相关且收入不用于私人目的。

十、慈善立法尊重慈善的特点与发展规律，尊重国情与民族文化，顺应社会需求与社会发展趋势，因势利导、顺势而为

美国慈善立法因其紧密结合社会实际而活力无限，而英国 2006 年的慈善法却因试图改变或塑造一个社会中无实际需要和生长土壤的新慈善组织形态而一直无法付诸实施。英美的立法实践说明，慈善立法只有立足于社会需求、遵从发展规律、并合乎国情才能真正有效并富有生命力。

参考文献

一、中文著作

1. 叶静漪：《比较社会法学》，北京大学出版社 2018 年版。

2. 叶静漪：《比较劳动法学》，北京大学出版社 2018 年版。

3. 叶静漪、Ronnie Eklund：《瑞典劳动法导读》，北京大学出版社 2008 年版。

4. 阎天：《川上行舟：平权改革与法治变迁》，清华大学出版社 2016 年版。

5. 阎天：《美国劳动法学的诞生》，中国民主法制出版社 2018 年版。

6. 阎天、叶静漪：《反就业歧视法国际前沿读本》，北京大学出版社 2012 年版。

7. 刘亚军：《哈萨克斯坦劳动法律问题研究》，陕西人民出版社 2018 年版。

8. 柯振兴：《美国劳动法》，中国政法大学出版社 2014 年版。

9. 赵立新：《德国日本社会保障法研究》，知识产权出版社 2008 年版。

10. 田思路、贾秀芬：《日本劳动法研究》，中国社会科学出版社 2013 年版。

11. 田思路：《外国劳动法学》，北京大学出版社 2019 年版。

12. 刘小楠：《反就业歧视的理论与实践》，法律出版社 2012 年版。

13. 钱宁主编：《现代社会福利思想》，高等教育出版社 2006 年版。

14. 贾俊玲：《21 世纪亚太地区劳动法与社会保障发展趋势》，中国劳动社会保障出版社 2001 年版。

15. 陈蒙蒙：《美国社会保障制度研究》，江苏人民出版社 2008 年版。

16. 李超民：《美国社会保障制度》，上海人民出版社 2009 年版。

17. 崔万有：《日本社会保障研究》，北京师范大学出版集团 2009 年版。

18. 宋健敏：《日本社会保障制度》，上海人民出版社 2012 年版。

19. 王伟：《日本社会保障制度》，世界知识出版社 2014 年版。

20. 郑春荣：《英国社会保障制度》，上海人民出版社 2012 年版。

21. 郑功成：《社会保障学：理念、制度、实践与思辨》，商务印书馆 2000 年版。

22. 郑功成：《中国社会保障制度变迁与评估》，中国人民大学出版社 2002 年版。

23. 郑功成：《中国社会保障 30 年》，人民出版社 2008 年版。

24. 郑功成主编：《慈善事业立法研究》，人民出版社 2016 年版。

25. 郑功成、[德] 沃尔夫冈·舒尔茨：《全球社会保障与经济发展关系：回顾与展望》，中国劳动社会保障出版社 2019 年版。

26. 郑功成等：《从饥寒交迫走向美好生活：中国民生 70 年（1949—2019）》，湖南教育出版社 2019 年版。

二、中文译著

1. [英] 琳达·狄更斯、聂耳伦编著：《英国劳资关系调整机构的变迁》，英中协会译，叶静漪审校，北京大学出版社 2007 年版。

2. [英] 史蒂芬·哈迪：《英国劳动法与劳资关系》，陈融译，商务印书馆 2012 年版。

3. [英] 内维尔·哈里斯：《社会保障法》，李西霞、李凌译，北京大学出版社 2006 年版。

4. [德] 汉斯·察赫：《福利社会的欧洲设计》，刘冬梅、杨一帆译，北京大学出版社 2014 年版。

5. [德] 曼弗雷德·魏斯、马琳·施米特：《德国劳动法与劳资关系》，倪斐译，商务印书馆 2012 年版。

6. [德] 雷蒙德·瓦尔特曼：《德国劳动法》，沈建峰译，法律出版社 2014 年版。

7. [德] 瓦尔特曼：《德国劳动法》，沈建峰译，法律出版社 2014 年版。

8. [德] 汉斯·察赫：《福利社会的欧洲设计：察赫社会法文集》，刘冬梅、杨一帆译，北京大学出版社 2014 年版。

9. [意] T. 特雷乌：《意大利劳动法与劳资关系》，刘艺工、刘吉明译，商务印书馆 2012 年版。

10. [德] 沃尔夫冈·多伊普勒：《德国劳动法》，王倩译，上海人民出版社 2016 年版。

11. [荷] 安托内·T.J.M. 雅克布：《荷兰劳动法》，蔡人俊译，商务印书馆 2018 年版。

12. [比] 罗杰·布兰潘：《荷兰劳动法》，付欣、张蕊楠、高一波、陈洁译，商务印书馆 2016 年版。

13. [日] 荒木尚志：《日本劳动法》，李坤刚、牛志奎译，北京大学出版社 2010 年版。

14. [美] 迈克尔·C. 哈珀：《美国劳动法：案例、材料和问题》，李坤刚、闫冬、吴文芳、钟芳译，商务印书馆 2015 年版。

15. [美] 格兰特·吉尔莫：《美国法的时代》，董春华译，法律出版社 2009 年版。

16. [美] 莫顿·J. 霍维茨：《美国法的变迁：1780—1860》，谢鸿飞译，中国政法大学出版社 2005 年版。

17. 《世界社会保障法律译丛》（第一至六卷），中国社会科学院世界社保研究中心等翻译，中国社会科学出版社 2017 年版。

18. 国际劳工组织：《世界社会保障报告（2017-2019）》，华颖等译校，中国劳动社会保障出版社 2019 年版。

三、中文论文、译文

1. 郑功成：《中国社会法：回顾、问题与建设方略》，《内蒙古社会科学》2020 年第 3 期。

2. 郑功成：《中国社会保险法制建设：现状评估与发展思路》，《探索》2020 年第 3 期。

3. 郑功成：《民生巨变与中国制度及治理体系的事实逻辑》，《中国党政干部论坛》2019 年第 12 期。

4. 郑功成：《中国社会变革 40 年：成就、经验与展望》，《社会治理》2019 年第 2 期。

5. 郑功成：《中国社会保障 40 年变迁 (1978—2018)——制度转型、路径选择、中国经验》，《教学与研究》2018 年第 11 期。

6. 郑功成：《制定社会组织法刻不容缓》，《中国党政干部论坛》2018 年第 5 期。

7. 郑功成：《社会保障与国家治理的历史逻辑及未来选择》，《社会保障评论》2017 年第 1 期。

8. 郑功成：《〈慈善法〉开启中国的善时代》，《社会治理》2016 年第 5 期。

9. 郑功成：《关于尽快修订〈社会保险法〉的议案》，《中国社会保障》2016 年第 7 期。

10. 郑功成：《社会法建设的滞后与发展》，《中国机构改革与管理》2015 年第 11 期。

11. 郑功成：《全面提升立法质量是依法治国的根本途径》，《国家行政学院学报》2015 年第 1 期。

12. 郑功成：《关于慈善事业立法的几个问题》，《教学与研究》2014 年第 12 期。

13. 郑功成：《劳动保障法制建设 30 年渐变之路》，《中国劳动保障》2009 年第 1 期。

14. 郑功成：《构建和发展规范、和谐、稳定的劳动关系——写在劳动合同法颁布之际》，《中国人大》2007 年第 13 期。

15. 杨思斌：《社会救助立法：国际比较视野与本土构建思路》，《社会保障评论》2019 年第 3 期。

16. 杨思斌：《我国社会保障法治建设 40 年回顾》，《当代中国史研究》2018 年第 4 期。

17. 栗燕杰：《论社会法与其他法律部门的关系》，《内蒙古社会科学》2020 年第 3 期。

18. 栗燕杰：《我国社会保险治理模式之回顾与前景——从政策治理到法律治理》，《中国应用法学》2018 年第 2 期。

19. 汪敏：《中国社会法体系的内部结构：规划与梳理》，《内蒙古社会科学》2020 年第 3 期。

20. 鲁全：《中国养老保险法制建设：法律性质、现状与未来发展》，《探索》2020 年第 3 期。

21. 华颖：《典型国家医疗保险立法及其启示》，《内蒙古社会科学》2020 年第 3 期。

22. 阎天：《美国集体劳动关系法的兴衰——以工业民主为中心 2016》，《清华法学》

2016 年第 2 期。

23. 刘倩：《在失衡中平衡：福利国家理念政策的两难抉择及其对我国的启示》，《法学评论》2016 年第 5 期。

24. 刘冬梅：《论国际机制对中国社会保障制度与法律改革的影响——以联合国、国际劳工组织和世界银行的影响为例》，《比较法研究》2011 年第 25 期。

25. 刘丽：《论西方福利法治国的成因》，《法律科学（西北政法学院学报）》2011 年第 3 期。

26. 闫冬：《英国劳动基准立法》，《中国劳动》2012 年第 12 期。

27. 沈建峰：《德国劳动法院的历史、体制及其启示》，《中国劳动关系学院学报》2015 年第 6 期。

28. 何佳馨：《美国医疗援助保险的制度设计及其借鉴》，《比较法研究》2013 年第 1 期。

29. 刘翠霄：《从英美看社会保障制度在经济社会发展中的重要作用》，《环球法律评论》2010 年第 4 期。

30. 郑爱青：《法国"社会法"概念的历史缘起和含义》，《华东政法大学学报》2019 年第 4 期。

31. 田思路：《日本"社会法"：概念·范畴·演进》，《华东政法大学学报》2019 年第 4 期。

32. 吴文芳：《我国社会法理论演进与研究路径之反思》，《华东政法大学学报》2019 年第 4 期。

33. 沈建峰：《社会法、第三法域与现代社会法——从基尔克、辛茨海默、拉德布鲁赫到〈社会法典〉》，《华东政法大学学报》2019 年第 4 期。

34.[德] 沃尔夫冈·施罗德、塞缪尔·格里夫：《德国经济发展与社会保障体系建设：历史经验与未来方案》，《社会保障评论》2019 年 1 月。

35.[美] 马克·巴伦伯格：《劳动法学的过去和未来》，阎天译，《北大法律评论》2014 年秋季号。

四、外文著作、译文

1.[日] 丹宗昭信：《社会法理论的发展》，见 [日] 菊池勇夫编：《社会法综说（上）——劳动法、社会保障法、经济法》，有斐阁 1959 年版。

2.[日] 桥本文雄：《社会法与市民法》，该书初版为 1934 年岩波书店，国内引介多为 1957 年有斐阁再版。

3.[日] 菊池勇夫：《转换期中的社会经济法》，见《社会法的基本问题——劳动法、社会保障法、经济法的体系》，有斐阁 1968 年版。

4.[日] 沼田稻次郎：《市民法与社会法》，评论社 1953 年版。

5.[日] 渡边洋三：《现代法的构造》，岩波书店 1975 年版。

6. Kilpatrick C, Has New Labour Reconfigured Employment legislation?, *Industrial Law Journal*, University of California Press, 2003.

7.Katherine V. W. Stone, From Widgets to Digits: Employment Regulation for the Changing Workplace, New York: Cambridge University Press (2004).

8.Katherine V. W. Stone & Harry Arthurs (ed.), Rethinking Workplace Regulation: Beyond the Standard Contract of Employment, New York: Russell Sage Foundation (2013).

9. Katherine Van Wezel Stone, The Post-War Paradigmin American Labor Law, 90 Yale L.J.1509 (1981).

10.Karl E. Klare Judicial Deradicalization of the Wagner Act and the Origins of Modern Legal Consciousness, 1937-1941, 62 Minn.L.Rev.265 (1978).

11.Richard A.Posner, Some Economics of Labor Law, 51U. Chicago Rev. 988 (1984).

12.Richard A.Epstein, In Defense of the Contractat Will, 51U. Chicago L.Rev. 947 (1984).

13.Richard A.Epstein, A Common Law for Labor Relations: A Critique of the New Deal Labor Legislation, 92 Yale L.J.1357 (1983).

14.Katherine V.W.Stone, The New Psychological Contract: Implications of the Changing Workplace for Labor and Employment Law, 48 UCLA.L. Rev.19 (2001).

15.Cynthia Estlund, Regoverning the Workplace: From Self Regulation to Co-Regulation, New Haven: Yale University Press (2010).

16.Orly Lobel, The Fall of Regulation and the Rise of Governance in Contemporary Legal Thought, 89 Minn. L.Rev. 342 (2004).

17.Kenneth G. Dau-Schmidt, A Bargaining Analysis of American Labor Law and the Search for Bargaining Equity and Industrial Peace, 91 Mich.L.Rev.419 (1992).

18.Cass R. Sunstein, Human Behavior and the Law of Work, 87 Va.L.Rev.205 (2001).

19.Gustav Schmoller, Diesoziale Frageund der Preußische Staat, Preußische Jahrbücher, 1874, Bd.3, Heft 4.

20.Franz-Xaver Kaufmanns, Sozial politisches Denken-Diedeutschetradtion, Frankfurtam Main, 2003, S.9.

责任编辑：洪　琼

图书在版编目（CIP）数据

社会法总论 / 郑功成　等著 . — 北京：人民出版社，2020.7
ISBN 978 - 7 - 01 - 022239 - 4

I. ①社… 　II. ①郑… 　III. ①社会法 - 研究 - 中国 　IV. ① D922.504

中国版本图书馆 CIP 数据核字（2020）第 107934 号

社会法总论
SHEHUIFA ZONGLUN

郑功成　等　著

人民出版社 出版发行
（100706　北京市东城区隆福寺街 99 号）

中煤（北京）印务有限公司印刷　新华书店经销

2020 年 7 月第 1 版　2020 年 7 月北京第 1 次印刷
开本：710 毫米 ×1000 毫米 1/16　印张：15.5
字数：250 千字

ISBN 978 - 7 - 01 - 022239 - 4　定价：59.00 元

邮购地址 100706　北京市东城区隆福寺街 99 号
人民东方图书销售中心　电话（010）65250042　65289539

版权所有·侵权必究
凡购买本社图书，如有印制质量问题，我社负责调换。
服务电话：（010）65250042